bsv Welt- und Umweltkunde

Niedersachsen

Bayerischer Schulbuch-Verlag · München

bsv Welt- und Umweltkunde

Autoren:
Bernd Glabasnia
Dr. Helma Kaienburg
Dr. Rudolf Köhler

Gedruckt auf chlorfrei gebleichtem Papier

1993
1. Auflage
© Bayerischer Schulbuch-Verlag, München
Lektorat: Jürgen Bolz
Layout: Irmgard Paule
Grafik: Jens Borleis, Gerlinde Doerfler, Kristina Klotz,
Jörg Mair, Irmgard Paule, Detlev Richter, Ilse und
Rudolf Ross, Günter Wiesler
Reproduktion: Reprozwölf GmbH, Wien
Satz: Filmsatz Schröter GmbH, München
Druck: Appl, Wemding
ISBN 3-7627-6284-8

Zu den Bild-Doppelseiten an den Kapitelanfängen

Seite 6/7: links: Schülerinnen und Schüler verlassen nach Schulschluß ihre Schule. Rechts oben: Kinder orientieren sich beim Wandern mit Hilfe einer Karte. Rechts unten: Weltkarte des Jodocus Hondius (1563–1611); sie wurde als farbiger Kupferstich nach Vorlagen von Gerhard Mercator (1512–1594) angefertigt.

Seite 48/49: Bogenschützen, mittelsteinzeitliche Felsmalereien in der Höhle von Morella la Vieja in Spanien. Rechts oben: Salzkarawane in Niger. Rechts unten: Eskimo beim Eisfischen in der Nähe von Nome in Alaska.

Seite 84/85: links: Kamelreiter vor den Pyramiden bei Gise/Ägypten. Rechts oben: Bauern bei der Feldarbeit, Holzschnitt aus dem 15. Jahrhundert (entnommen aus *Vergil: Georgica, Straßburg 1502*). Rechts unten: moderner Deich an der deutschen Nordseeküste, links das Wattenmeer bei Ebbe.

Seite 132/133: 132 links: ein gefangener Germanenfürst (Relief auf einem römischen Triumphbogen, 304 n. Chr.); 132 rechts: Marmorstatue des römischen Kaisers Augustus (63 v. Chr. bis 14 n. Chr.). Die Statue ist vermutlich um 20 n. Chr. entstanden und befindet sich heute in den Vatikanischen Museen in Rom. 133 oben: Kinder aus acht verschiedenen Ländern spielen gemeinsam. 133 unten: Der Indianermaler George Catlin ist bei einem Häuptling zu Gast, farbige Zeichnung aus der Mitte des 19. Jahrhunderts.

Seite 170/171: links: Dorfschule, Ölgemälde von Albert Anker (1831–1910); das Gemälde ist 1896 entstanden und befindet sich heute im Kunstmuseum Basel. Rechts oben: Nonne unterrichtet in einer Slum-Schule bei Lima/Peru. Rechts unten: Unterricht in einer deutschen Schule zur Zeit des Nationalsozialismus; an der Wand hängt die sogenannte Hakenkreuzflagge – das Symbol der Nationalsozialisten.

Seite 216/217: links: Kinder auf einem Abenteuerspielplatz. Rechts oben: Sommerurlaub am Strand der Nordseeinsel Sylt. Rechts unten: Skifahrer auf der Idalpe bei Ischgl/Tirol.

Inhalt

● Dieses Zeichen weist auf Projekte hin, bei denen du zusammen mit anderen etwas erkunden mußt.

Bildnachweis *

Anthony Verlag, Starnberg: 18 (M. Fischer), 27 o. (Puntschuh), 64 (K. H. Eckhardt), 109 o. r. (Fritzsche), 129 (Kilmes), 219 o. r. (Theißen) – Archiv Ferdinand Anton, München: 133 u., 160, 161, 162, 163 o. l., 163 u. r. – Archäologisches Landesmuseum der Christian-Albrechts-Universität, Schloß Gottorf, Schleswig: 139 – Archiv für Kunst und Geschichte, Berlin: 7 u., 86, 90, 91, 170, 180 l., 202 o., 203 r. – Aulis Verlag Deubner & Co. KG, Köln: 17 l. (nach: Arbeitstechniken im Schulunterricht. Hg. v. Wolfgang Fraedrich. Bd.: Schulgeographie in der Praxis, 1986, S. 128) – Bavaria Bildagentur, Gauting: 11 r., 19 o. r. (Otto), 24 (Buchholz), 51 (Fiore), 73 (Eckebrecht), 75 l., 75 r. (Fiore), 84 (Picture Finders), 145 o. r. W. Maier), 148 (Leib), 149 (D. Ball), 150 l. (Kanus), 150 r. (H. Schmied), 215 o., 224.2 (World Image), 230 (Hörnlein), 234 u. (Willi Rauch), 235 u. (Puck-Kornetzki) – Bayerisches Landesamt für Denkmalpflege, München: 61 – Bertelsmann Lexikon Verlag, Gütersloh: 66 (nach: Panorama der Weltgeschichte. Bd. 1: Urgeschichte und Altertum, 1976, S. 67) – Bezirksregierung Weser-Ems; Sonderbeauftragter NNW: 125 – Bibliothèque Nationale, Paris: 103 – Bildagentur Acaluso, Blumberg: 82 – Adolf Böhm, Aschheim: 168 (nach: Informationen zur politischen Bildung 211, USA. Hg. v. d. Bundeszentrale für politische Bildung, Bonn) – Borkum Kurverwaltung NSHB GmbH, Borkum: 19 o. l. – Günter Brinkmann, Hamburg: 123 u. r. – British Museum, London: 52 o., 53 o. – Bulloz, Paris: 31 – Jakob Buxeder, München: 7 o. – Dänisches Nationalmuseum, Kopenhagen: 68, 137 – Leutnant Blueberry – Das eiserne Pferd. © Dargaud Editeur Paris 1970 by Charlier + Giraud: 158 – Das Fotoarchiv, Christoph & Mayer, Essen: 151, 154 l. (I. Perlmann), 171 o., 217 o. (Dirk Eisermann) – Deutsche Luftbild, Hamburg: 96 – Deutsche Presse-Agentur, Frankfurt/M.: 114 (Agence France), 115, 116 u. (Rick), 196 (Binder Walter), 209, 214, 223 u. l. (Rauchwetter), 240 r. (Obertreis), 241 r. (ANSA Foto) – Deutsches Archäologisches Institut, Rom: 132 l. – Deutsches Museum, München: 29 r. – Deutsch-Französisches Jugendwerk, Bad Honnef: 27 u. (M. Preiss) – Eduard Dietl, Ottobrunn: 145 o. l. – ESA, Darmstadt (mit Genehmigung CDZ Film): 28 – Archiv Gerstenberg, Wietze: 92, 172, 179 – Bernd Glabasnia, Emden: 112 r., 113 u., 218, 236 – Globus-Kartendienst, Hamburg: 220 u. – Greenpeace, Hamburg: 126 o. (S. Menzel) – Großraumverband Hannover: 21 – Gruner + Jahr, Hamburg: 235 o. (GEOmobil Nr. 1/1987) – Kurt Halbritter, Unterach: 205 u. (mit freundlicher Genehmigung Elise Halbritter) – Bildarchiv Hansmann, München: 88 o. – Peter Hassiepen, München: 32 – Hirmer Verlag, München: 89 – Hoffmann und Campe Verlag, Hamburg: 74 u. (nach: Sahara – Merian, September 1985, S. 34) – Dieter Höss, München: 72 r. – Uwe Hoyer, München: 224.4 – Bildarchiv Huber, Garmisch-Partenkirchen: 70 u., 219 o. l. (R. Schmid), 231 – IFA-Bilderteam, Taufkirchen: 19 u. l. (Frima), 217 u. (Amadeus), 219 u. (Fritz Schmidt), 228 (Aberham), 232 (Friedrich) – Volkmar Janicke, München: 54 – Johann Jilka, Altenstadt: Umschlag, 25, 26 l. – Katharina Joanowitsch, Hamburg: 17 u. r. (nach: Pädagogik, April 1992, S. 6) – Helma Kaienburg, Hannover: 146, 184, 185 – Keystone Pressedienst, Hamburg: 240 l. – Stefan Kiefer: 124 – Kindernothilfe e. V., Duisburg: 154 r., 194 o. l., 194 u., 195 – G. + M. Köhler, Leonberg: 224.1 – Rudolf Köhler, Lehrte: 9, 15, 111 o. – Kommunalverband Ruhrgebiet, Essen: 216 (M. Ehrich) – Länderpress, Düsseldorf: 81 l. – Landeshauptstadt, Schulbiologiezentrum, Hannover: 16 l. – Landeshauptstadt Hannover: 19 u. r. (Industrie-Luftbild, München, Freigabe-Nr. G93/4053/ Reg. v. Oberbayern) – Landkreis Hannover: 108 u. (nach: Heimatchronik Landkreis Hannover, 1980, S. 221) – Verlag Langewiesche-Brandt, Ebenhausen (aus: Anschläge. Hg. v. F. Arnold, München 1963): 202 u. – Limesmuseum, Aalen: 134, 144 – Mainbild, Frankfurt/M.: 223 o. – Bildagentur Mauritius, Mittenwald: 6 (Enzinger), 40.2 (Thonig), 50 (H. J. Ewald), 109 o. l. (Messerschmidt), 109 u. l. (Elsen), 189 r. (Camera Press), 223 u. r. (Cash), 224.3 (Vidler), 233 (Habel) – Albert Messerklinger, München: 132 r., 166 – Museum für Vor- und Frühgeschichte der Stadt Frankfurt/M.: 65 u. – Museumsdorf Cloppenburg: 107, 176, 182 – Dr. Uwe Muuß, Altenholz: 122 o., 123 o. – Niedersächsisches Landesmuseum, Hannover: 65 o. – Niedersächsisches Landesverwaltungsamt, Hannover: 37 (Landesvermessung), 112 l. (Landesbildstelle) – Österreichische Fremdenverkehrswerbung, München: 226 – (Nach:) Ostfriesenzeitung, Leer: 116 o. – Werner Otto, Oberhausen: 26 r. – Prähistorische Staatssammlung, München: 59, 67 – Bildarchiv Preußischer Kulturbesitz, Berlin: 29 l., 55 (J. Liepe), 56 o. (J. Liepe), 57 (J. Liepe), 60 (J. Liepe), 180 r., 203 l., 207, 211 l. – Reise- und Verkehrsverlag, Berlin/ Stuttgart/München: 110 u., 111 u. – Rheinisches Landesmuseum, Bonn: 62/ 63 – Roemer- und Pelizaens-Museum, Hildesheim: 94, 95 – Ruhrverband, Ruhrsperrenverein, Essen: 22, 23 – Johann Michael Sailer Verlag, Nürnberg: 164 (nach: Geschichte mit Pfiff 8/79, S. 29) – Schapowalow, Hamburg: 167 – Schirmböck, München: 183 o. r., 183 Mitte r., 183 u. l. – Wolfgang Schmiedecken, Bonn: 72 l. – Bildagentur Schuster, Oberursel: 8 (Müller-Greif), 143 (Krauskopf) – Bildarchiv Seeger, Kirchheim/Teck: 40.1, 40.4 – Pressefoto Michael Seifert, Hannover: 11 l., 17 o. r., 173 o. r. – Peter Sierigk, Braunschweig: 102 – Silkeborg Museum, Silkeborg: 138 – Silvestris Fotoservice, Kastl: 49 (Elert), 74 o. (Rekos), 76 (The Telegraph): 103 o. r. (Dr. Roger Franz), 239.1 (Rudolf Höfels), 239.2 (Robert Maier), 239.3 (Hans Dieter Brandl), 239.4 (Klaus Wernicke), 241 l. (Irsch) – Uwe Söhnnichsen, Niebüll: 123 u. l. – Soltau-Kurier-Norden: 120 o., 120 u., 121 u. (nach: Johann Kramer: Sturmfluten, 1982, S. 18, 21, 161) – R. Stadelmann, Luzern: 122 u. – Stadt Hildesheim: 98 – Stadt Ravensburg: 175 – Stadt Buxtehude: 97 o. – Stadtbibliothek Nürnberg: 100 – Stalling-Verlag, Oldenburg: 169 (nach: A. u. M. Politzer: Abenteuer mit dem Schwarzen Büffel, 1978) – STERN, Hamburg: 197 (Ihrt) – Uta Steuer, Freising: 113 o. l. – Stuttgarter Luftbild Elsässer, Stuttgart: 113 o. (Freig. Reg. Präs. Stuttgart Nr. 9/84511) – Süddeutscher Verlag, München: 81 r., 131, 171 u., 177, 183 u. l., 200, 205 u., 206 o., 211 r. – terre des hommes, Osnabrück: 186, 191, 192, 193 – Transdia, Kiel: 113 o. r. (Hänel) – Transglobe Agency, Hamburg: 127 l. – Ullstein Bilderdienst, Berlin: 173 o. l., 204, 205 u. l., 206 u., 212, 215 Mitte, 215 u. – Unicef-Foto: 190 – Uni-Dia-Verlag, Großhesselohe: 88 u. – United States Informations Service, Bonn: 165 – Rainer Unkel, Bonn: 152 – Visum, Hannover: 109 u. l. (D. Reinartz), 110 o. (D. Reinartz) – E. + G. von Voithenberg, München: 16 r. – Ingeborg Weber-Kellermann, Marburg: 174 – Klaus Wernicke, Dagebüll: 85 u. – Westfälisches Museum für Archäologie, Münster: 136 – Zefa, Düsseldorf: 40.3, 49 u. (Steenmanns), 77 o. (K + H Benser), 126 u. (McAllister), 133 o. (Jonas), 188 (Enzinger), 189 l. (H. Sunak), 199 (Idem), 221 (Benser).

* Die Angabe „nach" bezieht sich auf Grafiken der bsv Welt- und Umweltkunde, deren Quellen verändert wurden.

5

1 Menschen orientieren sich

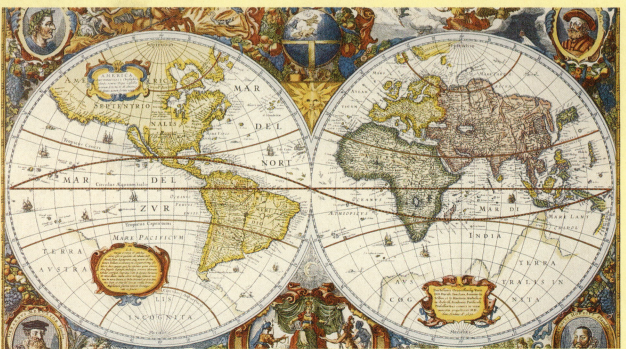

Die neue Schule

Die meisten von euch kennen bisher nur die Grundschule. Da kanntet ihr jede Ecke, jeden Raum... Und jetzt? Die neue Schule hat viele Klassen- und Fachräume, ein Lehrerzimmer, ein Rektorzimmer, verschiedene Turnhallen, ein Sekretariat und vieles mehr. Am Anfang ist das wahrscheinlich verwirrend. Doch sicher ist euch die neue Schule bald ebenso vertraut wie die alte.

1. *Macht eine Schulrallye, und erkundet das Gelände. Wo befindet sich das Sekretariat, das Lehrerzimmer, das Rektorzimmer, der Biologiesaal, der Musiksaal? Wo bekommt ihr Kreide? Wo steht der Kopierer? Wo ist der Schulkiosk? Was gibt es dort zu kaufen? Gibt es einen Schulgarten? Überlegt euch weitere Fragen für die Rallye.*

2. *Zeichnet von jedem Stockwerk einen Lageplan, und tragt die wichtigsten Räume ein.*

Orientierungsstufe – wozu?

Ihr habt nun die Grundschule verlassen und seid in eine neue Schulart eingetreten, die Orientierungsstufe. Doch was heißt das eigentlich: Orientierungsstufe? Wozu Orientierung? Dazu eine alltägliche Geschichte:

Du kommst in eine Stadt, die du bisher wenig oder gar nicht kennst, und suchst ein ganz bestimmtes Haus. Nehmen wir an, du kommst am Hauptbahnhof in Hannover an und suchst das älteste Wohnhaus der Stadt in der Mittelstraße. Wie machst du das?

A: Du rufst ein Taxi und läßt dich hinfahren.
Du gibst die Orientierung völlig in die Hand anderer Leute. Du findest nicht mal allein zurück zum Bahnhof.

B: Du gehst einfach los und fragst Leute. Das ist mutig. Aber: Ist das nicht ein zu großes Risiko?

C: Du hast Glück und siehst eine rote Linie mit Nummern im Kreis, den „roten Faden" durch Hannover. Die Stadtverwaltung war so freundlich, damit einen Rundgang zu den Sehenswürdigkeiten der Stadt anzulegen und dazu ein kleines Buch zu schreiben. Die Stadt nimmt dich „an die Hand", solange du die Linie nicht verläßt.

D: Du besorgst dir einen Stadtplan und nimmst dein Glück selbst in die Hand. Auf der Rückseite ist das Straßenverzeichnis. Da ist die Mittelstraße, im Planquadrat L/5, mitten in der Stadt und gar nicht weit weg vom Bahnhof.

Du hast dich selbst orientiert. Das hat zwar am Anfang etwas länger gedauert als bei Versuch A, B oder C, aber jetzt kannst du zielstrebig losgehen. Auch der Rückweg ist gesichert. Im Zweifel kannst du auch mal fragen und den Stadtplan anschauen.

Was hat diese Geschichte mit der Orientierungsstufe zu tun?
Alle orientieren sich – deine Eltern, deine Lehrerinnen und Lehrer und du selbst: was du kannst, was dir Spaß macht, wo du deine Leistungen leicht steigern kannst. Gib deine „Orientierung" nicht einfach und teuer in die Hände anderer, wie im Lösungsbeispiel A. Renne nicht einfach blindlings los und überlasse deine „Orientierung" dem Zufall, wie im Beispiel B. Und selbst wenn du glaubst, daß zum Glück andere deinen „roten Faden" festlegen, wie in Beispiel C, prüfe nach, ob es auch dein Weg ist. Mache dir selbst einen Plan, die Orientierungsstufe gibt dir die Möglichkeit dazu.

1. *Vergleicht die Grundschule mit der Orientierungsstufe. Was hat sich verändert?*

2. *Vielleicht habt ihr Fähigkeiten und Interessen, die in der Schule normalerweise nicht gefragt sind. Erzählt davon.*

Orientierungsstufe – und dann?

Die Diskussion um die Einführung einer Orientierungsstufe begann schon 1919. Doch sollte es bis 1971 dauern, daß diese Schulform in Niedersachsen eingeführt wurde. Heute sieht die Stellung der Orientierungsstufe innerhalb des Schulsystems so aus, wie ihr in der folgenden Grafik erkennen könnt:

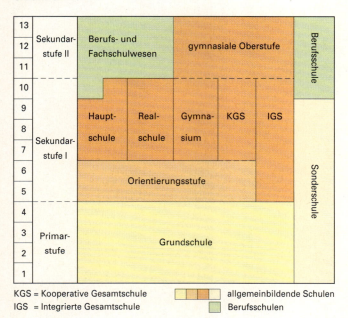

KGS = Kooperative Gesamtschule
IGS = Integrierte Gesamtschule

allgemeinbildende Schulen
Berufsschulen

Die erste große Stufe ist die Primarstufe. Die habt ihr bereits hinter euch. Jetzt seid ihr in Klasse 5 und damit in der Sekundarstufe I. Die Orientierungsstufe ist also der untere Teil, die Basis der Sekundarstufe I. Noch sind alle Kinder zusammen. Nach einem Jahr, zu Beginn der Klasse 6, kommt ihr in den Fächern Mathematik und Englisch (oder Französisch oder Latein) in verschiedene Kurse. In welchen Kurs ihr kommt, richtet sich nach eurem Lerntempo. Den Kurs kann man wechseln. In allen anderen Fächern bleibt eure Klasse zusammen.
Ab Klasse 7 besucht ihr bis zum Ende der Sekundarstufe I eine der angegebenen Schulen. Welche der Schulen ihr besucht, entscheiden eure Eltern mit Hilfe der Lehrerinnen und Lehrer und ihr selbst. Am Ende der Klasse 10 (einige auch schon ein Jahr früher) macht ihr euren ersten Schulabschluß. Dann geht es weiter in einen Beruf oder erst noch bis zum Abitur.

Was ihr in der Orientierungsstufe alles machen könnt

Die Orientierungsstufe bietet viele Möglichkeiten für ganz persönliche Interessen. Sie gibt euch die Möglichkeit, auch die Kultur und das Leben eines anderen Landes kennen und verstehen zu lernen.

Zu den vielen neuen Möglichkeiten gehören:
- Das Fach Welt- und Umweltkunde, das vom Leben der Menschen an verschiedenen Orten und zu verschiedenen Zeiten erzählt. Was läßt sich da alles lernen, selbst besorgen und selbst erforschen!
- Die erste Fremdsprache!
- Die Fächer Physik, Chemie und Biologie! Hier beginnt die Beschäftigung mit den Naturwissenschaften!
- Das „alte" Fach Deutsch! Schreibt einmal ein Gedicht oder ein Hörspiel! Spielt ein Theaterstück! Wo ist die Bühne in der neuen Schule?
- Die Arbeitsgemeinschaften ohne Zensuren! Viermal könnt ihr aus einem großen Angebot am Anfang und in der Mitte jedes Schuljahres selbst die Themen auswählen.
- Die Verfügungsstunde (ab der 6. Klasse) bei der Klassenlehrerin oder dem Klassenlehrer! Ihr könnt diese Stunde selbst gestalten. Ihr könnt und sollt euch an der Unterrichtsplanung beteiligen.
- Der Projektunterricht, bei dem ihr einzeln oder in Gruppen selbst das Thema und die Arbeit festlegen könnt!

Eure Eltern, eure Lehrerinnen und Lehrer, Beratungslehrerinnen oder Beratungslehrer, Schulsekretärinnen, Hausmeister und ältere Schülerinnen oder Schüler geben euch sicher gerne Anregungen.

1. Versucht, die Begriffe Primarstufe und Sekundarstufe vom Wortstamm her zu erklären! Nehmt ein Lexikon zu Hilfe.

2. Fragt im Schulsekretariat nach: Seit wann gibt es in eurem Schulort eine Orientierungsstufe?

3. Fragt nach, wie die Kursunterteilungen in Mathematik und Englisch, Französisch oder Latein ab Klasse 6 in eurer Schule geregelt sind!

Wo, wann und wie können wir aktiv werden? – Eine Ideenbörse

Neben den Möglichkeiten im Unterricht gibt es auch noch andere Gelegenheiten, eure Schule zu einem lebendigen Ort zu machen und euch für Dinge einzusetzen, die euch interessieren und Spaß machen:

- Wir planen und gestalten Schulfeste.
- Wir bieten einen „Bunten Abend" für Talente jeder Art an.
- Wir treffen uns an einer kleinen Bühne für kurze Beiträge, Besprechungen, Ehrungen, Ansagen.
- Wir organisieren Veranstaltungen, in denen die ausländischen Kinder und ihre Familien die „Hauptrollen" übernehmen.
- Wir unterhalten eine Werkstatt.
- Wir gründen eine Musikband.
- Wir machen eine Schülerzeitung und schreiben dafür Artikel und Kommentare zu aktuellen Themen.
- Wir organisieren einen Plakatdienst und machen mit selbst gestalteten Plakaten auf unsere Aktivitäten aufmerksam.
- Wir pflegen eine Schulpartnerschaft.

Schülerinnen und Schüler am Schulkiosk

1. Wählt einige der Ideen aus, und setzt sie um. Was benötigt ihr, wie lassen sich Aufgaben verteilen?
2. Erweitert die Ideenbörsen durch eigene Vorschläge.

Wir öffnen unser Schule nach außen – noch eine Ideenbörse

Schule, das heißt nicht, daß ihr nur im Schulgebäude sitzt oder nur aus Büchern lernt. Es gibt viele Möglichkeiten, das Lernen lebendig und interessant zu machen, sich Anregungen aus dem „täglichen Leben" zu holen – eben die Schule nach außen zu öffnen. Die folgenden Beispiele sind Anregungen, wie ihr die einzelnen Fächer durch Erleben bereichern und anschaulicher machen könnt:

- Wir sehen uns Betriebe unserer Gegend an und holen die Manager in unsere Schule.
- Wir besuchen Museen und Ausstellungen.
- Wir nehmen an einer Wochenend-Aktion teil.
- Wir holen uns einen Maler, eine Autorin, einen Bildhauer oder eine Töpferin in die Schule.

Beim Töpfern kann man seiner Phantasie freien Lauf lassen.

- Wir haben ein bestimmtes Tier zur eigenen Erforschung zu Hause oder im Zoo oder in der Gehegeschule oder im „Schulzoo".
- Wir lernen auf dem Waldlehrpfad und kennen anschließend die Bäume und Sträucher unserer Gegend.
- Wir suchen Tierspuren im Schnee oder Fossilien im ehemaligen Tagebau oder Steinbruch.
- Wir gehen ins Kino, ins Theater, in die Oper, ins Ballett.
- Wir holen Theaterleute in die Schule.
- Wir verbringen Vormittage im Opernhaus, in der Theaterwerkstatt, bei der Ballettprobe.
- Wir besuchen die Stadtwerke und Zentren für Energie, Wasser, Umweltschutz.

Die Menschen in der neuen Schule

Neben den Schülerinnen und Schülern gibt es an jeder Schule unterschiedliche Gruppen von Menschen: die Lehrerinnen und Lehrer, Sekretärinnen, Hausmeisterinnen und Hausmeister. Alle tragen zum Leben in der Schule bei, doch jede Gruppe hat eine andere Aufgabe. Die Lehrerinnen und Lehrer vermitteln euch den Unterrichtsstoff und sind Ansprechpartner für eure großen und kleinen Probleme. Die Sekretärinnen arbeiten im Büro der Schule. Der Hausmeister oder die Hausmeisterin sorgt dafür, daß die Schule sauber ist und alle technischen Anlagen in Ordnung sind. Doch die größte Gruppe seid ihr: die Schülerinnen und Schüler. Auf den ersten Blick scheint ihr eine einheitliche Gruppe zu sein: Ihr seid ungefähr gleich alt und müßt alle dasselbe lernen. Doch bei genauerem Hinsehen zeigen sich Unterschiede zwischen Jungen und Mädchen. Oft haben sie unterschiedliche Interessen, sie verhalten sich oft unterschiedlich, und manchmal können sie einander nicht ausstehen.

Ob eine Klasse oder Schule „gut" ist, entscheiden alle mit. Jeder von uns ist mitverantwortlich, wie „gut" der oder die anderen sind, wie „gut" das „Schulklima" ist und ob wir gern in diese Schule gehen!

Konflikte zwischen Schülern und Erwachsenen oder innerhalb einer Klasse gibt es in jeder Schule. Doch die meisten Konflikte lassen sich lösen. Hier ist Mitverantwortung gefragt und nicht weglaufen oder wegsehen.

Was alles können Ursachen für Konflikte sein? Allein das genaue Beschreiben der Ursachen und des Ablaufs eines Konfliktes macht oft die Lösung leichter. Wichtig ist, zunächst zuzuhören und abzuwägen, auch wenn du selbst betroffen bist! Dann kann man sachlich diskutieren und zusammen eine Lösung finden.

Vom Anderssein

Im Land der Blaukarierten
sind alle blaukariert.
Doch wenn ein Rotgefleckter
sich mal dorthin verirrt,
dann rufen Blaukarierte:
„Der paßt zu uns doch nicht!
Er soll von hier verschwinden,
der rotgefleckte Wicht!"

Im Land der Rotgefleckten
sind alle rotgefleckt.
Doch wird ein Grüngestreifter
in diesem Land entdeckt,
dann rufen Rotgefleckte:
„Der paßt zu uns doch nicht!
Er soll von hier verschwinden,
der grüngestreifte Wicht!"

Im Land der Grüngestreiften
sind alle grüngestreift.
Doch wenn ein Blaukarierter
so etwas nicht begreift,
dann rufen Grüngestreifte:
„Der paßt zu uns doch nicht!
Er soll von hier verschwinden,
der blaukarierte Wicht!"

Im Land der Buntgemischten
sind alle buntgemischt.
Und wenn ein Gelbgetupfter
das bunte Land auffrischt,
dann rufen Buntgemischte:
„Willkommen hier im Land!
Hier kannst du mit uns leben,
wir reichen dir die Hand!" [1]

1. *Erkundet die Aufgaben eures Lehrerkollegiums, der Sekretärinnen, der Hausmeisterin oder des Hausmeisters.*

Ursachen für Konflikte sind häufig Vorurteile. Woher sie kommen, bleibt oft ein Geheimnis. Jeder Mensch ist in der Gefahr, Vorurteile zu haben und zu verbreiten, besonders, wenn ihm etwas oder jemand fremd ist. Wer Vorurteile erkennt, hat es leichter, Konflikte zu lösen und mit anderen zusammen zu leben, zu spielen, zu lernen (s. S. 155–157).
Übrigens: Auch ein Kind, mit dem niemand spielt, ist ein Konflikt. Ein Konflikt kann sehr einseitig sein und weh tun. Es darf keine „Dauerverlierer" und „Dauersieger" in deiner Gruppe geben!
Konflikte kann man mit Diskussionen lösen. Doch so wie in dem Bild rechts sollte es nicht sein. Schule lebt von Fragen und Antworten, von unterschiedlichen Wünschen, Meinungen und Kenntnissen. Hier muß Ordnung her, damit Lösungen gefunden und Entscheidungen getroffen werden, die allen gerecht werden. Die Grundlage jeder Entscheidung ist eine Diskussion. Sie kann nur sinnvoll ablaufen, wenn alle sich an bestimmte Regeln halten. Zum Beispiel an eine Zehn-Punkte-Diskussionsordnung.

1. In einer guten Diskussion redet nicht nur einer (auch nicht der Lehrer oder die Lehrerin). Jede/r kommt dran, und wenn es nur eine Verständnisfrage ist.
2. Diskussionsleiter sind auch mal die Schülerinnen und Schüler selbst. Sie schreiben die Namen derjenigen auf, die sich melden. Wenn die Betreffenden gesprochen haben, wird ihr Name abgehakt.
3. Das Thema der Diskussion ist klar formuliert, steht am besten sichtbar an der Tafel.
4. Zwischenrufer erhalten die „rote" Karte, scheiden aus oder übernehmen das Diskussionsprotokoll.
5. Jeder kann das Gesicht des anderen sehen. Gestik oder Gebärde sagen manchmal mehr aus als nur Worte. Der Kreis ist die beste Sitzordnung.
6. Alle sollten deutlich sprechen, den Partner ansehen und nicht nur zum Diskussionleiter reden.
7. Im Streitfall sind alle an der Suche nach einem Kompromiß zu beteiligen. Notfalls eine Pause einlegen, um Informationen einzuholen oder Außenstehende einzubeziehen. Manchmal hilft eine Pause auch, die erhitzten Gemüter zu beruhigen.
8. Streitfälle lösen und Kompromisse suchen.
9. Zuhören! Abwarten können! Versuchen, den Grund für die Aussage, den „Zug" des oder der anderen zu erkennen und zu verstehen.
10. Einspruch erheben, wenn andere nicht mehr zur Sache reden. Nicht durch Zwischenruf, sondern indem ihr beide Hände hochhebt.

2. Erstellt eine Tabelle: Lieblingsfächer von Jungen und Mädchen / Hobbys von Jungen und Mädchen. Wertet die Tabelle aus. Gibt es Unterschiede?

3. „Das ist nichts für Mädchen." – „Das tut ein Junge nicht." Was haltet ihr von diesen Meinungen? Begründet.

4. Überlegt: Was könnt ihr gegen Vorurteile tun?

5. Lest das Lied vom Anderssein. Malt ein Bild vom Land der Buntgemischten.

6. Beobachtet euch selbst in der Diskussion. Vielleicht läßt sich eine Diskussionsrunde filmen und hinterher gemeinsam besprechen.

Wir brauchen eine Klassensprecherin oder einen Klassensprecher

Kurt möchte neben Peter sitzen. Lisa beschwert sich über Margit. Evi fühlt sich ungerecht behandelt. Sigi, Herbert und Uwe wollen eine Theatergruppe gründen – und und und... Der Lehrer hält sich die Ohren zu. „Jetzt reicht's! Geht mit euren Wünschen und Beschwerden zu eurem Klassensprecher! Er soll sich alles aufschreiben und nach der Stunde zu mir kommen. Dann kann ich in Ruhe überlegen, und morgen sprechen wir darüber."

Weil wir jemanden brauchen, der die Meinungen und Sorgen der Schülerinnen und Schüler bei den Lehrern, dem Rektor und im Schülerrat vertritt, wählen wir einen *Klassensprecher*. Die Wahl findet immer zu Beginn eines Schuljahres statt. Namen werden vorgeschlagen und an die Tafel geschrieben: Lisa, Peter, Evi, Franz. Das sind die *Kandidaten* und *Kandidatinnen*. Dann schreibt jeder Schüler auf einen Zettel, wen er als Klassensprecher haben möchte. Lisa bekommt die meisten Stimmen, sie wird Klassensprecherin. Franz wird ihr Stellvertreter.

Heinz will nicht Klassensprecher werden. „Wenn es Ärger mit dem Lehrer oder der Lehrerin gibt, wäre ich derjenige, der für die Schüler vermitteln müßte, und das kann ich nicht." „Das ist ja nur *eine* seiner Aufgaben, und noch dazu eine untergeordnete", erklärt ihm ein Klassensprecher aus der 6. Klasse.

Der Klassensprecher hat aber mehr wichtige Aufgaben:

- Er oder sie sammelt die Meinungen der Mitschüler, zum Beispiel zur Frage, ob ein Getränkeautomat gewünscht wird, und trägt sie dem Schülerrat vor. Findet der Wunsch dort eine Mehrheit, unterbreitet er ihn dem Schulleiter.
- Er oder sie vertritt (repräsentiert) die Mitschüler. Und zwar dort, wo nicht alle Schüler dabeisein können: im Schülerrat und – wenn er oder sie als Schülervertreter/in hineingewählt wird – in der Schulkonferenz, bei Verhandlungen mit dem Schulleiter oder mit einzelnen Lehrern.
- Und natürlich vermittelt er oder sie auch zwischen Lehrern und Schülern, wenn es einmal Ärger gibt. Dabei kann er oder sie auch besonders schüchternen Mitschülern helfen, wenn sie sich nicht selbst trauen, etwas zu sagen.

Der § 55 des Niedersächsischen Schulgesetzes schreibt vor, daß jede Klasse ab Klasse 5 eine/n Klassensprecher/in und dessen/deren Vertreter/in zu wählen hat. Nach § 56 bilden die Klassensprecher/innen dann den Schülerrat der Schule und haben damit bestimmte Rechte und Pflichten. Ihr sollt zunächst überlegen, was ihr von eurem Klassensprecher oder eurer Klassensprecherin erwartet.

Es lohnt sich, vorher abzuwägen:

- Wer hält sich vorbildlich an die Diskussionsordnung?
- Wer hat Mut genug, auch vor Erwachsenen und in Konferenzen frei zu reden?
- Wer nimmt sich Zeit für andere?
- Wer kennt und vertritt die Interessen der ausländischen Kinder?
- Wer setzt sich für alle und nicht nur für eine Gruppe ein?

Sind die beiden Sprecher erst einmal nach gründlicher Überlegung gewählt, können sie viel zu einem guten Zusammenleben in der Klasse beitragen. Das können sie aber nur dann, wenn sie von allen Schülerinnen und Schülern unterstützt werden.

Niedersächsisches Schulgesetz (Stand 1992):

§ 54 Mitwirkung

Die Schüler wirken in der Schule mit durch:
Klassenschülerschaften und Klassensprecher,
Schülerrat und Schülersprecher,
Vertreter der Schüler in Konferenzen und Ausschüssen.
Die Mitwirkung soll zur Erfüllung des Bildungsauftrages (§ 2) beitragen.

§ 55 Klassenschülerschaft

Die Schüler jeder Klasse vom 5. Schuljahrgang an (Klassenschülerschaft) wählen den Klassensprecher und dessen Stellvertreter sowie die Schülervertretung in der Klassenkonferenz und deren Lehrer-Schüler-Ausschuß.

§ 56 Schülerrat

Die Klassensprecher bilden den Schülerrat der Schule. Dieser wählt den Schülersprecher und einen oder mehrere Stellvertreter aus seiner Mitte sowie die Schülervertreter in der Gesamtkonferenz, den Teilkonferenzen, außer denen für organisatorische Bereiche, und den entsprechenden Lehrer-Schüler-Ausschüssen.

Mitwirken in der neuen Schule

Klassensprecher-Wahl, Schülerversammlung, Schülerrat, Wahl der Schülersprecher – hier können Schülerinnen und Schüler mitentscheiden. Lehrer und Eltern bilden ebenfalls verschiedene Gremien. In den verschiedenen Konferenzen können Schülervertreter/innen mitwirken. Dort werden so wichtige Entscheidungen getroffen wie zum Beispiel der Erlaß der Schulordnung, Beschlüsse zu Klassenarbeiten und Hausaufgaben, Erziehungs- und Ordnungsmaßnahmen, Schulausflüge, Besichtigungen, Sammlungen. Das Grundsätzliche regelt das Niedersächsische Schulgesetz.

Im Schülerrat können die Jungen und Mädchen an Entscheidungen für die Schule mitwirken. ▶

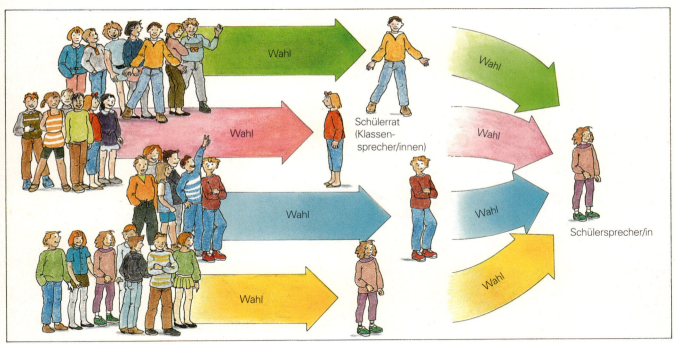

---

1. Überprüft die Schulordnung eurer Schule. Hilft sie Konflikte abbauen? Was fehlt ihr? Schreibt sie zuviel vor?

2. Wozu brauchen wir Eltern- und Schülervertreter/innen? Wann werden sie aktiv?

3. Welche Klassendienste gibt es? Wie werden sie verteilt?

4. Sind euch Konflikte zwischen Erwachsenen und Kindern oder innerhalb der Klasse aufgefallen, die sich offensichtlich nur schwer oder gar nicht lösen lassen?

5. Wo übernimmst du Mitverantwortung?

6. Was heißt das: Wir entscheiden demokratisch?

Sind wir eine umweltfreundliche Schule?

Alle wissen, daß unsere Umwelt bedroht ist. Wir werden in diesem Buch mehrfach darauf zurückkommen. Wir sind alle an der Umweltbelastung beteiligt. Es reicht also nicht, sich über Wasserverschmutzung, Wasserverbrauch, Ozonloch, Waldsterben, Fischsterben, Bodenverseuchung, Algenplage, Müllawine oder Luftverschmutzung zu beklagen und andere anzuklagen. Jeder von uns kann und muß heute etwas zur Erhaltung der Umwelt tun.

Unsere Schule selbst ist ein großer Haushalt, in dem ständig Energie, Rohstoffe und Nahrungsmittel verbraucht, Abfälle und Schmutz produziert werden.

Deshalb sollten wir uns bemühen, auch dort sorgsam mit Energie und Rohstoffen umzugehen und so wenig Abfall wie möglich zu verursachen. Jeder kann dazu beitragen.

Zum Beispiel Papier

Papier ist nicht gleich Papier. Umweltbewußte Schülerinnen und Schüler benutzen Recycling- oder Umweltschutzpapier. Herkömmliches Papier wird – neben anderen Rohstoffen – hauptsächlich aus Holz hergestellt. Und um dieses Holz zu gewinnen, müssen Bäume gefällt werden. Papier läßt sich jedoch auch aus Altpapier herstellen. Dieses Buch ist auf chlor- und säurefrei gebleichtem Papier gedruckt. Fast alle Buchverlage benutzen heute dieses Papier, weil es reißfester ist als Recyclingpapier und die farbigen Abbildungen von höherer Qualität sind.

Zum Beispiel Aluminium

Aluminiumabfall entsteht in Form von Deckeln auf Molkereiprodukten, als Verpackungsmaterial von Pausenbrot. Wenn wir schon nicht ganz darauf verzichten können, so sollten wir diese Abfälle wenigstens sammeln. Dafür gibt es spezielle Container. Das darin gesammelte Aluminium wird eingeschmolzen und wiederverwertet.

Zum Beispiel Glas; zum Beispiel Kunststoffe; zum Beispiel Batterien; zum Beispiel Leuchtstoffröhren; zum Beispiel Kugelschreiber und Faserschreiber; zum Beispiel Waschmittel; zum Beispiel ... Es gibt eine Vielzahl von Büchern, Zeitschriften, Radio- und Fernsehsendungen mit Hinweisen zum Umweltschutz. Projekte zählen, nicht schöne Reden!

Schülerinnen und Schüler bei der Arbeit im Schulgarten

1. *Die Stadt Hannover unterhält ein Schulbiologie-Zentrum mit zwei botanischen Schulgärten, eine Zooschule, ein Schullandheim und steht auf Anforderung zur Beratung und Belieferung mit Pflanzen, Saatgut und Erde zur Verfügung. Holt euch dort Informationen, oder macht einen Ausflug dorthin.*

2. *Jede/r Schulleiter/in in Niedersachsen hat seit 1992 den „Leitfaden: ökologische Umgestaltung des Schulgeländes" mit vielen Anregungen. Informiert euch anhand dieses Leitfadens. Welche Projekte sind an eurer Schule durchführbar? Wählt ein Projekt, und führt es aus.*

Welt- und Umweltkunde fängt auf dem Schulgelände an

Wie ist das mit eurem Schulgebäude, dem Pausenhof, dem Klassenraum? Was läßt sich verbessern? Erstellt eine Karte von eurem Schulgelände als Faustskizze oder so sauber wie der Architekt im abgebildeten Muster. Das ist der IST-Zustand, und wir „bauen" uns einen SOLL-Zustand.

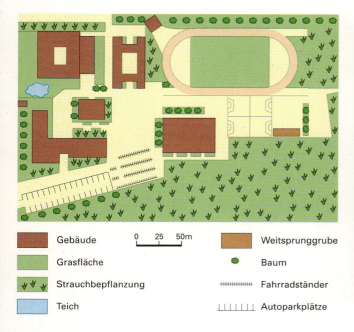

■ Gebäude	0 25 50m	■ Weitsprunggrube	
■ Grasfläche		● Baum	
ꙟꙟꙟ Strauchbepflanzung		▥▥▥ Fahrradständer	
■ Teich		▥▥▥ Autoparkplätze	

Die Verbesserungsvorschläge lassen sich gut in Gruppenarbeit erstellen. Gruppe A sieht sich die Grünanlagen genauer an, Gruppe B die Eingangshalle, Gruppe C den Parkplatz, Gruppe D den Pausenhof...
Unser Schulgelände wird zum Experiment, zuerst auf dem Papier, später vielleicht auch ganz praktisch mit Hilfe und mit Zustimmung der Lehrerinnen und Lehrer! Unsere Schule soll freundlich, bunt, kindgerecht, interessant und umweltfreundlich sein.
Aus einem langweiligen Schulflur läßt sich eine Mini-Dorfstraße „bauen", mit Plätzen, Nischen, Hinterhof, Vorgärten. Irgendwo entsteht eine selbstgemachte, erhöhte Bühne mit Scheinwerfern. Aus einer Ecke wird eine kleine Werkstatt für Reparaturarbeiten oder Modellbau.
Als Projekt wird ein Gartenhaus gebaut, werden Teile des Weges selbst bepflastert. Wir haben eine „Aktionsecke".

In einem Malwettbewerb erhält das Klassenzimmer innen und außen einen unverwechselbaren Anstrich. Grundlage ist eine maßstabgerechte Zeichnung. Innen werden selbst Regale und Nischen erstellt. Der Himmel ist voller Wolken und Phantasietiere. Die Klassentür wird zum Hauseingang mit dorischen Säulen oder zu einem undurchdringlichen Dschungel aus Hängepflanzen. Tischtennisplatten, Langzeitturnierpläne, „Kraftprotz"-Geräte lassen sich mit Eltern- und Lehrerhilfe für wenig Geld leicht selbst erstellen. Wenn das nicht Schule macht!

Kinder bemalen eine Wand

Der Phantasie sind kaum Grenzen gesetzt. Aber errichtet bitte nichts Endgültiges, denn eure Nachfolger/innen sollen auch etwas Unverwechselbares schaffen können!

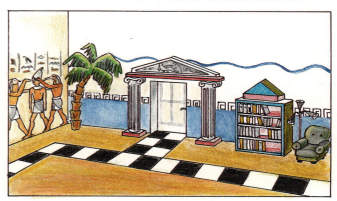

Erkundung des Nahraums

Mit der Schule haben viele von euch auch den Schulort gewechselt. Ihr selbst oder einige eurer Mitschüler kommen nun von weiter her in die Schule. Sicher habt ihr auf Schul- oder anderen Ausflügen schon das nähere Umland eures Wohnortes kennengelernt. Da gibt es viel zu sehen und zu erforschen: die typische Landschaft, die Ortschaften und Städte im Umkreis, wie die Menschen dort leben und arbeiten und vieles andere mehr. Dieses Kapitel will euch helfen, eure nähere Umgebung genauer zu erkunden und kennenzulernen. Denn nur derjenige, der seine Umgebung kennt, kann sie auch wirklich schätzen.

1. *Woher kommen die Schülerinnen und Schüler eurer Klasse? Besorgt euch eine Karte eures Landkreises, und kennzeichnet die Orte, aus denen ihr kommt.*

2. *Berichtet von Ausflügen in die nähere Umgebung. Was habt ihr alles entdeckt? Woran erinnert ihr euch besonders gern?*

Unser Nahraum

Wenn ihr durch Niedersachsen fahrt, werdet ihr feststellen, daß jeder Ort ein eigenes „Gesicht" hat. Auch die Landschaft ist sehr vielfältig. Daher ist die nähere Umgebung, der „Nahraum" eines jeden Ortes unterschiedlich. Die Schülerinnen und Schüler der Orientierungsstufe Emden haben sich die Mühe gemacht und Informationen über ihren Nahraum zusammengetragen: Emden liegt in Ostfriesland, in der Marsch, 0 m über dem Meeresspiegel. Im Durchschnitt fallen 771 mm Niederschlag im Jahr, die Jahresdurchschnittstemperatur beträgt 9 °C. Der Ort hat 52 000 Einwohner. In der Stadt arbeiten die meisten Menschen in der Autoindustrie, im Schiffsbau und in Dienstleistungsbetrieben. In der Umgebung von Emden gibt es vor allem Wiesen und Weiden. Hier werden Rinder gezüchtet und Milchwirtschaft betrieben.

Emden

Insel Borkum

Hannover

◄ Lüneburger Heide

Geht vor wie die Schülerinnen und Schüler von Emden:
Welche Art von Ort ist euer Schulort: Großstadt, Kleinstadt, Dorf?
In welcher Landschaft liegt euer Schulort?
Wie hoch über dem Meersspiegel liegt er?
Wieviel mm Niederschlag fallen im Durchschnitt pro Jahr?
Wie hoch ist die Jahresdurchschnittstemperatur?
Wie viele Einwohner hat euer Schulort?
Gibt es Industriebetriebe? Was produzieren sie?
Wie nutzen die Landwirte ihre Äcker und Wiesen?

Stadt und Umland sind aufeinander angewiesen

In Niedersachsen wohnen mehr als 7 Millionen Menschen. Das bedeutet: 7 Millionen Menschen benötigen Butter, Milch, Eier, Brot, Fleisch, Obst, Gemüse, Möbel, Bekleidung, Elektrogeräte, Benzin und vieles andere mehr. Sie müssen wohnen, arbeiten, sich kleiden, sich erholen und ärztlich versorgt werden.

7 Millionen Menschen brauchen viel Wasser zum Kochen und Waschen sowie Strom und Heizmaterial für ihre Wohnungen. Es müssen öffentliche Verkehrsmittel vorhanden sein, und der Müll muß regelmäßig abgeholt werden. Die Gemeinden müssen für Spielplätze, Kindergärten und Schulen sorgen. Gut ausgebaute Verkehrswege sind für den Transport der lebensnotwendigen Güter unerläßlich.

Nicht jeder Ort kann für seine Bewohner alles leisten. Viele Einrichtungen können in kleinen Orten wegen der niedrigen Bevölkerungszahl nicht vorhanden sein. Orte verschiedener Größe müssen daher auch verschiedene Aufgaben in der Versorgung der Bevölkerung übernehmen. Je nach Ausstattung spricht man daher von einem Unterzentrum, Mittelzentrum oder Oberzentrum.

Unterzentren sind Orte, die etwa 5000 Einwohner zählen und als Grundversorgung folgende Einrichtungen bieten: Gemeindeverwaltung, Kirche, Grundschule, Orientierungsstufe und Hauptschule, Friseur, landwirtschaftliche Genossenschaft, Arzt für Allgemeinmedizin, Zahnarzt, Apotheke, Postamt.

Mittelzentren versorgen etwa 20 000 bis 30 000 Menschen und sollen über folgende Einrichtungen verfügen: Kreisverwaltung, Amtsgericht, Realschule, Gymnasium, Berufsschule, größere Kaufhäuser, Rechtsanwalt, Fachärzte, Krankenhaus, Mehrzweckhalle.

Oberzentren sollen mehr als 100 000 Menschen versorgen. Dort befinden sich alle Einrichtungen, die in kleinen Orten nicht zur Verfügung stehen können.

Da diese Städte mit ihren Einrichtungen auch für das Umland wichtig sind, sagt man: Eine Stadt versorgt das Umland. Umgekehrt ist aber auch die Stadtbevölkerung auf die ländlichen Gebiete angewiesen.

Seht die Grafik unten an, und erklärt die Wechselbeziehungen zwischen Stadt und Land. Welche Versorgungseinrichtungen gibt es in eurem Wohnort?

Stadt und Umland

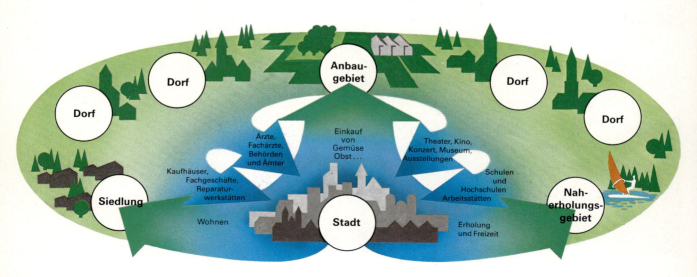

Hannover – ein zentraler Ort

Sehen wir uns den Tagesbeginn der Familie Walter in Lehrte an:

Der Wecker schrillt. Es ist sechs Uhr. Herr und Frau Walter müssen von Lehrte nach Hannover fahren. Herr Walter arbeitet dort in der Universitätsklinik und seine Frau in einer Bankfiliale am Stadtrand. Sohn Thomas besucht die zehnte Klasse eines Gymnasiums in Hannover. Die Eltern nehmen ihn auf dem Weg zu ihren Arbeitsstätten mit. Die fünfjährige Tochter Heike verbringt den Vormittag in einer Kindertagesstätte und wird am Nachmittag von der Kinderfrau betreut.

Bis auf die Wochenenden, Feiertage und Ferien ist das jeden Tag so. Walters sind Pendler, das heißt, sie fahren jeden Tag zwischen ihrem Wohnort und ihrem Arbeitsplatz hin und her. So wie sie sind täglich Tausende Pendlerinnen und Pendler unterwegs nach Hannover und wieder zurück zu ihrem Wohnort. Denn ebenso wie ein kleinerer Ort nicht alle Versorgungseinrichtungen bietet, finden auch nicht alle Menschen Arbeit oder Ausbildungsmöglichkeiten in ihrem Wohnort, sondern müssen in einen der nächstgrößeren Orte zur Arbeit, Ausbildungsstätte oder Schule fahren. Viele Pendler fahren mit dem Bus oder mit der Bahn, die meisten aber mit dem eigenen Fahrzeug.

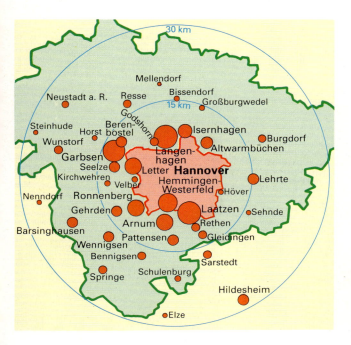

1. Damit die vielen Pendler an ihre Arbeits- oder Ausbildungsstellen kommen, ist ein gut funktionierendes Straßen- und Schienennetz erforderlich. Betrachtet eine Straßenkarte eurer Umgebung. Welche Verkehrsverbindungen gibt es zur (Kreis-)Stadt? Versucht herauszufinden, wie viele Pendler aus den einzelnen Orten jeden Tag in eure Stadt/Kreisstadt unterwegs sind, und fertigt eine ähnliche Grafik wie auf dieser Seite an.

2. Für Schülerinnen und Schüler, die in der Stadt wohnen: Fragt eure Eltern, ob sie Arbeitskollegen haben, die nicht in der Stadt wohnen. Notiert die Namen der Orte, in denen sie wohnen, und sucht sie auf einer Straßenkarte.
   Wohin fahrt ihr mit euren Eltern, wenn ihr einen Ausflug oder eine Wanderung machen wollt? Fertigt eine Skizze an, auf der die Ausflugsziele und euer Wohnort zu sehen sind.
   Auf dem Wochenmarkt findet ihr Stände, an denen zu bestimmten Jahreszeiten landwirtschaftliche Erzeugnisse aus dem Umland angeboten werden, z. B. Gemüse, Obst, Blumen, Eier, Geflügel, Wurstwaren und Schinken. Fragt nach, woher die Waren kommen. Sucht die Orte auf einer Karte eurer Umgebung.

3. Für Schülerinnen und Schüler, die auf dem Land wohnen:
   In welchen Orten arbeiten eure Eltern und ihre Bekannten? Sucht sie auf einer Straßenkarte.
   Wohin müßt ihr fahren, wenn ihr in ein Kino, Theater oder Konzert gehen wollt?
   Fragt einen Landwirt in der Nachbarschaft, wohin er seine Erzeugnisse, z. B. Milch liefert.
   Wo befindet sich das nächstgelegene Krankenhaus, die nächste Universität?

◀ **Ausbildungspendler nach Hannover**

Größenstufen

- 500 Pendler
- 300 Pendler
- 100 Pendler
- 15 Pendler

—— Grenze der Stadt Hannover
—— Grenze des Verbandes Großraum Hannover

Wohin fließt das Abwasser?

Wir alle brauchen täglich viel Wasser. Hinzu kommen gewaltige Wassermengen, die von der Industrie und der Landwirtschaft benötigt werden. Aus dem verbrauchten Wasser entsteht dieselbe Menge verschmutzten Wassers: *Abwasser*.

Verfolgen wir einmal den Weg unseres Schmutzwassers: Durch die verschiedenen Abflüsse in der Wohnung fließt es durch eine Falleitung und den Anschlußkanal in den *Abwasserkanal* unter der Straße. Auch das Regenwasser wird vom Kanal aufgenommen. Von der Dachrinne gelangt es durch die Regenfalleitung und den Anschlußkanal ebenfalls in den Straßenkanal. Durch ein weitverzweigtes Kanalsystem werden die Abwässer einer ganzen Stadt zum *Klärwerk* geleitet, aus dem sie gereinigt in die Flüsse zurückfließen.

Weg des Abwassers

Regenwasser

Schmutzwasser

Mischwasser

Die Reinigung des Wassers erfolgt meist in zwei Stufen: Die erste Stufe ist die *mechanische Reinigung*. Dazu gehören Rechen, Sandfang, Absetzbecken und Faulbehälter. Die zweite Stufe ist die *biologische Reinigung*. Sie erfolgt im Belebtbecken und im Nachklärbecken. Einige Kläranlagen verfügen noch über eine dritte Stufe, die *chemische* *Reinigung*. Hier setzt man dem Wasser Flockungsmittel zu. Sie binden im Wasser gelöste gefährliche Stoffe (Salze). Gewässerverschmutzung ist strafbar: Die Gefahren, die den Flüssen drohen, wenn Abwässer direkt eingeleitet werden, sind schon vor mehr als hundert Jahren erkannt worden. Seither bemüht man sich, die Verschmutzung der

Grobes Material (z. B. Toilettenpapier, Konservenbüchsen, Flaschen, Holzteile) wird im Rechen zurückgehalten. Von dort wird es zur Müllkippe transportiert.

Feinere Verunreinigungen (z. B. Erde, Ton, Sand, Straßenschmutz) setzen sich im Sandfang ab. Das ist möglich, weil hier das Wasser nur ganz langsam fließt.

Im Absetzbecken kommt das Wasser fast ganz zur Ruhe. Feine Verunreinigungen sinken zu Boden und werden im Trichter als Schlamm zusammengeschoben.

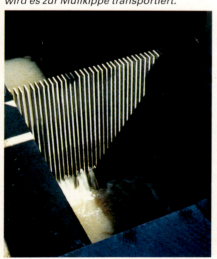

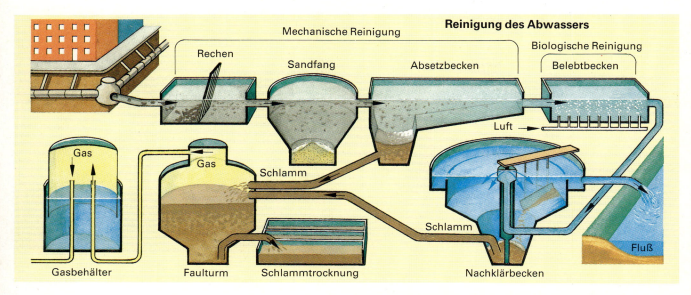

Reinigung des Abwassers

Mechanische Reinigung

Rechen
Sandfang
Absetzbecken

Biologische Reinigung
Belebtbecken

Luft

Gas
Gas
Schlamm
Schlamm

Fluß

Gasbehälter
Faulturm
Schlammtrocknung
Nachklärbecken

Gewässer mit Verordnungen und Gesetzen einzuschränken. So sind Städte und Industriebetriebe verpflichtet, die Abwässer vor Einleitung in Gewässer von Verunreinigungen zu befreien. Wer gegen diese Gesetze verstößt, muß mit einer Geldstrafe oder in schweren Fällen sogar mit einer Freiheitsstrafe rechnen.

1. Welche Abwässer entstehen bei euch zu Hause? Wie ist ein Teil dieser Wasserverschmutzungen zu vermeiden?

2. Besucht das Klärwerk eures Schulortes, und laßt euch erklären, wie es funktioniert.

Der Schlamm aus dem Absetzbecken fault im Faulbehälter innerhalb von sechs Wochen aus. Die entstehenden Gase können zum Heizen verwendet werden.

Im Belebtbecken „verdauen" Bakterien die Schmutzteilchen in kurzer Zeit. Um leben zu können, brauchen sie Luft, die ständig ins Becken geblasen wird.

Im Nachklärbecken kommt das Wasser wieder zur Ruhe. Verunreinigungen und „Verdauungsrückstände" der Bakterien können sich hier noch absetzen.

Was geschieht mit unserem Abfall?

Mehr als 300 Millionen Tonnen Müll kommen pro Jahr in Deutschland zusammen: Hausmüll, Bauschutt, Asche, Sperrmüll, Klärschlamm und Sondermüll. Wollte man diesen Müll in einen Güterzug füllen, würde die Reihe der Waggons von uns bis nach Neuseeland reichen.

Wo bleiben nun Jahr für Jahr diese riesigen Müllmengen? Einfach vor die Stadt oder in den Wald kippen? Das ist verboten! Ungeordnete oder wilde Müllkippen sind eine Gefahr für Mensch und Umwelt. Sie brennen leicht und verbreiten Gestank. Sie sind Brutstätten für Krankheitserreger, und im Boden sammeln sich Abwässer, die das Grundwasser verseuchen können.

Über drei Viertel des anfallenden Hausmülls werden auf Mülldeponien abgelagert, und dies trotz der möglichen Gefahren für das Grundwasser, trotz des Verbrauchs an Landschaft und trotz der Einsicht, daß auf diese Weise wertvolle Rohstoffe unwiederbringlich verlorengehen. Eine geordnete Mülldeponie ist nach unten zum Grundwasser hin abgedichtet. Dadurch wird verhindert, daß Schadstoffe aus dem Müll in den nächsten Jahrzehnten ins Grundwasser gelangen. Wie sich die Abdichtungen in der

Abfallbeseitigung auf einer geordneten Mülldeponie

ferneren Zukunft verhalten werden, ist heute noch nicht bekannt. Raupenfahrzeuge verteilen den angefahrenen Müll, zerkleinern und pressen ihn zusammen. Eine mehrere Meter dicke Müllschicht wird mit Erde abgedeckt.
Ohne geordnete Deponien kommt man bei der Abfallbeseitigung nicht aus; doch eine Lösung für die Abfallprobleme der Zukunft sind sie nicht.

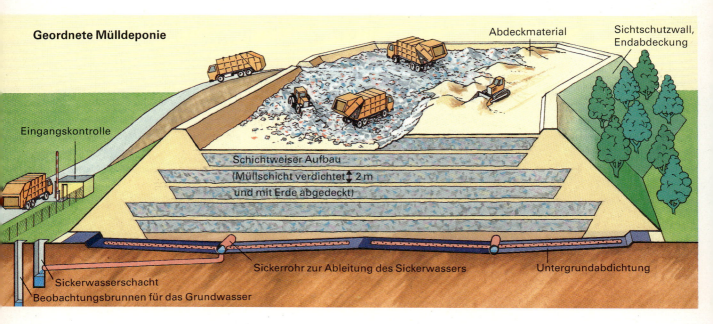

Geordnete Mülldeponie

Abdeckmaterial

Sichtschutzwall, Endabdeckung

Eingangskontrolle

Schichtweiser Aufbau
(Müllschicht verdichtet $\updownarrow$ 2 m
und mit Erde abgedeckt)

Sickerrohr zur Ableitung des Sickerwassers

Untergrundabdichtung

Sickerwasserschacht

Beobachtungsbrunnen für das Grundwasser

Eine andere Art der Müllbeseitigung ist die Müllverbrennung. Dort wird der Müll bei 1200 °C verbrannt. Stoffe, die hartnäckiger sind als diese Glut, kommen in eine Nachverbrennung (1600 °C), wobei nun – bis auf die Mineralstoffanteile – auch die letzten Rückstände verbrennen. Die bei der Verbrennung entstehenden heißen Gase erwärmen wasserdurchflossene Röhren, wodurch Dampf für die Stromerzeugung gewonnen wird. Der Rauch gelangt über eine Rauchgasfilteranlage durch den Schornstein in die Luft. Als feste Rückstände fallen Schlacke und Schrott an. Der Schrott wird in der Stahlindustrie wiederverwendet. Die Schlacke kann im Wege- und Straßenbau eingesetzt werden.

Die Müllverbrennungsanlagen verringern zwar die Menge des Mülls und nutzen einen Teil der Energie, die im Müll steckt. Sie haben aber einen großen Nachteil: Die Schadstoffe, die über die Abgase in die Umwelt gelangen, sind sehr gefährlich. Sie enthalten häufig Chlor, Schwermetalle oder den Giftstoff Dioxin.

Komposthaufen

Die Müllkompostierung ist eine bewährte Methode, um Hausmüll zu beseitigen und teilweise wiederzuverwenden. Allerdings können nur organische Stoffe verarbeitet werden. Organische Stoffe sind Stoffe pflanzlicher oder tierischer Herkunft, die unter Einwirkung von Bakterien und Luft zersetzt werden. Oft wird der Müll mit Klärschlamm vermischt. Dann läßt man ihn verrotten.

Mit einem Komposthaufen im Garten läßt sich fruchtbare Gartenerde gewinnen. Voraussetzung dafür ist, daß er nicht als wilde Müllkippe verwendet wird. So haben z. B. Essensreste nichts auf einem Komposthaufen verloren!

1. Wer sorgt für die Leerung von Mülltonnen und Müllcontainern?

2. Erkundigt euch, wie an eurem Schulort die Abfallbeseitigung durchgeführt wird.

3. Wie könnt ihr zur Verringerung der Müllmenge beitragen? Denkt an verschiedene Arten von Müll. Bildet Gruppen, und sucht nach Möglichkeiten, Müll einzusparen. Diskutiert die Ergebnisse in der Klasse.

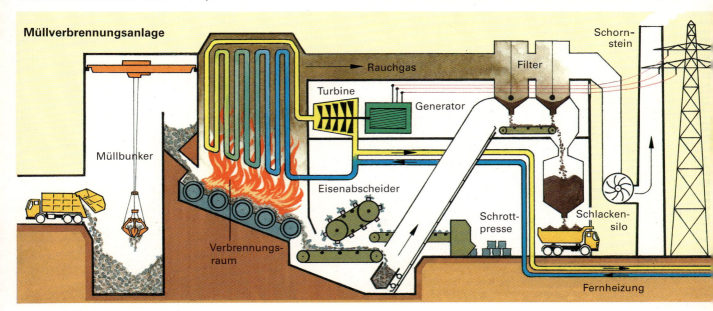

Müllverbrennungsanlage

Schornstein · Rauchgas · Filter · Turbine · Generator · Müllbunker · Eisenabscheider · Verbrennungsraum · Schrottpresse · Schlackensilo · Fernheizung

● Wir erkunden unseren Nahraum: geschichtlich

Es muß nicht immer gleich der ganze Ort sein, dessen Geschichte erforscht wird. Ein altes Haus, die Badeanstalt, eine Mühle, die Schule, die Kaserne, ein Brunnen, die alten Hafenanlagen können spannende Objekte sein. Schreibt einen Bericht über die Erkenntnisse und Erfahrungen bei der Spurensuche. Befragt die Menschen! Stellt eine Ausstellung zusammen oder vielleicht sogar eine Ton- oder Videodokumentation.

Forschen heißt durch eigene Anstrengungen etwas herausfinden. Das kann jede und jeder, dazu muß man nicht schon Wissenschaftler sein. Aber aufpassen: Forschen bedeutet verschiedene Auffassungen und Informationen sammeln und prüfen. Wer Sätze aus anderen Unterlagen wörtlich abschreibt, muß diese in Anführungsstriche setzen und Verfasser sowie Buchtitel angeben. Die Ergebnisse müssen nachprüfbar sein!

Wir gehen auf Spurensuche. Untersucht z. B. in eurem Ort die Geschichte eines Denkmals.

Denkmäler sind nicht nur Gebäude oder Standbilder. Es können alte technische Geräte, Mauerreste, Friedhöfe, Überreste von Grenzanlagen oder Naturdenkmäler wie Reste von Heide und Moor, Parks, alte einzelne Bäume und Baumgruppen oder die Gerichtslinde sein. Dabei ist es nützlich, sich folgende Fragen zu stellen:

Soll das Denkmal erinnern oder mahnen? War es immer schon ein Denkmal, oder wurde es erst später dazu gemacht? Finden dort Feiern oder Demonstrationen statt? Bei Gebäuden: Wann wurde es errichtet und von wem? Wird das Denkmal von der Bevölkerung angenommen? Steht es unter Denkmalschutz?

Rathaus von Osnabrück

Eine Gemeinde besteht nicht nur aus Häusern, Straßen und Gärten!

Fast alle Gemeinden haben etwas ganz Typisches, so daß die Einwohner sie aus dem Flugzeug aus nicht zu großer Höhe oder auch bei Nacht erkennen würden.

Schreibt einen Steckbrief eures Wohnortes:
- Wie groß ist der Ort?
- Ist der Ort selbständig oder Teil einer anderen Gemeinde?
- Wie heißen Bürgermeister und Gemeindedirektor? Wie funktioniert die Gemeindeverwaltung? Welche Parteien sind im Gemeinderat/Stadtrat vertreten?
- Gibt es ein besonderes Streitobjekt im Ort?
- Gibt es Unfallschwerpunkte? Wie lassen sich die Gefahren abbauen?
- Welche kulturellen Einrichtungen (Theater, Museum, Kino) gibt es im Ort?
- In welchen Bereichen arbeiten die Menschen? In der Industrie, im Handel, in der Landwirtschaft?
- Welche Vereine gibt es im Ort? Welche Bedeutung haben die Vereine für das Leben der Menschen?
- Wo verbringen Kinder und Jugendliche ihre Freizeit? Gibt es besondere Einrichtungen?
- Wenn du Noten geben könntest: Wohnst du in einem „menschenfreundlichen" Ort?

Schülerinnen und Schüler erkunden eine alte Römerstraße.

... erdkundlich

Das Fahrrad als Nahverkehrsmittel hat in den letzten Jahren immer mehr an Bedeutung gewonnen. Es ist ein besonders umweltfreundliches Fahrzeug – und man kommt schneller und weiter voran, als viele annehmen. Im Jahr 1979 beschloß das Land Niedersachsen, ein Radwandernetz zu schaffen. Heute gibt es eine Menge Radwanderwege im ganzen Bundesland. Diese Wege verlaufen vorwiegend in offener Landschaft, abseits der stark befahrenen Autostraßen, auf landwirtschaftlichen Wegen, auf Waldwegen, an Ufern, auf ehemaligen Eisenbahndämmen. Auf diesen Strecken könnt ihr eure nähere Umgebung gut erkunden.

Plant eine Wanderung mit dem Rad in eure Umgebung. Welche Sehenswürdigkeiten könnt ihr in der Nähe ansehen? Welche historischen Denkmäler, welche Naturdenkmäler? Durch welche Landschaftsformen kommt ihr auf eurem Weg? Welche Flüsse oder Höhenzüge erreicht oder überquert ihr? Welche Formen von Landwirtschaft und Industrie könnt ihr auf der Strecke sehen? Vielleicht könnt ihr einen landwirtschaftlichen oder industriellen Betrieb auf dem Weg besuchen. Macht auf der Strecke Bilder. Schreibt anschließend kleine Berichte, und fertigt Zeichnungen an. Gestaltet damit eine Ausstellung.

Orientierung auf der Erde

Erst seit Satelliten in den Weltraum vorstoßen, ist es möglich geworden, die Erde als Kugel zu fotografieren. Das Bild oben zeigt die Erde aus rund 36 000 km Entfernung. Die Kugelgestalt der Erde sowie einige Kontinente oder Teile von ihnen sind deutlich zu erkennen.

1. Dreht einen Globus so, daß er dieselbe Erdhälfte zeigt wie das Satellitenbild. Nennt die Erdteile und Weltmeere, die ihr erkennen könnt.

2. Vielleicht seid ihr schon einmal geflogen oder habt am Meer gesehen, wie ein Schiff herankam. Was ist euch dabei aufgefallen? Wie konntet ihr feststellen, daß die Erde eine Kugelgestalt hat?

Die Erde: Scheibe oder Kugel?

In früheren Zeiten glaubten die Menschen, die Erde sei eine flache Scheibe, und das Festland darauf sei vom Weltmeer, dem Ozean umgeben. Sie befürchteten, daß jemand, der ihrem Rand zu nahe käme, in den leeren Raum abstürzen könne. Bereits damals entstanden erste Weltkarten, die so aussahen wie die auf dieser Seite unten abgebildete. Der griechische Dichter Homer beschrieb um 800 vor Christus die Erde so:

... die Erd und das wogende Meer und den Himmel,/ Auch den vollen Mond und die rastlos laufende Sonne;/... auch alle Gestirne, die rings den Himmel umleuchten, ... Auch die Gewalt des Stromes Okeanos ... ringsum/ Strömend am äussersten Rand ...[1]

Einzelne Gelehrte behaupteten jedoch schon vor 2000 Jahren, daß die Erde die Form einer Kugel haben müsse, doch dann ging dieses Wissen von der Erde als Kugel wieder verloren.

Der praktische Beweis für die Kugelgestalt der Erde gelang erst den europäischen Seefahrern, die vor 500 Jahren begannen, die Erde zu umsegeln. Auf der Suche nach neuen Seewegen umschifften sie damals die Südspitze Afrikas, entdeckten den Erdteil Amerika und fertigten Karten von vielen bis dahin unbekannten Küsten an.

In jenem Zeitalter der Entdeckungen entstand auch die erste kugelförmige Abbildung der Erde: der *Globus*. Der Nürnberger Martin Behaim schuf ihn 1492. Dieser berühmte „Erdapfel" enthielt freilich noch viele Fehler und weiße Flecken.

Der Globus der Gegenwart ist vollständig, denn es gibt keine größeren unentdeckten Gebiete mehr auf der Erde. Die letzten unzugänglichen Flecken werden heute mit Hilfe von Flugzeugen und Satelliten erforscht und fotografiert.

Weltkarte nach Homer und Hesiod. Eingezeichnet sind die Reisen von Odysseus und von den Argonauten, wie Homer und Hesiod sie in ihren Werken beschrieben.

Der hölzerne Behaim-Globus (1492)

1. Betrachtet die Weltkarte und den Globus. Welche Erdteile und Länder könnt ihr erkennen?

2. Sucht in Büchern weitere historische Darstellungen der Erde, und vergleicht sie. Ordnet sie nach ihrem Alter an. Welche Entwicklungen könnt ihr feststellen?

Entdeckungsfahrten

Der Seefahrer *Christoph Kolumbus* wollte vor etwa 500 Jahren einen Weg nach Indien finden, indem er nach Westen segelte. Aber jedermann wußte: Indien ist ein Teil Asiens, und Asien liegt östlich von Europa.

Kolumbus glaubte daran, daß die Erde eine Kugel sei. Er hatte somit die Möglichkeit, entweder zuerst nach Süden um die Südspitze Afrikas herum, dann nach Osten oder um den „Erdball" herum nach Westen zu segeln. Er entschied sich für den Weg nach Westen.

Nach langen Vorbereitungen verließen am Morgen des 3. August 1492 drei Schiffe das spanische Festland. Kolumbus selbst befand sich auf der „Santa Maria", die Schiffe „Pinta" und „Nina" folgten.

Stichworte (nach dem Tagebuch) beschreiben den Verlauf der erlebnisreichen und gefährlichen Fahrt:

Kurs West – frischer Wind aus Nordost – sehr stürmisches Meer – Steuerruder der Pinta gebrochen – Kanarische Inseln angelaufen – Schiffe werden ausgebessert und Vorräte ergänzt – Weiterfahrt – starker Sturm – Segel zerreißen – seit drei Wochen kein Land, die Mannschaft beginnt zu murren – Kolumbus droht den Seeleuten und spricht ihnen Mut zu – Seeleute sichten einen grünen Busch mit einer Blüte, ein Bambusrohr, ein Brett – ein Wal zieht vorbei – Land! Land! Eine Küste taucht auf – am 12. Oktober Landung auf einer Insel (San Salvador) – Eingeborene begrüßen Kolumbus – er nennt sie Indianer, weil er glaubt, Indien erreicht zu haben.

7½ Monate später, im März 1493, landete Kolumbus wieder in Spanien. Bis an sein Lebensende glaubte er, Indien erreicht zu haben. Statt dessen hatte er einen neuen Kontinent entdeckt und nannte ihn Hispaniola (später erhielt der neue Kontinent den Namen Amerika).

Aber war nun die Erde wirklich eine Kugel? Der Beweis war immer noch nicht erbracht, denn auch Kolumbus hatte nicht die Erde umrundet.

1. Betrachtet die Karte mit den Entdeckungsfahrten von Kolumbus und Magellan. Zu welchen heutigen Ländern kamen sie? Auf welchen Ozeanen segelten sie mit ihren Schiffen?

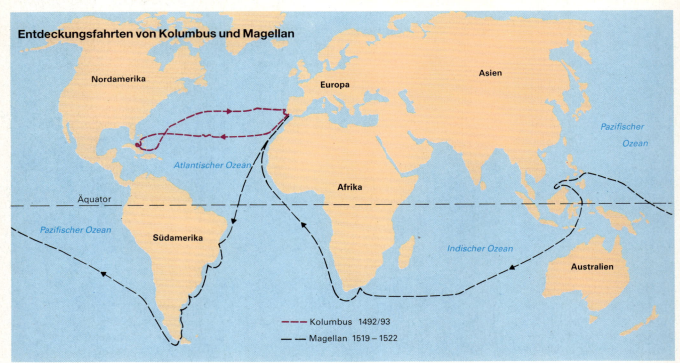

Entdeckungsfahrten von Kolumbus und Magellan

Nordamerika · Europa · Asien · Pazifischer Ozean · Atlantischer Ozean · Afrika · Äquator · Pazifischer Ozean · Südamerika · Indischer Ozean · Australien

– – – Kolumbus 1492/93
— — Magellan 1519 – 1522

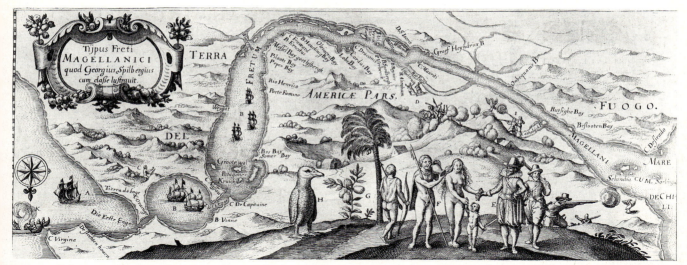

Der Kupferstich zeigt die Magellanstraße, die europäischen Entdecker, Eingeborene und seltsame Tiere, wahrscheinlich Pinguine.

Der in spanischen Diensten stehende Portugiese *Fernão Magalhães*, genannt Magellan, war von einem großartigen Plan erfüllt: Er wollte die Erde umsegeln. Der König stellte ihm fünf Schiffe mit 237 Mann Besatzung zur Verfügung, mit denen er im September 1519 in See stach.

Magellans Offizier Antonio Pigafetta hat in seinem Tagebuch vom Oktober 1520 die Entdeckung der Durchfahrt vom Atlantischen in den Pazifischen Ozean an der Südspitze Südamerikas beschrieben:

Unsern Weg gegen Süden fortsetzend, erblickten wir am 21. Oktober ... ein Vorgebirge, ... Magellan sandte den portugiesischen Piloten Caravallo auf einen nahe liegenden Hügel, um zu sehen, ob die Bucht nicht an irgendeiner Stelle sich öffne, doch dieser kehrte mit dem Berichte zurück, daß er keine Öffnung wahrnehmen könne. Unser Generalkapitän wußte, daß der Weg durch eine sehr verborgene Meerenge ginge ... Er schickte deshalb zwei Schiffe, ... um zu untersuchen, wie weit sich diese Bucht erstrecke ... In der Nacht überfiel uns ein schrecklicher Sturm, der 36 Stunden dauerte und uns zwang, die Ankertaue zu kappen und die Schiffe der Willkür der Fluten und des Windes zu überlassen. Die beiden ausgesandten Schiffe ... konnten nicht mehr um das Kap herum zurück; auch sie mußten sich den Winden überlassen, welche sie stets gegen das Innere dieser Gegend – sie wähnten sich in

einer Bucht – trieben, so daß sie jeden Augenblick fürchteten zu scheitern. Aber eben da sich alle für verloren hielten, zeigte sich zum Glück eine Öffnung, in die die Schiffe nun einliefen. Unsere Gefährten bemerkten, daß dieser Kanal nicht abgeschlossen war, und fuhren daher fort, ihn zu untersuchen, wodurch sie in eine zweite Bucht gelangten, in der sie weitersegelten, bis sie noch eine Meerenge fanden, die wiederum in eine Bucht führte, und zwar in eine noch größere als die vorherige ... [2]

Eine Kette von unheilvollen Ereignissen wie Gefangenschaft und Meuterei, Krankheiten und Kämpfe mit Eingeborenen, denen auch Magellan zum Opfer fiel, rafften den größten Teil der Schiffsbesatzungen dahin. Ein Schiff nach dem anderen ging verloren. Im September 1522 kehrte ein einziges Schiff der Flotte zurück. 18 abgezehrte und zerlumpte Seeleute wankten an Land. Der Kapitän meldete dem spanischen König: „Wir haben die Erde umsegelt!"
Jetzt konnte man endlich sicher sein: Die Erde ist eine Kugel.

---

2. *Im September 1522 landeten die Überlebenden von Magellans Expedition in Spanien. Spielt die folgende Szene nach: Die heimkehrenden Seeleute erzählen, wohin sie auf ihrer Fahrt kamen und was sie erlebten.*

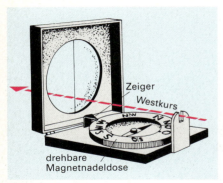

Westkurs auf dem Kompaß

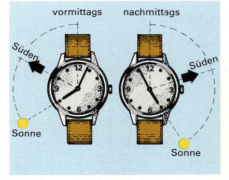

Orientierung mit Hilfe der Armbanduhr

Mittags steht die Sonne genau im Süden

Wir finden die Himmelsrichtungen

Das verläßlichste Instrument, um die Himmelsrichtungen zu bestimmen, ist der *Kompaß*. Er besteht aus einer Magnetnadel und einer Scheibe, auf die die Windrose aufgemalt ist. Die Magnetnadel ruht auf einer Nadelspitze und kann frei schwingen. Wie man den Kompaß auch dreht – die dunkle Spitze der Nadel zeigt immer nach Norden. Zur genauen Nordrichtung gibt es allerdings eine kleine Abweichung *(Mißweisung)*.

Es gibt auch andere Möglichkeiten: Ist die Sonne zu sehen, so steht sie mittags sichtbar im Süden. Wollt ihr die Südrichtung zu anderen Tageszeiten ermitteln, so hilft euch dabei eine Armbanduhr mit Zifferblatt und Zeiger. Dazu müßt ihr die Uhr waagerecht halten und den Stundenzeiger auf die Sonne richten. (Beachtet, daß wir von April bis September Sommerzeit haben und die Uhr dann eine Stunde „vorgeht".) Der Süden liegt nun exakt in der Mitte zwischen dem kleinen Zeiger und der 12 auf dem Zifferblatt.

In der Nacht, bei wolkenlosem Himmel, bieten die Sterne eine Möglichkeit, sich zu orientieren. Der hell leuchtende Polarstern steht fast genau im Norden und läßt sich leicht finden. Ist der Himmel bewölkt, könnt ihr euch oft an Bäumen orientieren. Regen und Wind kommen bei uns meistens aus Nord-West, darum sind die Baumstämme in dieser Richtung (Wetterseite) häufig bemoost.

1. *Beschreibt einen Kompaß, und erläutert, wie man damit genau die Himmelsrichtungen bestimmen kann.*

2. *Geht bei Sonne auf den Schulhof, und versucht mit der Uhr die Südrichtung zu bestimmen. Legt auch die anderen Himmelsrichtungen fest. Überprüft eure Beobachtungen mit dem Kompaß.*

3. *Bestimmt die Himmelsrichtungen, in der Sehenswürdigkeiten oder wichtige Gebäude eures Schulortes von der Schule aus gesehen liegen.*

Der Polarstern steht im Norden

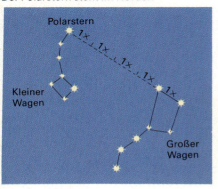

Ausrichtung einer alten Kirche

Wetterseite an Bäumen (oft bemoost)

Das Gradnetz der Erde

Wenn man die genaue Lage eines Ortes angeben möchte, reicht es nicht, nur die Himmelsrichtung anzugeben, in der er liegt. Globen und Karten sind daher durch ein Netz von numerierten Längs- und Querlinien in kleine Flächen eingeteilt. Dieses Netz heißt *Gradnetz*. Es hilft uns, einen bestimmten Punkt auf der Erde genau anzugeben.

Die Erde dreht sich um eine Achse; die Endpunkte der Erdachse sind die Pole. Bindet einen Faden am oberen Ende der Achse fest, und spannt ihn bis zum unteren Ende der Achse. Markiert die Mitte des Fadens. Setzt an diesem Punkt eine Bleistiftspitze ein, und dreht den Globus einmal ganz herum. Die entstandene Kreislinie, die überall den gleichen Abstand von den beiden Polen hat, nennt man *Äquator*. Der Äquator teilt die Erde in die *nördliche Halbkugel* mit dem *Nordpol* und die *südliche Halbkugel* mit dem *Südpol*. Zwischen dem Äquator und den Polen sind neunzig Gradkreise *(Breitenkreise)* festgelegt. Sie haben überall den gleichen Abstand voneinander. Längster Breitenkreis ist der Äquator, er hat die Nummer 0, die Pole haben die Nummer 90. Die Lage eines Ortes kann mit Hilfe von Breitenkreisen so angegeben werden:

– Hannover liegt 52,24 Grad nördlicher Breite (52,24° n. Br.).

Der Globus hat noch andere Linien, sie verlaufen von Pol zu Pol. Wir nennen sie *Längenkreise* oder auch Mittagskreise *(Meridiane)*. Der Längenkreis Null verläuft durch die Sternwarte Greenwich bei London. Von hier aus zählt man 180 Längenkreise nach Westen und 180 nach Osten. Ein Ort kann mit Hilfe von Längenkreisen so angegeben werden:

– Hannover liegt 9,44 Grad östlicher Länge (9,44° ö. L.).

Erst die Angaben des Breiten- und Längenkreises zusammen ergeben die genaue Bestimmung der geographischen Lage eines Ortes:

– Hannover: 52,24° n. Br./9,44° ö. L.

---

1. An welchen Längen- und Breitenkreisen liegen folgende Städte: Berlin, London, New York, Kairo, Ankara, Peking, Sydney, Buenos Aires, Kapstadt?

2. Nennt die Erdteile, auf denen folgende Punkte liegen:
   a) 20° n. Br./10° w. L.,   b) 20° s. Br./50° w. L.,
   c) 30° n. Br./70° ö. L.,   d) 70° s. Br./20° ö. L.

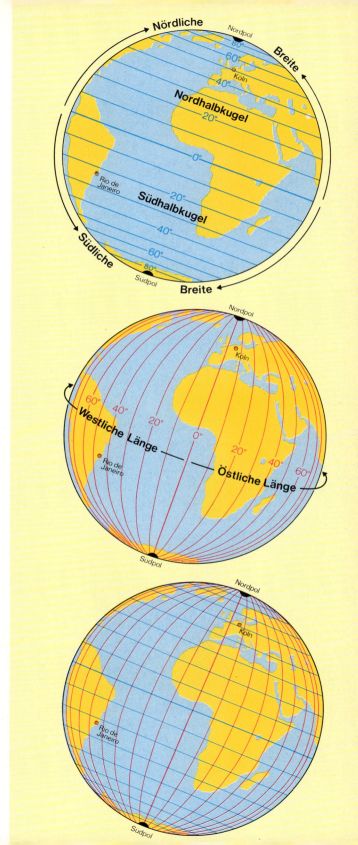

Der scheinbare Lauf der Sonne: Tag und Nacht

„Im Osten geht die Sonne auf, im Süden nimmt sie ihren Lauf, im Westen wird sie untergehen, im Norden ist sie nie zu sehen." Diesen Spruch kennen viele Menschen. Er beschreibt den scheinbaren Lauf der Sonne.

Die Sonne geht weder auf noch unter! Die Drehung der Erde um die eigene Achse bewirkt Sonnenaufgang und Sonnenuntergang und damit Tag und Nacht.

Die Sonne zieht in ihrem Lauf während eines Tages nicht über irgendwelche Orte, sie steigt auch nicht mittags im Süden zu ihrem höchsten Punkt empor. Das sieht für uns nur so aus. Die Erde dreht sich an einem Tag (24 Stunden) von Westen nach Osten einmal um sich selbst. Die Sonne jedoch verändert ihren Stand nicht. Weil die Erde die Gestalt einer Kugel hat, wird immer nur eine Hälfte der Erdkugel von der Sonne beschienen: hier ist es Tag, auf der anderen Hälfte der Erdkugel ist es Nacht. Jeder Ort der Erde steht also einmal innerhalb von 24 Stunden der Sonne gegenüber. Die Sonne befindet sich zu diesem Zeitpunkt am höchsten über dem Ort. Es ist 12 Uhr mittags.

Scheinbarer Lauf der Sonne

Berlin: SA 6^{21} h, SU 18^{10} h
Hannover: SA 6^{36} h, SU 18^{25} h
Magdeburg: SA 6^{28} h, SU 18^{17} h
Bielefeld: SA 6^{40} h, SU 18^{30} h
Dortmund: SA 6^{44} h, SU 18^{34} h
Düsseldorf: SA 6^{47} h, SU 18^{37} h
Aachen: SA 6^{50} h, SU 18^{40} h

SA = Sonnenaufgang
SU = Sonnenuntergang
am 15. März

Scheinbarer Lauf der Sonne

Tatsächliche Erddrehung

0   200 km

Die Erde ist in 360 Längenkreise eingeteilt. In einer Stunde dreht sich die Erdkugel um 15 Längenkreise weiter. Ein Ort, der 15° westlich von uns liegt, hat erst eine Stunde später Mittag: Wenn es bei uns 12 Uhr ist, zeigen die Uhren dort 11 Uhr. Dagegen lag ein Ort 15° östlich von uns bereits vor einer Stunde direkt unter der Sonne. Dort ist es schon 13 Uhr.

Man hat die Erde in insgesamt 24 Zeitzonen unterteilt, in jeder Zone gilt dieselbe Zeit. Die Bundesrepublik Deutschland liegt in der Zone der Mitteleuropäischen Zeit (MEZ). Bei der Einteilung wurden Ländergrenzen berücksichtigt, so daß in einem Land meistens eine einheitliche Uhrzeit gilt. Welche Länder haben mehrere Zeitzonen?

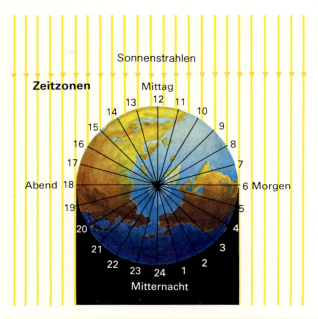

Sonnenstrahlen

Zeitzonen

Mittag
13   12   11
14   10
15   9
16   8
17   7
Abend 18   6 Morgen
19   5
20   4
21   3
22   2
23   24   1
Mitternacht

1. In welcher Stellung zur Sonne befindet sich euer Heimatort, wenn es Mitternacht ist?

2. Nehmt einen Globus, und strahlt mit einer Taschenlampe Europa und Afrika an.
   a) Auf welchen Kontinenten ist es Tag, auf welchen Nacht?
   b) Dreht nun den Globus einmal um seine Achse, und beschreibt, was ihr beobachtet.
   c) Wie weit müßt ihr den Globus drehen, damit es in der Bundesrepublik Deutschland Mitternacht ist?

Die Entstehung der Jahreszeiten

Wie kommt es bei uns zu dem Unterschied zwischen den Temperaturen im Sommer und im Winter und damit zu den Jahreszeiten? Der Grund ist, daß die Erdachse nicht senkrecht zur Erdumlaufbahn um die Sonne steht. Aufgrund dieser „schiefen" Stellung wird von März bis September mehr die Nordhalbkugel und von September bis März mehr die Südhalbkugel von der Sonne beschienen. Für die Gebiete nahe des Äquators ist dieser Wechsel kaum von Bedeutung, so daß die Menschen dort das ganze Jahr über annähernd gleich hohe Temperaturen haben.

Die Abbildung unten zeigt, wie wir uns den Umlauf der Erde um die Sonne vorstellen können. Am 21. März steht die Sonne genau über dem Äquator, Tag und Nacht sind dann gleich lang. Von nun an bescheinen die Sonnenstrahlen stärker die Nordhalbkugel, die Tage werden länger. Am 21. Juni hat die Sonne ihren höchsten Punkt erreicht: wir sprechen von der Sommersonnenwende. Mittags fallen die Sonnenstrahlen auf einen Kreis bei 23,5° nördlicher Breite (nördlicher Wendekreis). Von nun an werden die Tage bei uns allmählich kürzer. Die Sonne steht am

23. September wieder über dem Äquator, Tag und Nacht sind erneut je 12 Stunden lang. Am 21. Dezember erreicht die Sonne ihren Höchststand am südlichen Wendekreis (Wintersonnenwende). Wir auf der Nordhalbkugel haben den kürzesten Tag und die längste Nacht des Jahres.

1. *Versucht gemeinsam, anhand der Abbildung unten den Jahreskreis zu beschreiben.*

2. *Die vier Daten auf den Bildern haben in unserem Kalender einen festen Platz. Was bedeuten sie?*

3. *Bewegt einen Globus um eine feststehende Lichtquelle, die die Sonne darstellen soll. Beobachtet und beschreibt, wie die Nord- und Südhalbkugel abwechselnd der Sonne zugewandt ist.*

4. *Wenn die Erdachse nicht geneigt wäre, dann ...? Vervollständigt den Satz. Benutzt folgende Begriffe: Tag und Nacht, Jahreszeiten.*

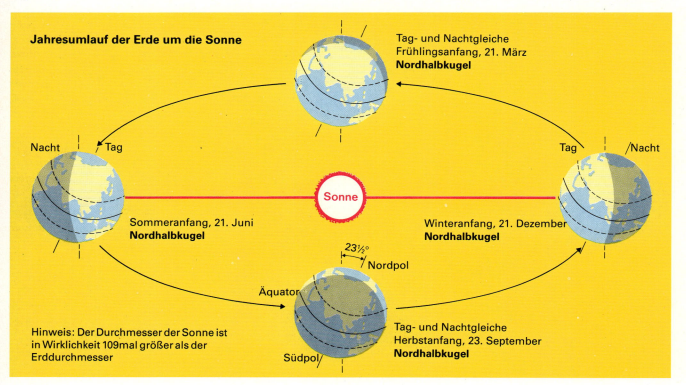

Jahresumlauf der Erde um die Sonne

Tag- und Nachtgleiche
Frühlingsanfang, 21. März
Nordhalbkugel

Nacht Tag

Sonne

Tag Nacht

Sommeranfang, 21. Juni
Nordhalbkugel

Winteranfang, 21. Dezember
Nordhalbkugel

23½° Nordpol

Äquator

Tag- und Nachtgleiche
Herbstanfang, 23. September
Nordhalbkugel

Südpol

Hinweis: Der Durchmesser der Sonne ist in Wirklichkeit 109mal größer als der Erddurchmesser

Karten sind Darstellungen der Erde

Die Karte orientiert: Die meisten Karten werden heute so angefertigt, daß Norden auf dem Kartenblatt oben ist. Bei anders gestalteten Karten zeigt stets ein Pfeil die Nordrichtung an.

Die Karte verkleinert: Auf einer Karte kann die Wirklichkeit nur sehr klein wiedergegeben werden. Der Kartenzeichner darf Gegenstände nicht einfach verkleinern, sondern muß zwischen ihrer natürlichen Größe und ihrer Größe auf der Karte ein bestimmtes Verhältnis beachten. Der *Maßstab* einer Karte gibt das Maß der Verkleinerung an. Wenn ihr den Grundriß eines Zimmers oder eines Schulraums zeichnen wollt, könnt ihr Länge und Breite auch nicht so groß darstellen, wie sie in Wirklichkeit sind. Daher nehmt ihr z. B. für 100 cm im Raum 1 cm auf einem Zeichenpapier. Die Längenmaße einer Zeichnung sind dann nur der hundertste Teil der wirklichen Länge. Die Zeichnung hat jetzt den Maßstab 1:100 (1 cm in der Zeichnung entspricht 100 cm in der Wirklichkeit). Der Maßstab 1:25 000 sagt uns, daß 1 cm auf der Karte in der Wirklichkeit 25 000 cm = 250 m ist. Das gilt für alle Entfernungen auf dieser Karte, sie sind alle auf den 25 000sten Teil verkleinert. Wir sagen: Die Karte hat den Maßstab 1 zu 25 000 und schreiben 1 : 25 000. Oft wird der Maßstab der Verkleinerung nicht ausdrücklich genannt, sondern der Karte eine Maßstabsleiste beigegeben (siehe die Karten auf Seite 38).

Die Karte vereinfacht: Es ist unmöglich, alle Einzelheiten auf der Erdoberfläche in einer Karte einzuzeichnen. Die Gegenstände würden so verkleinert, daß wir sie kaum noch erkennen könnten. Wichtige Dinge werden daher vereinfacht dargestellt, unwichtige häufig weggelassen. In eine Karte im Maßstab 1:50 000 wird beispielsweise kein einzelner Baum eines Waldes eingezeichnet.

Zu einer Vereinfachung gehört auch, daß man ähnliche Dinge zusammenfaßt und mit einem gemeinsamen Zeichen versieht. So werden etwa alle Kiefern, Fichten, Tannen, Lärchen als Nadelwald eingetragen (Karte 1). Orte werden beispielsweise als rote Fläche oder weißer Kreis dargestellt (Karte 3). Um zu zeigen, daß an einer bestimmten Stelle eine Kirche, eine Burg oder eine Höhle steht, werden Zeichen verwendet, die man *Signaturen* nennt. Damit der Betrachter der Karte weiß, was die Signaturen bedeuten, sind sie am Rand der Karte aufgeführt und erklärt. Diese Erklärungen nennt man *Legende*.

Die Karte verebnet: Auf einem Kartenblatt können Berge und Täler nicht als Höhen und Tiefen dargestellt werden. Für eine Wanderung z. B. ist es aber wichtig, eine Steigung oder ein Gefälle zu kennen. Alle Höhen werden vom Meeresspiegel aus gemessen. Die Küstenlinie ist die Null-Meter-Linie, sie hat die Bezeichnung *Normal-Null (NN)*.

Auf den meisten Karten werden Höhenangaben durch *Höhenlinien* dargestellt. Sie verbinden die Punkte, die auf gleicher Höhe liegen. Auf Atlaskarten zeigen Farben die Höhenstufen an: Niedrig gelegene Gebiete sind grün, höher gelegene Gebiete braun dargestellt.

---

1. Übertragt die Tabelle in euer Arbeitsheft, und ergänzt sie:

Maßstab	Entfernung auf der Karte	Entfernung in Wirklichkeit
1: 25 000	1 cm	?
1: 200 000	1 cm	?
1: 750 000	2 cm	?
1:2 500 000	3 cm	?
1: 10 000	?	10 km
1:5 000 000	?	100 km

2. Berechnet mit Hilfe der Karte 1 die Ausdehnung der Ortschaft Adelebsen in Ost-West-Richtung.

3. Wie viele Kilometer (Luftlinie) ist Moringen von Bodenfelde entfernt? Welche Karte müßt ihr benutzen?

4. Bestimme die Entfernung von Göttingen nach Cuxhaven. Welche Karte in eurem Atlas bringt das genaueste Ergebnis?

5. Formt aus Ton, Plastilin oder Knetgummi einen Berg; ihr könnt auch eine halbierte Kartoffel benutzen. Schneidet dieses Modell in gleichmäßigen Abständen zur Grundfläche in Scheiben. Zeichnet die Scheiben einzeln ineinander – von der größten bis zur kleinsten Scheibe. So entsteht ein „Berg" mit Höhenlinien.

6. Wie hoch über NN liegt euer Schulort?

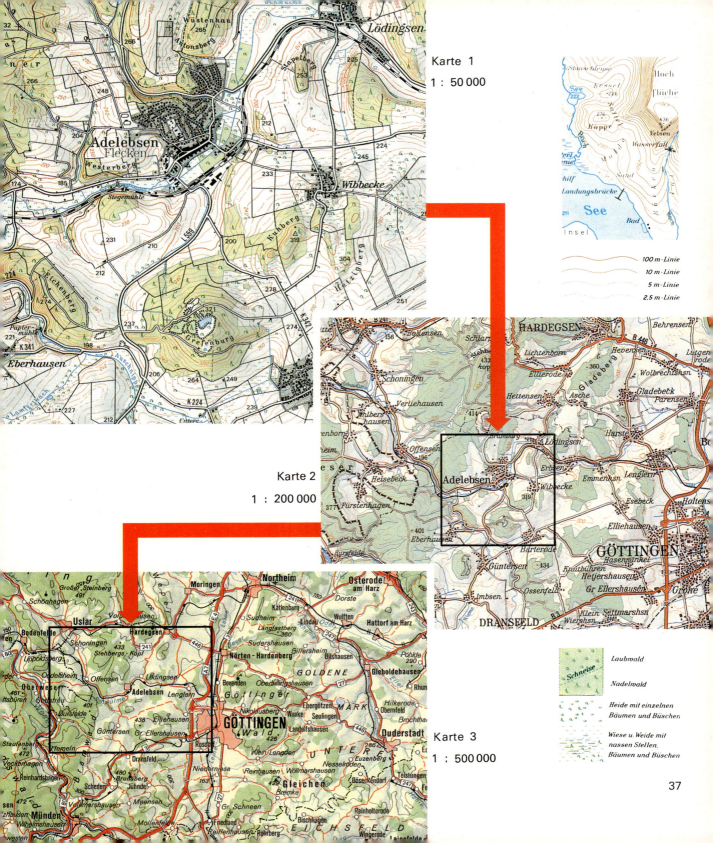

Karte 1

1 : 50 000

Karte 2

1 : 200 000

Karte 3

1 : 500 000

100 m-Linie
10 m-Linie
5 m-Linie
2,5 m-Linie

Laubwald

Nadelwald

Heide mit einzelnen
Bäumen und Büschen

Wiese u. Weide mit
nassen Stellen,
Bäumen und Büschen

37

Niederschläge in Niedersachsen

Mittlere Niederschlagsmengen im Jahr in mm

Wilhelmshaven Bremerhaven Hamburg

Oldenburg Bremen Lüneburg Elbe

Ems Uelzen

Meppen

Osnabrück Hannover

Braunschweig

Weser Hildesheim

	500–600
	600–750
	750–1000
	1000–1500
	über 1500

Göttingen

0   100   200 km

Fremdenverkehr in Niedersachsen

Nordsee

Ostfriesische Inseln
Baltrum
Norderney Wangerooge Cuxhaven-Duhnen Hamburg
Spikeroog
Juist Langeoog
Borkum Bremerhaven Elbe

Bad Zwischenahn Bremen

Lüneburger Heide Bad Bevensen

Fallingbostel

Ems Weser Aller

Bad Bentheim Hannover
Bad Nenndorf
Bad Essen
Bad Iburg Bad Rothenfelde Bad Eilsen
Bad Laer Weserbergland
Bad Salzdetfurth
Bad Pyrmont Goslar
Bad Gandersheim Bad Harzburg
Clausthal-Zellerfeld Altenau
Harz Braunlage
St. Andreasberg
Bad Lauterberg Bad Sachsa

	Nationalpark
	Naturpark
●	Heilbad
●	Seeheilbad
●	Luftkurort
●	Großstadt mit Besichtigungstourismus

Zahl der Übernachtungen pro Jahr
○ 100 000–500 000
○ 500 000–1 000 000
○ über 1 000 000

0   50   100 km

Was Karten erzählen

Viele Karten zeigen nicht nur die Erdoberfläche mit der Verteilung von Orten, Gebirgen und Flüssen. Sonderkarten, die Auskunft über Verkehrswege, Bodenschätze, Niederschlagsmengen oder Erholungsräume geben, nennt man „thematische Karten".

Thematische Karten verwenden besondere Signaturen, daher ist die Legende genau zu beachten. Üblich sind:

– Flächenfärbung: Auf einer Karte, die die Kontinente darstellt, ist jeder Kontinent mit einer anderen Farbe gekennzeichnet.
– Zeichen: Auf einer Karte für Bodenschätze gibt z. B. ein auf der Spitze stehendes blaues Quadrat den Ort und die Fördermenge eines Eisenerzlagers an. Je bedeutender das Erzlager ist, desto größer ist das Quadrat.
– Worte: Auf einer Karte für Bodennutzung ist das Wort „Rinder" angegeben; es gibt die überwiegende Form der Viehzucht in diesem Gebiet an.

Die Niederschlagskarte von Niedersachsen gibt die durchschnittliche Niederschlagsmenge pro Jahr in Millimeter an. Je mehr es regnet, desto dunkler ist die Fläche gefärbt. Es ist unmöglich, für jeden Wert eine eigene Farbe zu verwenden. So werden z. B. alle Gebiete, in denen im Jahr zwischen 750 mm und 1000 mm Niederschlag fallen, mit einer einheitlichen Farbe gekennzeichnet.

Die Karte Fremdenverkehr in Niedersachsen zeigt, welche Erholungsmöglichkeiten es in diesem Bundesland gibt und wie stark sie genutzt werden. Viele Gebiete wurden zu Natur- und Nationalparks erklärt, um die natürliche Landschaft zu erhalten. Heilbäder finden sich meist an Quellen, deren Wasser heilbringende Bestandteile enthält, Luftkurorte dort, wo ein bekömmliches Klima herrscht. Vielerorts ist der Fremdenverkehr in Niedersachsen zur Haupterwerbsquelle geworden.

1. Auf dieser Seite sind zwei thematische Karten abgebildet. Wodurch unterscheiden sie sich von den Karten der vorhergehenden Seite?

2. Versucht, selbst thematische Karten zu erstellen, z. B. Bodenschätze in Niedersachsen, Landwirtschaft in Niedersachsen...

3. Welches sind beliebte Feriengebiete in Niedersachsen?

Wir orientieren uns in Niedersachsen

Das Bundesland Niedersachsen in seiner heutigen Gestalt gibt es erst seit 1946. Es entstand nach dem Zweiten Weltkrieg aus den vier Ländern Hannover, Braunschweig, Oldenburg und Schaumburg-Lippe. Das Land hat heute mehr als 7 Millionen Einwohner. Damit ist Niedersachsen mit seiner Fläche und seiner Einwohnerzahl eines der größten Bundesländer der Bundesrepublik Deutschland. Niedersachsen ist landschaftlich sehr abwechslungsreich:

Die Küste: Unser Bundesland Niedersachsen grenzt im Norden an die Nordsee. Vor der Küste liegen im Wattenmeer die Ostfriesischen Inseln.

Marsch und Geest: An die Küste schließen sich Marsch und Geest an. Zu diesen Bereichen gehören das Emsland, Ostfriesland, das Ammerland, das Alte Land, Kehrdingen, die Lüneburger Heide und das Wendland.

Flußauen: Die drei Hauptflüsse Niedersachsens sind Ems, Weser und Elbe. Sie fließen in nordwestlicher Richtung und münden in die Nordsee. An ihren Ufern befinden sich ausgedehnte Niederungen, die Flußauen. Die Gewässer werden intensiv als Erholungsgebiete genutzt.

Börde: Fruchtbare Lößböden am Nordrand der Mittelgebirge werden für Ackerbau genutzt.

Bergvorland und Bergland: Im südlichen Niedersachsen liegen zahlreiche Höhenzüge, z. B. Elm, Deister und Süntel. Südöstlich von Hannover erstreckt sich der Harz, das einzige Gebirge Niedersachsens. Durch ihn verläuft die Landesgrenze zwischen Niedersachsen und Sachsen-Anhalt. Der höchste Berg des Harzes ist der Brocken (1142 m).

1. Sucht die verschiedenen Landschaftstypen auf der Karte. Woran erkennt ihr sie?

2. In welcher Landschaft wohnt ihr? Beschreibt sie.

3. Sammelt Bilder von Niedersachsen, und macht eine Collage. Thema: Niedersachsen hat viele Gesichter.

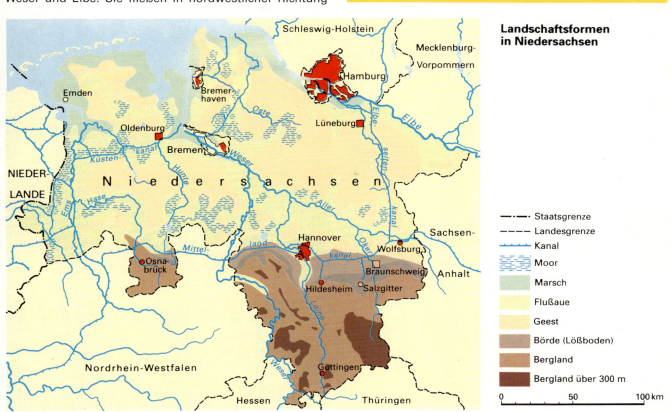

Landschaftsformen in Niedersachsen

- —·—· Staatsgrenze
- ----- Landesgrenze
- Kanal
- Moor
- Marsch
- Flußaue
- Geest
- Börde (Lößboden)
- Bergland
- Bergland über 300 m

0   50   100 km

Wir orientieren uns in Deutschland

In der Karte rechts fallen besonders die unterschiedlichen Höhenlagen auf, die durch verschiedene Farben gekennzeichnet sind. Man erkennt deutlich den Anstieg aus dem Norddeutschen Tiefland über die Mittelgebirge und das Alpenvorland bis hin zum Hochgebirge der Alpen.

Das *Tiefland* weist nur geringe Höhenunterschiede auf. Die höchsten Erhebungen erreichen nicht mehr als 200 m über dem Meeresspiegel. Die Tiefebene mit weit eingeschnittenen Buchten und Flußmündungen, flachem Ackerland, waldigen Hügeln, Mooren und Heiden geht am Südrand in die Mittelgebirge über.

Die *Mittelgebirge* sind eine abwechslungsreiche Landschaft mit bewaldeten Höhenzügen, einzelnen Gebirgskämmen, Bergkuppen und langgestreckten Tälern. Sie sind im Mittel zwischen 300 und 500 m hoch; nur in Ausnahmefällen werden Höhen bis zu 1500 m erreicht.

Das *Alpenvorland* ist sehr hügelig. Es steigt langsam von Norden (um 400 m) nach Süden (um 800 m) an.

Das *Hochgebirge* ist durch steil aufragende Bergmassive, schroffe Bergspitzen und Felswände sowie tief eingeschnittene Täler gekennzeichnet. Einige Gebiete im Hochgebirge sind das ganze Jahr über mit Schnee und Eis bedeckt.

1. *Die Fotos zeigen vier Großlandschaften. In welcher Großlandschaft liegt dein Heimatort?*

2. *Einige Gebirge sind auf der Karte rechts mit Zahlen gekennzeichnet. Findet ihre Namen heraus. Arbeitet mit dem Atlas, und schreibt sie auf:*
   1 = Harz
   2 = ...
   Flüsse sind mit Kleinbuchstaben bezeichnet. Schreibt auch sie auf:
   a = Rhein
   b = ...

3. *Nennt die Flüsse, die nach Norden abfließen. In welche Meere münden sie?*

4. *Nennt die in der Karte eingezeichneten Nebenflüsse des Rheins, der Donau und der Elbe.*

5. *Welche der eingezeichneten Städte liegen im Tiefland, welche im Mittelgebirge und welche im Alpenvorland?*

Tiefland

Mittelgebirge

Alpenvorland
Hochgebirge

Landwirtschaft und Industrie sind ungleich über diese Landschaften verteilt. Die Küstenländer im Norden Deutschlands – Schleswig-Holstein, Niedersachsen, Mecklenburg-Vorpommern –, aber auch der Süden Deutschlands mit den Alpen und dem Vorland werden überwiegend landwirtschaftlich genutzt.

Das Vorkommen von Steinkohle führte zur Entstehung von Industriezentren im Ruhrgebiet, im Gebiet um Chemnitz (Sachsen) und um Salzgitter (Niedersachsen). Die Braunkohle war für die Entwicklung der Bergbau- und Industriezonen um Köln, Halle (Sachsen-Anhalt) und Leipzig (Sachsen) ausschlaggebend. Weitere Industriegebiete wie z. B. um Frankfurt (Hessen), Mannheim (Baden-Württemberg), Nürnberg (Bayern) und Dresden (Sachsen) verdanken ihre Entwicklung der günstigen Verkehrslage.

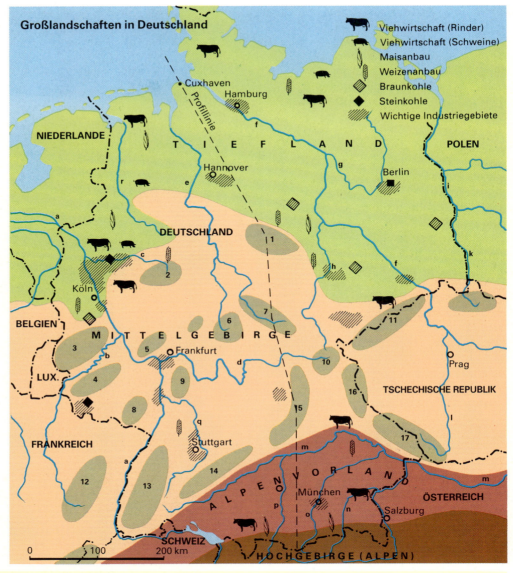

Großlandschaften in Deutschland

Viehwirtschaft (Rinder)
Viehwirtschaft (Schweine)
Maisanbau
Weizenanbau
Braunkohle
Steinkohle
Wichtige Industriegebiete

Querschnitt durch die Landschaften Deutschlands

Nordsee | Tiefland | Mittelgebirge | Alpenvorland | Hochgeb.

Alpen
Zugspitze 2964 m
Harz
Brocken 1142 m
Thüringer Wald
Gr. Beerberg 982 m
Fränkische Alb
Poppberg 657 m
Lüneburger Heide
Cuxhaven

Nach dem Ende des Zweiten Weltkrieges war Deutschland ein geteiltes Land, im Westen die Bundesrepublik Deutschland, im Osten die Deutsche Demokratische Republik. Am 3. Oktober 1990 trat die DDR der Bundesrepublik Deutschland bei. Damit hat sich die Zahl der Länder der Bundesrepublik Deutschland von 11 auf 16 erhöht. Hauptstadt ist Berlin, Sitz von Parlament und Regierung bleibt, bis zur Verlegung nach Berlin, Bonn. Jedes Land hat seine eigene Landeshauptstadt mit einer eigenen Regierung und einem Landtag (in Hamburg und Bremen heißt er Bürgerschaft, in Berlin Abgeordnetenhaus). Der Bund und die Länder teilen sich die Aufgabengebiete. Auf einigen Gebieten müssen Bund und Länder zusammenarbeiten (z. B. Küstenschutz, Neubau von Universitäten).

1. Zählt die Bundesländer auf, die an Niedersachsen angrenzen.

2. Wie heißen die folgenden Bundesländer?
   a) ... hat die größte Fläche aller Bundesländer.
   b) ... grenzt im Westen an die Niederlande und Belgien.
   c) ... umschließt Berlin.

3. Ordnet den Bundesländern die Landeshauptstädte zu.

Deutschland: Gebiet (1991) und Bevölkerung (1992)

Nordsee

Ostsee

Kiel

Schleswig-Holstein
15 729 km²
2,63 Mio. E.

Mecklenburg-Vorpommern
23 838 km²
1,91 Mio. E.

Schwerin

Bremen
404 km²
0,68 Mio. E.

Hamburg
755 km²
1,69 Mio. E.

Berlin
883 km²
3,43 Mio. E.

Niedersachsen
47 344 km²
7,42 Mio. E.

Hannover

Magdeburg

Potsdam

Brandenburg
29 059 km²
2,57 Mio. E.

Nordrhein-Westfalen
34 070 km²
17,41 Mio. E.

Düsseldorf

Sachsen-Anhalt
20 445 km²
2,84 Mio. E.

Erfurt

Dresden

Sachsen
18 337 km²
4,72 Mio. E.

Bonn

Hessen
21 114 km²
5,79 Mio. E.

Thüringen
16 251 km²
2,59 Mio. E.

Rheinland-Pfalz
19 849 km²
3,78 Mio. E.

Wiesbaden

Mainz

Saarbrücken

Saarland
2 570 km²
1,07 Mio. E.

Bayern
70 554 km²
11,57 Mio. E.

Stuttgart

Baden-Württemberg
35 751 km²
9,88 Mio. E.

München

Bodensee

■ Hauptstadt
◆ Vorläufiger Regierungs- und Parlamentssitz
● Landeshauptstadt

Gesamtfläche: 356 953 km²

Gesamtbevölkerung: 79,98 Mio. Einwohner

Deutschland: Verdichtungsräume

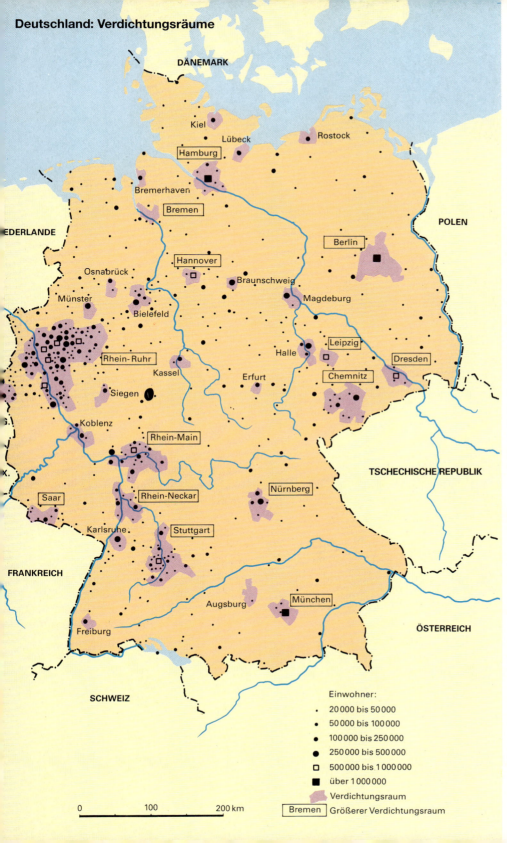

In den 16 Ländern der Bundesrepublik Deutschland leben
rund 79 Millionen Menschen.
Etwa 84 von Hundert von ihnen wohnen in Städten. Die
Bevölkerung ist unregelmäßig
verteilt. Es gibt Landesteile, in
denen nur wenige Menschen
leben, und es gibt Gebiete, in
denen viele Städte dicht beieinanderliegen. Man nennt sie
Verdichtungsräume. In ihnen
lebt rund die Hälfte der Bevölkerung. Ein Verdichtungsraum
ist erkennbar an einer Vielzahl
von Wohnsiedlungen, Fabrikanlagen, Verwaltungsgebäu-
den, Geschäftshäusern und
Schulen. Manche Verdich-
tungsräume besitzen ein groß-
städtisches Zentrum, in anderen — vor allem im Verdichtungsraum Rhein-Ruhr — drängen sich gleich mehrere Großstädte dicht aneinander. Die
Grenze zwischen zwei Orten
dieses Gebietes ist oft schwer
festzustellen.

1. *Vier auf der Karte einge-
   zeichnete Verdichtungsräume sind nach Flüssen
   benannt. Welche sind das?*

2. *Nennt Verdichtungsräume
   im Gebiet der fünf neuen
   Bundesländer.*

3. *Sucht im Atlas die wichtigsten Städte der Verdichtungsräume Rhein-Ruhr
   und Chemnitz.*

4. *Nennt die Kennzeichen eines Verdichtungsraumes.*

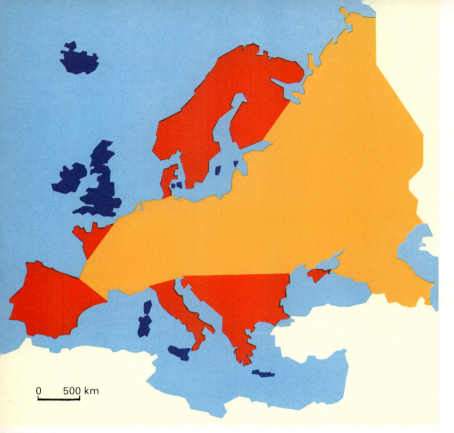

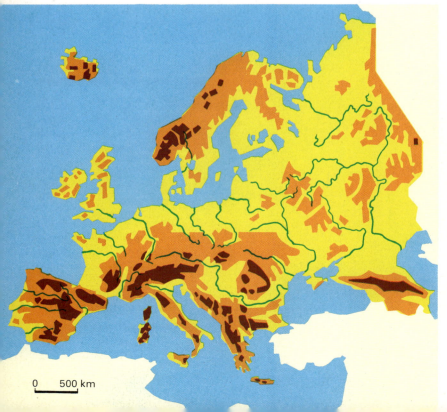

Wir orientieren uns in Europa

Ihr seht auf beiden Seiten verschiedene Europakarten. Sie haben jeweils den gleichen Maßstab, aber unterschiedliche Inhalte.

Randgliederung: Europa ist ein stark gegliederter Kontinent. Die Randmeere greifen tief ins Festland hinein. Mehr als ein Drittel der Landoberfläche Europas besteht aus *Inseln* (ganz vom Meer umschlossen) oder *Halbinseln* (an einer Seite Verbindung mit dem Festland). Wenn man die äußersten Punkte im Nordosten (NO), Südosten (SO) und Südwesten (SW) der gelb eingezeichneten *Festlandsmasse* miteinander verbindet, erhält man die Grundform Europas, ein Dreieck.

Gebirge und Flüsse: Ein großer Teil Europas wird von einem langgestreckten Tiefland (gelb) gebildet, das vom Ural bis zur Atlantikküste reicht. Diese leicht wellige Ebene wird im Norden, im Osten und im Süden von Gebirgszonen (hell- und dunkelbraun) eingerahmt. Der nördliche Gebirgs- und Hochlandstreifen zieht sich über Skandinavien und die Britischen Inseln hin. Den Kern der südlichen Gebirgszone bildet das Hochgebirge der Alpen.
Die meisten europäischen Flüsse entspringen in den südlichen Gebirgsländern und fließen durch das Tiefland nach Norden ab. Sie münden in die Nordsee, die Ostsee und in den Atlantik. Die großen osteuropäischen Flüsse dagegen fließen fast alle nach Süden ab. Nur wenige große Flüsse münden ins Mittelmeer.

1. Fertigt zur Karte links oben eine Legende an.

2. Nennt die Meere und Meerengen, die Europa begrenzen.

Die Staaten Europas: In Europa gibt es mehr als 40 Staaten. Die meisten sind *Küstenländer,* nur wenige haben keinen direkten Zugang zum Meer *(Binnenländer).*

Große Städte: In Europa gibt es viele Städte, in denen mehr als 500 000 Menschen leben. Einige von ihnen liegen dicht beieinander. Die Gebiete, in denen viele Großstädte dicht beieinanderliegen, nennt man *Verdichtungsräume.* Die meisten von ihnen sind vor rund 100 Jahren entstanden. Sie entwickelten sich dort, wo es Bodenschätze und günstige Verkehrswege gab. So entstanden Fabriken, in denen immer mehr Menschen Arbeit fanden. Die Zahl der Einwohner in den Orten stieg an. Wohn- und Industriegebiete dehnten sich aus. Dafür wurde Land benötigt. Auf diese Weise wurden Dörfer und Kleinstädte zu Städten oder zu Stadtteilen einer Großstadt.

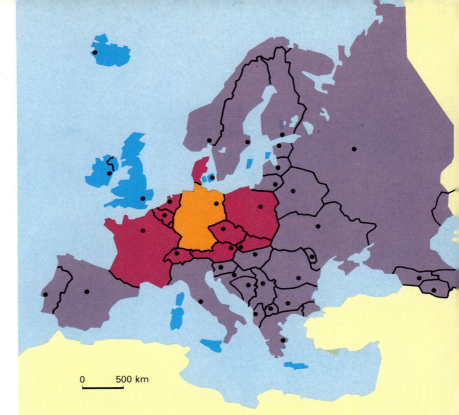

3. Zählt die Staaten auf, die Anteil an den Alpen haben.

4. Sucht im Atlas Gebirge in Europa, deren höchste Erhebung über 2000 m liegt.

5. Nennt je zwei Flüsse, die ins Mittelmeer, in die Nordsee, in die Ostsee und ins Schwarze Meer münden. Nennt die Staaten, in denen ihre Quellen liegen.

6. Zählt die Binnenländer auf.

7. Küsten haben für ein Land Vor- und Nachteile. Wägt ab.

8. Welche Länder muß man durchqueren, wenn man mit dem Auto von Braunschweig nach Istanbul fährt?

9. Ein besonders auffälliger Verdichtungsraum liegt im Westen der Bundesrepublik Deutschland. Informiert euch, wie viele Menschen dort leben.

45

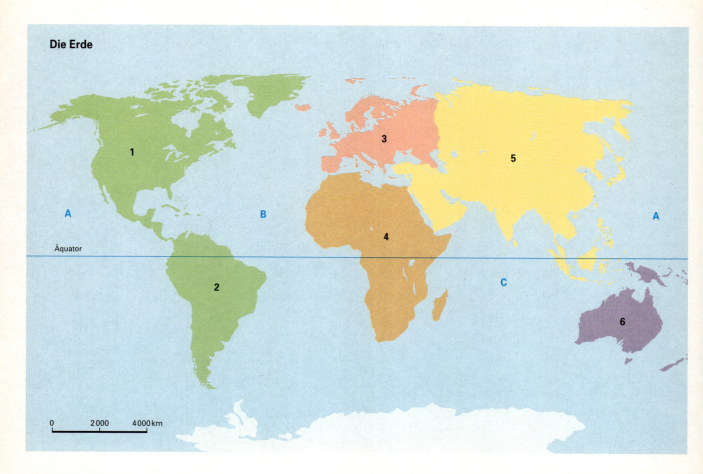

Die Erde

Äquator

0 2000 4000km

Die Teile der Erde

Nachrichten im Fernsehen berichten täglich über Ereignisse aus allen Teilen der Erde. Damit sich die Zuschauer orientieren können, wo die Ereignisse stattgefunden haben, wird oft eine *Weltkarte* eingeblendet. Nur derjenige findet sich zurecht, der die Formen der *Kontinente* (Erdteile) und ihre Lage auf der Weltkarte kennt. Die Kontinente nehmen nur ein Drittel der Erdoberfläche ein. Zwei Drittel sind Wasserfläche. Zwischen den Kontinenten liegen die *Weltmeere*: Pazifischer Ozean, Atlantischer Ozean, Indischer Ozean. Diese drei großen *Ozeane* greifen mit Randmeeren in die Landmassen hinein. *Randmeere* sind durch Inseln vom Ozean abgetrennt, wie z. B. die Nordsee; *Binnenmeere* sind innerhalb eines Kontinents von Land eingeschlossen, wie etwa die Ostsee. *Meerengen* bilden die Zugänge zu den Weltmeeren.

1. Kennt ihr die Kontinente und Weltmeere? Nennt sie.

2. Zählt die Staaten auf, durch die der Äquator verläuft.

3. Welche Bedeutung haben der Panama-, der Suez- und der Nord-Ostsee-Kanal?

4. Findet die Namen sowie Längen- und Breitenkreise für
   a) den westlichsten Punkt Afrikas,
   b) den südlichsten Punkt Südamerikas,
   c) den nördlichsten Punkt Asiens.

5. Sucht im Atlas Binnen- und Randmeere.

6. Welche Meere überquert man beim Flug
   a) von Europa nach Nordamerika,
   b) von Afrika nach Australien?

Kleine Spiele zur Orientierung

Info-Spiel. In jeder Ecke des Klassenzimmers steht ein Mitschüler. Ein Schüler aus der Klasse nennt ein Land in Europa. Der Mitspieler, der zuerst die dazugehörige Hauptstadt richtig ruft, rückt eine Ecke weiter und verdrängt den vor ihm stehenden Mitspieler aus seiner Ecke. Ist von den vier Mitspielern nur noch einer übrig, wird das Spiel mit vier anderen Schülern wiederholt. Die jeweils letzten kommen in eine Sonderrunde für „Sieger". Abwandlung: Länder der Bundesrepublik Deutschland und deren Hauptstädte raten.

Eisenbahn. Jedem Schüler wird ein Städtename zugeordnet. Die Schüler sitzen mit ihren Stühlen im Kreis. Ein Schaffner steht in der Mitte. Er ruft: „Umsteigen von Bremen nach Kassel in Göttingen." Die genannten drei Spieler tauschen die Plätze. Dabei ver-

sucht der Schaffner, einen freigewordenen Platz zu erwischen. Der Spieler, der keinen Stuhl kriegt, wird Schaffner. Er kann auch rufen: „Alle umsteigen!" Dann tauschen alle die Plätze.[3]

Auf der Flucht. Nach mehreren mißlungenen Fahndungen, die die Ein-

schaltquoten auf Null sinken ließen, mußten die deutschen Fernsehkommissare ‚Derrick' und der ‚Alte' fluchtartig das Land verlassen. Da beide aber noch dringend für zwei Folgen von ‚Sesamstraße' benötigt werden, läßt der Fernsehdirektor sie über Interfunk suchen. Hier ein Auszug aus dem Fahndungsbericht des Kommissars Harry Hastig:

Schiff gesichtet auf 34° n. Br./65° w. L. im sogenannten ... War plötzlich verschwunden. Hubschrauber vor uns in Richtung Küste. Landet in..., der Hauptstadt der USA. Von dort Linienmaschine nach ... zu J. R. in Texas. Großer Empfang. Weiter nach ... (30° n. Br./90° w. L.). Von dort mit Boeing 747 nach ... (35° s. Br./58° w. L.). Hier steigen sie auf ein Boot und schippern den Paraná flußaufwärts, bis sie nach 1270 km zur Stadt A... kommen. In diesem Land fühlen sie sich besonders wohl, können aber nicht bleiben, weil die Öffentlichkeit von ihrer Ankunft erfahren hat. Im Privatflugzeug einer Landespersönlichkeit fliegen sie nach ... (23° s. Br./43° w. L.) und besteigen eine DC 10, die sie trotz eines Triebwerkschadens sicher nach S... (34° s. Br./151° ö. L.) bringt. Besichtigung der Uranbergwerke und des letzten Ureinwohners. Die Zukunftsaussichten dieses Kontinents veranlassen sie zu dem Plan, sich hier häuslich niederzulassen. In Port H... an der Nordwestküste (...° ...° Br./...° ö. L.) kaufen sie sich ein Haus. Hier werden sie von mir gefaßt und den deutschen Fernsehzuschauern zurückgebracht.[4]

Die Antworten bitte ins Heft oder auf ein Blatt Papier schreiben, nicht ins Buch. Ihr braucht einen Atlas.

Endbuchstabenspiel. Jemand nennt eine Stadt, sein Nachbar muß eine neue Stadt finden, die mit dem Endbuchstaben der vorher genannten beginnt usw.[5]

Himmelsrichtung würfeln.
Vorbereitung:
- Vorgabe des Spielfeldes durch den Lehrer als Tafelbild
- Zeichnung einer Windrose an der Tafel
- Aufzeichnung von 6 Würfelbildern und Angabe ihrer Bedeutung.

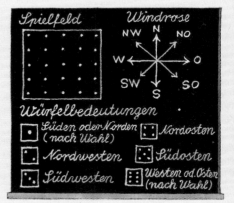

Spielregeln:
- Je zwei Spieler spielen gegeneinander.
- Es wird abwechselnd gewürfelt.
- Je nach den geworfenen Augen ziehen sie eine Linie zwischen zwei Punkten auf dem Spielfeld: Die Augen geben die Himmelsrichtungen an, in die gezogen wird.
- Die erste Linie geht immer vom Mittelpunkt aus.
- Alle weiteren Linien hängen sich an die schon bestehenden Linien an – der Spieler hat freie Wahl, an welchem Ende er seine Linie anhängt.
- Kein Punkt auf dem Spielfeld darf zweimal angefahren werden.
- Verlierer ist, wer das Spielfeld verlassen muß oder wer keinen freien Punkt mehr findet.
- Der Sieger erhält einen Punkt. Ein neues Spiel beginnt auf einem neuen Spielfeld.
- Das Spiel endet, wenn ein Spieler 10 Punkte erreicht hat.[6]

2 Menschen versorgen sich

Leben in vorgeschichtlicher Zeit

Den Zeitraum der Menschheitsgeschichte, aus dem es noch keine schriftlichen Aufzeichnungen gibt, nennen wir *Vorgeschichte*. Er gliedert sich in drei Epochen: die Steinzeit, die Bronzezeit und die Eisenzeit.

Aus vorgeschichtlicher Zeit gibt es nur Bodenfunde, die in mühevoller Kleinarbeit geborgen und wiederhergestellt (restauriert) werden. Die Wissenschaftler, die diese Arbeit verrichten, heißen *Archäologen*. In den Museen für Vor- und Urgeschichte werden ihre Funde gesammelt, ausgewertet und der Bevölkerung gezeigt.

1. *Gibt es in eurer Nähe ein Museum für Vorgeschichte? Informiert euch, was dort ausgestellt ist.*

2. *Betrachtet das Bild. Worauf muß ein Archäologe bei der Arbeit besonders achten?*

So etwa hat es vor 50 000 Jahren bei uns ausgesehen: Die Abbildung zeigt Mammute, ein Wollnashorn, Rentiere, einen Moschusochsen und einen Schneehasen.

Die Geschichte unserer Erde

Die Erde sah nicht immer so aus wie heute. Eine Theorie besagt, daß die Erde vor etwa 5000 Millionen Jahren als glühendheißer Gasball entstand. Noch vor 3500 Millionen Jahren war die Erdoberfläche an vielen Stellen heißer als 100 °C. Riesige Wolken aus Wasserdampf zogen über die Erde hinweg. Die Sonne brannte viel heißer als heute auf die Erde herab. Millionen von Jahren tobten schreckliche Gewitter, schier endlose Regengüsse gingen nieder und verdunsteten auf der heißen Erdoberfläche. Doch nach und nach erkaltete das Gestein, und es entstanden warme Meere. In ihnen entwickelten sich die ersten Lebewesen: pflanzliche Einzeller.

Algen gibt es seit etwa 600 Millionen Jahren, vor etwa 220 Millionen Jahren tauchten die ersten Saurier auf, und die ersten Vorfahren des Menschen lebten vor rund 3 Millionen Jahren.

Wissenschaftler ganz unterschiedlicher Fachrichtungen kamen zu dem Ergebnis, daß sich die Lebewesen im Laufe der Jahrmillionen aus ganz einfachen Formen zur heutigen Vielfalt entwickelt haben. Die Forscher nennen diesen Vorgang *Evolution*. Viele Forscher nehmen an, daß der Mensch ein Teil dieser Entwicklung ist.

1. Welche Antwort hat die Bibel auf die Frage: „Wie begann das Leben auf der Erde?" Lest die Geschichte von der Erschaffung der Welt.

2. Rechts ist der Abdruck eines Farnwedels abgebildet. Solche Erscheinungen nennt man Fossilien. Sie helfen bei der Erforschung der Erdgeschichte, denn sie verraten viel über die Zeit, in der es noch keine Menschen gab. Stellt solch einen Abdruck einmal selbst her:

Rührt etwas Gips an (mit Wasser im Verhältnis 1:1). Reibt eine Muschelschale mit Fett ein, und drückt sie in den Gips. Sobald der Gips trocken ist, könnt ihr die Muschelschale entfernen.

Woher kommt der Mensch?

Hat es den Menschen schon immer gegeben, oder hat er sich aus anderen Lebenwesen allmählich entwickelt? Seit wann leben überhaupt Menschen auf der Erde? Bei der Beantwortung dieser Fragen sind die Wissenschaftler auf die Ergebnisse von Ausgrabungen angewiesen. Daraus entstehen die Theorien über die Entwicklung des Menschen.

Nach dem heutigen Wissensstand kann man annehmen, daß die Auseinanderentwicklung von Menschen und Menschenaffen, also die Menschwerdung vor etwa 15 Millionen Jahren begann. Vor etwa 5 Millionen Jahren hatten sich Gruppen von Lebewesen herausgebildet, die aufrecht, aber nach vorn übergebeugt gehen konnten. Gebiß und Skelett glichen denen des heutigen Menschen. Man nennt diese Lebewesen *Australopithecus* (Südaffenmenschen). Nach heutigen Kenntnissen sind unter diesen menschenähnlichen Typen unsere Vorfahren zu suchen. Sie werden deshalb auch *Urmenschen* genannt. 1972 fanden Wissenschaftler in Ostafrika bei Ausgrabungen das Skelett eines Urmenschen, der vor etwa 3 Millionen Jahren gelebt hat. Das sind die ältesten Spuren menschlichen Lebens, die jemals gefunden wurden. Ostafrika wird deshalb häufig auch „die Wiege der Menschheit" genannt.

Australopithecus

Homo erectus

Ende des vorigen und Anfang dieses Jahrhunderts stießen Wissenschaftler unabhängig voneinander auf der Südseeinsel Java, bei Heidelberg und bei Peking auf Skelette menschenähnlicher Lebewesen. Alle drei Menschentypen hatten das gleiche Merkmal: Sie gingen aufrecht. Man nannte sie deshalb *homo erectus*. Untersuchungen ergaben, daß sie vor etwa 500 000 Jahren gelebt haben, den Gebrauch des Feuers kannten und einfache Steinwerkzeuge herstellen konnten. Wir bezeichnen den Javamensch, den Heidelbergmensch und den Pekingmensch auch als *Frühmenschen*.

Vor etwa 100 000 Jahren tauchte in Europa ein Menschentyp auf, der weiter entwickelt war als der homo erectus. Dieser neue Menschentyp wurde unter dem Namen

Neandertaler bekannt (nach einem berühmten Skelettfund im Neandertal bei Düsseldorf). Skelettreste von Neandertalern wurden auch in Nordafrika, in Asien und im Nahen Osten gefunden. Zusammenfassend bezeichnen wir diese Menschen als *Altmenschen*. Vor rund 35 000 Jahren verschwanden sie auf rätselhafte Weise aus Westeuropa.

Zu dieser Zeit wanderten Menschen nach Westeuropa ein, die fast so aussahen wie wir. Man nennt sie *Cro-Magnon-Menschen*, nach dem ersten Fundort von Skeletten bei Cro-Magnon in Frankreich. Die Cro-Magnon-Menschen lebten in Gruppen zusammen, die eigene Bräuche pflegten, z. B. bei der Bestattung der Toten. Die Wissenschaftler gehen heute davon aus, daß die Cro-Magnon-Menschen sehr wahrscheinlich unsere eigentlichen Vorfahren sind. Deshalb heißen sie auch *Jetztmenschen*.

Neandertaler ▶

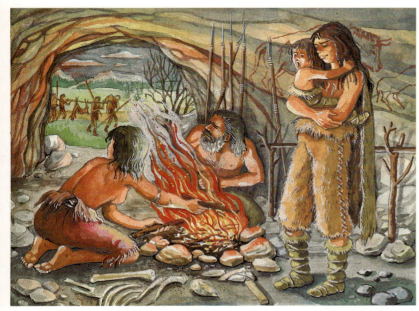

◀ Cro-Magnon-Menschen

1. Seht euch die vier Abbildungen genau an. Was unterscheidet die einzelnen Menschentypen jeweils von ihren Vorgängern? Wie und wo lebten sie? Über welche Fertigkeiten verfügten sie?

2. Erstellt eine Zeitleiste zur Entwicklung der Menschen, Maßstab: 1 cm = 10 000 Jahre. Zeichnet einen Australopithecus, einen Heidelbergmenschen, einen Neandertaler und einen Cro-Magnon-Menschen. Klebt die Bilder nach den Altersangaben des Textes auf die Zeitleiste.

53

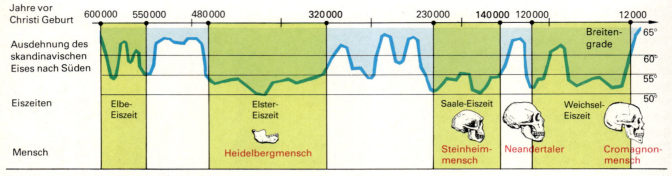

Jahre vor Christi Geburt	600 000	550 000	480 000	320 000	230 000	140 000	120 000	12 000	
Ausdehnung des skandinavischen Eises nach Süden									Breitengrade 65° 60° 55° 50°
Eiszeiten	Elbe-Eiszeit		Elster-Eiszeit		Saale-Eiszeit		Weichsel-Eiszeit		
Mensch			Heidelbergmensch		Steinheimmensch	Neandertaler		Cromagnonmensch	

Der Wechsel von Eiszeiten und Warmzeiten in Europa

Klima und Umwelt in der Altsteinzeit

Menschen besiedeln Europa seit etwa einer Million Jahren. Während dieses Zeitraums gab es große Klimaveränderungen. Es gab Warmzeiten, in denen das Klima ähnlich wie heute war. Dann gab es Zeiten, in denen es Jahrtausende lang spürbar kälter war. Riesige Gletscher bedeckten den Norden Europas und das Gebiet des Alpenvorlandes. Große Teile des heutigen Niedersachsen waren zeitweise unter einer 50–100 m dicken Eisschicht begraben. Die Gletschermassen formten die Oberfläche des bedeckten Landes. So sind die Hügel- und Seenlandschaften in Schleswig-Holstein, Mecklenburg-Vorpommern und im Alpenvorland entstanden. Die Eiszeiten haben alle einen Namen, sie werden allerdings in Norddeutschland anders genannt als in Süddeutschland:

Jahre	Norddeutschland	Süddeutschland
600 000–550 000	Elbe-Eiszeit	Günz-Eiszeit
480 000–320 000	Elster-Eiszeit	Mindel-Eiszeit
230 000–140 000	Saale-Eiszeit	Riß-Eiszeit
120 000– 12 000	Weichsel-Eiszeit	Würm-Eiszeit

In den Gebieten zwischen der nördlichen und der südlichen Vereisung waren die Sommer kurz und kühl, die Winter lang und kalt. In diesem Klima wuchsen keine großen Bäume. Flechten, Moose und Gräser bedeckten den Boden, vereinzelt gab es Zwergbirken, Polarweiden und kleinwüchsige Kiefern. Eine solche Landschaft nennt man *Tundra*.

Tundrenlandschaft bei Alta in Nordnorwegen: So sah es bei uns während der Eiszeit aus. ▶

Rentiere, Schneehasen, Mammute und Wollnashörner lebten während der Eiszeiten in der mitteleuropäischen Tundra.

Die Menschen stellten ihre Nahrung noch nicht selbst her, sondern aßen, was die Natur ihnen bot. Sie sammelten eßbare Pflanzen und Kleingetier, und sie gingen auf die Jagd nach größerem Wild. Ihre Waffen und Werkzeuge waren aus Holz, Knochen oder grob zugehauenen Steinen gefertigt. Da sich vor allem Geräte aus Stein bis heute erhalten haben, gab dieses Material dem Zeitalter seinen Namen: *Steinzeit*.

Betrachtet das Foto unten, es zeigt eine Tundra. Wo gibt es diese Landschaft heute noch? Schlagt im Atlas nach.

Jäger und Sammler

1952 stießen Archäologen in Salzgitter-Lebenstedt auf mehrere Jägerlager der Weichsel-Eiszeit. Damals erreichten die Eismassen die Gebiete südlich der Elbe nicht mehr. Die Jägerlager von Salzgitter-Lebenstedt lagen inmitten der Tundra.

Beim Ausschachten eines Fundamentes für eine Kläranlage kamen zahlreiche Rentiergeweihe zum Vorschein. Planmäßige Ausgrabungen förderten die Überreste von 80 Rentieren, 16 Mammuten, 6 Wisenten, 4–6 Wildpferden und 2 Wollnashörnern zutage. Außerdem wurden rund 2000 Werkzeuge und Waffen geborgen: Faustkeile, Speerspitzen, Keulen, Messer, Schaber und Kratzer. Am Ufer eines Teiches, in den die Eiszeitjäger ihre Abfälle geworfen hatten, entdeckten die Archäologen mehrere Kreise aus Steinen. Man nimmt heute an, daß dieser Siedlungsplatz ein Sommerlager gewesen ist. Die Ausgrabungsergebnisse können heute im Städtischen Museum Salzgitter besichtigt werden.

Mit Hilfe von Ausgrabungen wie der in Salzgitter-Lebenstedt ist es gelungen, etwas über das Leben der Menschen in der Steinzeit zu erfahren. Die Skelettreste zeigen, daß die Menschen Großwild gejagt haben. Sie waren in der Lage, einfache Waffen herzustellen. Die steinzeitlichen Jäger zogen dem Wild im Wechsel der Jahreszeiten nach. Im Sommer errichteten sie kleine Zelte. Aus Ästen und Zweigen bauten sie ein Gerüst, das sie mit zusammengenähten Tierhäuten bespannten. Im Winter suchten sie in Höhlen und unter Felsüberhängen Schutz vor der schlechten Witterung. An diesen Siedlungsplätzen hüteten die Menschen das Feuer, stellten ihre Werkzeuge und Waffen her und verzehrten ihre Jagdbeute und die gesammelte pflanzliche Nahrung.

Die Menschen lebten in *Horden* zusammen. Das war eine Jagdgemeinschaft, die 15–20 Personen zählte. Die Mitglieder einer Horde teilten sich alle Arbeiten. Die Männer gingen gemeinsam auf die Jagd und stellten die Werkzeuge und Waffen her. Die Frauen sammelten Beeren, Kräuter und Wurzeln; aus Fellen und Häuten nähten sie mit Knochennadeln Kleidungsstücke.

1. *Schreibt eine Geschichte über den Tagesablauf einer steinzeitlichen Horde.*

2. *Das Feuer war ein wichtiges Hilfsmittel, um überleben zu können. Wie nutzten die Menschen das Feuer? Wofür brauchten sie es? Wovor schützte es?*

Rentierjägerzelte an einem Opferteich (Diorama, Museum für Vor- und Frühgeschichte, Berlin)

Die Herstellung eines Faustkeiles: Er war meist aus Feuerstein, einem harten und spröden Gestein, von dem sich scharfkantige Plättchen und Splitter abschlagen ließen. Faustkeile dienten den Menschen als Werkzeug und Waffe.

Höhlenleben

Im Lonetal, nördlich von Ulm (Baden-Württemberg), liegt die Vogelherdhöhle. Sie war in der Altsteinzeit besiedelt. Der Ort bot günstige Lebensbedingungen. Ein Fluß sorgte für ausreichend Wasser, und auf der Hochfläche der Schwäbischen Alb konnten Mammute, Rentiere und Wildpferde gejagt werden. 1931 wurde mit den Ausgrabungen in der Vogelherdhöhle begonnen. Die Ergebnisse lassen uns einen Blick ins Leben der Eiszeitjäger werfen.

An fast allen Lagerplätzen wurden Feuerstellen gefunden. Häufig waren Sitze aus Stein um die Feuerstellen aufgestellt. In der Nähe der Feuerstellen standen Pfosten. Vermutlich haben die Bewohner diese Pfosten zum Trocknen von Leder benutzt, vielleicht haben sie auch Fleisch zum Räuchern an ihnen aufgehängt. In der Vogelherdhöhle fand man Hinweise, daß die Höhlenbewohner künstliches Licht kannten. In einer Felsspalte war ein ausgehöhlter Knochen befestigt, der offenbar als eine Art Fackel diente. Schließlich stießen die Archäologen auf kleine Tierfiguren aus Elfenbein.

In Südwestfrankreich und in Spanien entdeckte man Höhlen, die mit prächtigen Felszeichnungen ausgeschmückt sind. Sie zeigen Tiere und Jagdszenen, die mit leuchtenden Farben gemalt wurden. Viele Wissenschaftler glauben, daß diese Zeichnungen eine erfolgreiche Jagd sichern sollten. Die bekanntesten Höhlen sind die von Lascaux (Frankreich) und Altamira (Spanien).

Wiederholt gab es auch Hinweise, daß die Toten nur an einer bestimmten Stelle in der Höhle begraben wurden. Man legte ihnen Blumen, Schmuck, Werkzeuge und Lebensmittel ins Grab. Offensichtlich waren die Menschen der Altsteinzeit nicht nur Jäger und Sammler, sondern Menschen, die künstlerisch begabt waren und religiöse Vorstellungen hatten.

1. Macht ein Rollenspiel zum Thema „Abends in der Höhle". Womit haben sich die Menschen beschäftigt? Worüber haben sie sich unterhalten?

2. Malt eigene Höhlenbilder auf Packpapier. Benutzt hierfür Wasserfarben oder Wachsmalkreide.

3. Die Menschen der Altsteinzeit konnten nur in der Gemeinschaft der Horde überleben. Begründet diese Aussage.

Höhlenmalereien in der Höhle von Lascaux

◀ Altsteinzeitliche Wohnhöhle um
20 000 v. Chr.

Mittelsteinzeitliche Siedlung um
3000 v. Chr. (Dioramen, Museum
für Vor- und Frühgeschichte,
Berlin) ▶

Vom Faustkeil zum Bohrer: die Mittelsteinzeit

Der Übergang von der Altsteinzeit zur Mittelsteinzeit fand um 8000 v. Chr. statt. In dieser Zeit setzte eine stetige Klimaverbesserung ein. Zwischen 8000 und 4000 v. Chr. stieg die Juli-Durchschnittstemperatur von 12 °C auf 19 °C. Die Erwärmung schuf günstigere Lebensbedingungen für die Pflanzen, Tiere und Menschen.

Die Gletscher schmolzen, der Meeresspiegel stieg und gab vielen Küsten ihr heutiges Aussehen. In den Tundren breiteten sich ausgedehnte Mischwälder aus. Die Rentiere zogen nach Norden, und die Wälder boten neuen Lebensraum für Hirsche, Wildschweine, Braunbären, Luchse und Füchse. Biber und Fischotter siedelten an den nahrungsreichen Gewässern.

Die Menschen paßten sich diesen Veränderungen an. Sie lebten weiterhin als Jäger und Sammler. Doch sie entdeckten die Gewässer als Nahrungsquelle und besiedelten vorwiegend die Küsten, aber auch die Ufer von Flüssen und Seen. An vielen Küsten Europas fanden Archäologen Abfallbänke mit großen Mengen von Fischgräten, Muschel- und Austernschalen. Weil es an diesen Stellen genug Nahrung gab, waren diese Menschen vermutlich die ersten, die seßhaft wurden. Man nennt sie heute auch *Kökkenmöddinger*, d. h. Küchenabfall-Leute.

Wie in der Altsteinzeit, so lebten die Menschen auch in der Mittelsteinzeit in Horden zusammen. 20 bis 30 Erwachsene und ihre Kinder bildeten eine Jagdgemeinschaft. Ihr Begleiter war das einzige Haustier dieser Zeit: der Hund. Wegen des günstigeren Klimas war die Ernährung wahrscheinlich vielfältiger als in der Altsteinzeit. Dennoch blieb der Speiseplan vom Jagdglück und von guter Witterung abhängig. Das Jagen und Sammeln blieb der Hauptinhalt des Lebens und war immer mit großen Gefahren verbunden. Da die natürlichen Nahrungsquellen mit den Jahreszeiten wechselten, zogen die Menschen jeweils dorthin, wo es ausreichend Nahrung gab. Es war durchaus üblich, an günstigen Plätzen häufiger ein Lager aufzuschlagen. Höhlen und Felsvorsprünge dienten weiterhin als „Wohnung". Einzelne Funde deuten aber darauf hin, daß vereinzelt auch Hütten aus Reisig errichtet wurden.

Kennzeichnend für die Mittelsteinzeit ist die kunstvolle Herstellung von Werkzeugen aus Feuerstein. Die Menschen lernten, Bohrer und Meißel zu gebrauchen. Mit diesen Werkzeugen ließen sich Angelhaken, Nadeln und scharfkantige Harpunenspitzen herstellen – Dinge, die den Alltag erleichterten. Eine weitere technische Neuerung war die Herstellung zusammengesetzter Werkzeuge. Bei Ausgrabungen fand man Beile, die vermutlich an Stielen aus Geweih befestigt waren. Hierfür verwendeten die Menschen tierische Sehnen, die sie aneinanderknoteten.

Während die Menschen in Europa noch als Jäger und Sammler lebten, waren die Menschen im Nahen Osten (heute folgendes Gebiet: östliche Türkei, Irak, Syrien, Israel und Jordanien) schon seßhaft geworden. Um 8000 v. Chr. baute man in Jericho schon Häuser aus Stein. Jericho gilt als die älteste Stadt der Welt.

Die Menschen begannen, Schafe, Ziegen und Rinder zu zähmen und in der Herde zu halten, anstatt sie in freier Wildbahn zu jagen. Die Früchte wilder Getreidesorten wurden gesammelt und planmäßig ausgesät. So entstand der Ackerbau.

Zur selben Zeit wie Jericho entstand in Anatolien Çatal Hüyük (sprich: Tschatalhüjük). Die Ausgrabungen vermitteln uns einen guten Eindruck vom Leben seiner Bewohner. Die Häuser waren aus Lehmziegeln und Holz gebaut. Das gemeinsame Wohnen in befestigten Anlagen bot Schutz vor umherziehenden Horden. Der Ackerbau verringerte die Abhängigkeit von der Natur. Insgesamt konnten mehr Menschen auf einer kleinen Fläche ernährt werden als zu Zeiten der Jäger und Sammler. Überschüssige Nahrungsmittel wurden in Tonkrügen aufbewahrt oder gegen andere Waren getauscht. Damit entwickelten sich die ersten Ungleichheiten in der Verteilung des Besitzes. Die Menschen mußten sich nicht mehr ausschließlich damit beschäftigen, Nahrungsmittel zu erzeugen. So konnte sich ein Teil von ihnen anderen Tätigkeiten zuwenden: Es gab Menschen, die sich ausschließlich mit Töpferei, Weberei oder der Herstellung von Werkzeugen beschäftigten. Langsam entstanden daraus Berufe. Diesen Vorgang nennen wir *Arbeitsteilung*.

Die Kultur der Ackerbauern und Viehzüchter breitete sich allmählich aus. Um 4500 v. Chr. hatte sie Mitteleuropa erreicht.

1. *Stellt in einer Tabelle die Unterschiede zwischen dem Leben in der Altsteinzeit und in der Mittelsteinzeit gegenüber.*

2. *In welchem Zusammenhang habt ihr schon einmal etwas über Jericho gehört?*

3. *Habt ihr türkische Mitschülerinnen und Mitschüler? Vielleicht können sie mehr über Çatal Hüyük berichten.*

4. *Woran mag es liegen, daß die Entwicklung in Anatolien und im Nahen Osten zu jener Zeit weiter fortgeschritten war als in Mitteleuropa?*

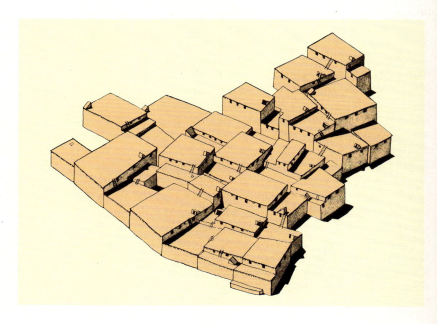

Rekonstruktion der Stadtanlage Çatal Hüyük. Die Häuser waren aus luftgetrockneten Lehmziegeln und Holz erbaut. Die Menschen betraten über eine Leiter vom Dach her die Wohnräume. Im Innern waren die Plätze zum Sitzen und Schlafen erhöht; darunter wurden die Toten beigesetzt, damit sie weiterhin am Leben der Gruppen teilnehmen konnten.

▲ *Sogenannte „Glockenbecher-Keramik",
entstanden gegen Ende der Jungsteinzeit*

◄ *Jungsteinzeitliche Werkzeuge*

Die Jungsteinzeit:
Zeitalter der Bauern und Hirten

Jahrtausendelang hatten die Menschen in Mitteleuropa als Jäger und Sammler gelebt. Zwischen 5000 und 4000 v. Chr. vollzog sich ein tiefgreifender Wandel in den menschlichen Lebensverhältnissen. Die Menschen gingen von der *aneignenden* zur *produzierenden Lebensweise* über: Sie lernten, ihre Nahrung selbst zu erzeugen; sie brauchten von nun an nicht mehr ständig umherzuziehen, um neue Jagdgründe zu finden, sie konnten seßhaft werden und feste Behausungen errichten. Die Wissenschaftler nennen diese Entwicklung neolithische Revolution (neolithisch = jungsteinzeitlich).

Möglich wurde diese Entwicklung durch das günstige Klima in Mitteleuropa. Noch nie seit der Weichsel-Eiszeit war es so mild wie während der Jungsteinzeit. Mit Hacken und Grabstöcken legten die Menschen Felder an, auf denen sie einfache Getreidesorten wie Emmer, Einhorn, Zwergweizen und Gerste anbauten. Es gelang ihnen, Rinder, Schafe und Schweine zu domestizieren, das heißt an den Menschen zu gewöhnen und sie dadurch für den Menschen nutzbar zu machen. Die Tiere wurden auf Weiden gehalten, gezüchtet und bei Bedarf geschlachtet.

Auch die Werkzeuge und Jagdwaffen wurden immer kunstvoller und wirksamer. Beile wurden mit Sand und Steinen glattgeschliffen. Diese polierten Beile wurden zu einem wichtigen Kennzeichen für Funde aus der Jungsteinzeit. Hölzerne Hacken erhielten eine scharfe Schneide

aus Stein; damit konnte der Boden gründlicher bearbeitet werden.

Mit den neuen Werkzeugen entwickelten die Menschen auch neue Techniken. Statt mit Pelzen kleideten sich die Menschen jetzt mit selbstgefertigten Textilien. Schafwolle und Pflanzenfasern wurden zu Garn gesponnen und auf Webstühlen zu Stoffen verarbeitet. Die Lebensmittelvorräte wurden in Gefäßen aufbewahrt, die aus Ton geformt waren. Gefäße aus gebranntem Ton nennt man *Keramik*. Jede Menschengruppe entwickelte eigene Formen und Muster für ihre Keramik. Die wichtigsten sind Linienbandkeramik, Schnurkeramik, Trichterbecherkeramik und Glockenbecherkeramik. Die Archäologen benennen und unterscheiden verschiedene Menschengruppen aufgrund dieser Merkmale.

1. *Beschreibt die abgebildeten Werkzeuge. Wodurch unterscheiden sie sich von Werkzeugen aus der Altsteinzeit?*

2. *Was ist Ton? Wie wird er gewonnen?*

3. *Informiert euch, wie Tonkeramik heute hergestellt wird.*

4. *Besorgt euch Ton und formt Gefäße, wie ihr sie auf dem Foto seht. Bevor sie gebrannt werden, könnt ihr mit Hilfe von Nägeln oder anderen spitzen Gegenständen Muster in die Oberfläche einritzen oder einstechen.*

*Rekonstruktion eines jungstein-
zeitlichen Dorfes (Diorama,
Museum für Vor- und Frühgeschichte, Berlin)*

Vom Leben in den Dörfern

Die Menschen siedelten vor allem in den fruchtbaren Löß-
gebieten. Die Dörfer bestanden aus 10 bis 15 Häusern. Ein
Graben und ein Zaun aus zugespitzten Baumstämmen
schützten die Bewohner vor Eindringlingen. Die Häuser
wurden aus Holz, Zweigen und Lehm errichtet. In regelmäßigen Abständen wurden Holzpfosten tief in die Erde ein-
gegraben. Darauf wurde das Dachgebälk gesetzt. Ranken
dienten als eine Art Seil, mit dem die Balken und Pfosten
aneinander befestigt wurden. Die Wände wurden aus
Zweigen geflochten und mit einer Mischung aus Stroh,
Lehm und Wasser verputzt. Das Dach wurde mit Stroh-
oder Schilfbündeln gedeckt.

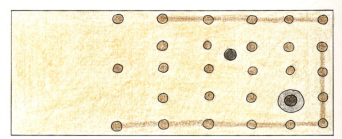

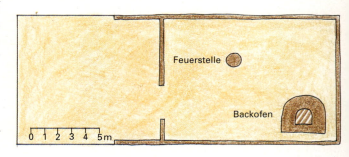

*Grabungsfund (oben) und Grundriß (unten) eines jungsteinzeit-
lichen Langhauses (siehe auch S. 61 unten)*

1. Versucht, die Größe der Häuser anhand der Einzelheiten auf den Abbildungen dieser Seite zu schätzen.

2. Erstellt einen Bauplan für ein jungsteinzeitliches Haus.
   Welche Baumaterialien werden gebraucht? Wo können
   sie beschafft werden? Welche Werkzeuge braucht man,
   um so große Häuser bauen zu können? Welche Arbeits-
   schritte sind notwendig?

3. Teilt euch in Gruppen auf, und baut jungsteinzeitliche
   Häuser aus Naturmaterialien. Sammelt hierfür kleine
   Holzstöcke, feines Reisig, getrocknetes Gras usw. Jedes
   Haus sollte mindestens 20 cm lang sein. Eine Gruppe
   kann auf einer Holzplatte aus alten Zeitungen, Lappen,
   Holzleim und Farbe eine Landschaft modellieren, in der
   die Häuser aufgestellt werden. Das Ergebnis kann so
   aussehen wie das Dorf auf der Abbildung oben.

Das Zusammenleben der Menschen verändert sich

Mit der Errichtung von Dörfern veränderten sich auch die Beziehungen der Menschen untereinander. Sie lebten nicht mehr in Horden zusammen, sondern wohnten als Familie mit ihren Tieren unter einem Dach. Jede Familie war in der Lage, sich mit den notwendigen Gütern selbst zu versorgen. Die Arbeitsteilung zwischen Männern und Frauen verfestigte sich. Die Männer übernahmen die anstrengenden Arbeiten bei den Tieren und im Wald; sie bestellten die Felder mit einem einfachen Hakenpflug, den sie aus einer großen Astgabel herstellten. Die Frauen kümmerten sich um die häuslichen Arbeiten, den Gemüsegarten, die Kinder und um die tägliche Nahrung.

Solange ausreichend Nahrung vorhanden war, konnte ein Teil der Bevölkerung andere Aufgaben übernehmen. Nach und nach entwickelten sich Spezialisten, die mit Hilfe neuer Techniken Waffen, Werkzeuge, Keramik und Stoffe herstellten. Ihre Waren tauschten sie gegen Nahrungsmittel ein. So entstand eine *arbeitsteilige Gesellschaft*.

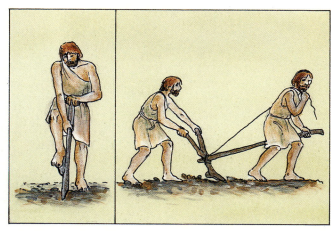

Grabstock und Hakenpflug

Das Leben in den Dörfern bot den Menschen viele Vorteile und ein angenehmeres Leben. Der Bau von Verteidigungsanlagen zeigt jedoch, daß dieses Leben bedroht war. Die Bewohner mußten sich vor umherziehenden Menschen schützen, die es auf ihren Besitz abgesehen hatten.

Luftbild der Ausgrabung eines jungsteinzeitlichen Hauses in der Nähe von Straubing (Bayern). Die dunklen Stellen im Boden zeigen die Gruben an, in denen – längst vermoderte – Holzpfosten steckten. Ein solches Haus wurde von einer Großfamilie bewohnt; die Menschen und ihre Haustiere wohnten unter demselben Dach.

Aus der Anordnung der Pfostenlöcher läßt sich die Bauweise des Hauses erschließen (vgl. die beiden Grundrisse auf S. 60).

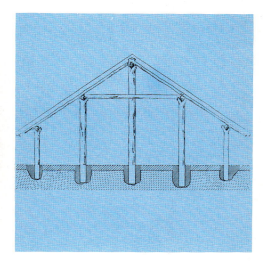

61

Auf dieser Doppelseite seht ihr eine Zeichnung, die von Wissenschaftlern auf der Grundlage von Ausgrabungsergebnissen angefertigt wurde. Sie zeigt das Leben in einem jungsteinzeitlichen Dorf. Das Original dieser Abbildung befindet sich im Rheinischen Landesmuseum in Bonn. Schreibt eine Geschichte über die Erlebnisse von Frauke und Olaf, zwei Kinder aus diesem Dorf.

Hünengräber – jungsteinzeitliche Friedhöfe

In Niedersachsen sind über 400 Orte bekannt, an denen es sogenannte *Megalithgräber* (Großsteingräber) gibt. Wegen ihrer Größe werden diese Gräber im Volksmund auch *Hünengräber* genannt. Einige von ihnen erreichen beachtliche Ausmaße. Der *Visbeker Bräutigam*, ein Hünengrab nördlich von Vechta, ist 105 m lang und fast 10 m breit. Die *Visbeker Braut*, ganz in der Nähe gelegen, ist nur wenig kleiner.

Die Vorbereitung auf den Tod war für die Menschen der Jungsteinzeit wohl ein wesentlicher Teil ihres Lebens. Anders sind die Anstrengungen für den Bau der Megalithgräber nicht zu erklären. Die Felsblöcke sind während der Eiszeit entstanden. Sie sind tonnenschwer und mußten oft von weit her herangeschafft werden. Der Transport der Felsblöcke und der Bau eines solchen Grabes erforderten viel Kraft und technisches Können. Mit Seilen und Baumstämmen, die als Rollen und Hebel dienten, wurden die Felsblöcke bewegt und vermutlich über Erdrampen aufgestellt. Man nimmt heute an, daß diese Gräber seit etwa 3500 v. Chr. von jungsteinzeitlichen Bauern gemeinschaftlich errichtet wurden.

Die Bewohner eines Dorfes bestatteten ihre Toten über mehrere Generationen hinweg in einer Grabkammer. Den Toten wurde Nahrung, Schmuck und Waffen mit in das Grab gegeben. Offenbar glaubten die Menschen auch damals an ein Weiterleben nach dem Tod.

Fast immer ranken sich geheimnisvolle Erzählungen um diese Bauwerke. Auf viele Menschen wirken sie schwermütig, oft sogar abstoßend. Sie vergessen dabei, daß diese Gräber in der Jungsteinzeit anders ausgesehen haben. Die Grabkammern waren von mächtigen Erdhügeln bedeckt, die Wind und Wetter erst im Lauf der Jahrtausende abgetragen haben.

Derartige Bauwerke sind keine Erscheinung, die man nur in Norddeutschland findet. Es gibt sie in ganz Westeuropa und in Skandinavien. Vor allem die Steinreihen in der Bretagne (Frankreich) und der Steinring im englischen Stonehenge sind bekannt.

Gibt es in eurer Nähe Hünengräber? Informiert euch, wie groß sie sind, aus welcher Zeit sie stammen und ob in den Grabkammern etwas gefunden wurde.

Jungsteinzeitliche Bauern errichten ein Megalithgrab ▶

Grabanlage Visbeker Bräutigam: Opfertisch ▼

Geräte aus Metall verändern das Leben

Auch die Technik der Metallherstellung verbreitete sich vom Vorderen Orient über den Balkan bis nach Europa.

Schon während der Jungsteinzeit gab es in Norddeutschland Bergbau. Mit einfachen Werkzeugen wurden Feuersteinknollen aus den weichen Kreidekalkfelsen gebrochen. Aus *Malachit*, einem grünlich schimmernden Gestein, fertigten die Menschen Schmuckperlen. Zu jener Zeit wußten sie noch nicht, daß Malachit Kupfer enthält, das ausgeschmolzen und verarbeitet werden kann.

In Norddeutschland tauchte die Kenntnis der Metallherstellung um 1800 v. Chr. auf. Kupfer galt als Wundermaterial, hatte jedoch einen entscheidenden Nachteil: es ist ein sehr weiches Material. Außerdem war die Herstellung sehr aufwendig und teuer. So verwendeten die Menschen weiterhin Werkzeuge und Waffen aus Stein.

Den Durchbruch in der Herstellung von Metall brachte die Erkenntnis, daß die Mischung von neun Teilen Kupfer und einem Teil Zinn ein wesentlich härteres Metall ergibt: die Bronze. Ein Mischmetall wie die Bronze nennt man *Legierung*. In Norddeutschland ist die Herstellung von Bronze

Keltischer Schmuck: Radnadeln (links), zwei Haarknotenfibeln und eine Scheibenkopfnadel

seit etwa 1500 v. Chr. bekannt. Die Äxte, Beile und Sicheln aus Bronze waren dünner, schärfer und leichter als ihre Vorgänger aus Stein. Auch die Waffen wurden wirkungsvoller. Nun wurden Lanzenspitzen aus Bronze gegossen. Die Erze für die Herstellung von Bronze wurden im Tagebau gewonnen. Die Bergleute erhitzten das Gestein mit Feuern und schütteten anschließend kaltes Wasser darüber. So wurde das Gestein brüchig und konnte abgeschlagen werden. Das Erz wurde mit Hilfe von Holzkohle in mannshohen Lehmöfen ausgeschmolzen und zu Barren geformt.

Zur Herstellung von bronzenen Geräten mußten die Barren zunächst wieder eingeschmolzen werden. Das flüssige Metall wurde in Gußformen gefüllt. Nachdem es erkaltet war, konnten die fertigen Geräte entnommen werden. Für die Bronzezeit haben Archäologen drei verschiedene Gußtechniken ermittelt: den offenen Guß, den Kern- oder Schalenguß und den Guß in der verlorenen Form.

Waffen und Werkzeuge aus der Bronzezeit

Händler, Handwerker, Priester und Fürsten

Mit bronzenen Werkzeugen konnte der Boden besser bearbeitet werden. Die Bauern ernteten mehr Lebensmittel, als sie selbst verbrauchten. Deshalb mußten nicht mehr alle Menschen Ackerbau betreiben. Viele konnten einen anderen Beruf ergreifen. Das, was sie erzeugten, tauschten sie gegen Nahrungsmittel ein. Der Handel, den es schon seit der Jungsteinzeit gab, begann sich langsam auszubreiten. Es entwickelten sich Handelsbeziehungen über größere Entfernungen. Kupfer gab es an vielen Stellen in Europa, das seltene Zinn kam in größeren Mengen aber nur in Südwestengland, der Bretagne und im Erzgebirge vor. Um Bronze zu gießen, wurde aber beides gebraucht. Man baute Fahrwege und Karren für den Transport von Waren. Fuhrleute und Händler wurden gebraucht, Soldaten schützten sie vor Räubern. Wer Bronzewerkzeuge herstellte, wurde reich und genoß ein hohes Ansehen.

Der Tod war für die Menschen der Bronzezeit kein Abschluß, sondern der Beginn einer weiten Reise ins Jenseits, für die man gerüstet sein mußte. Die Grabbeigaben richteten sich nach dem Vermögen des Verstorbenen. Insgesamt lassen die bronzezeitlichen Grabfunde erkennen, daß es bereits große Unterschiede im Besitz gegeben haben muß. In einigen Gräbern fanden Archäologen teuren Schmuck und kostbare Gegenstände aus Bronze. Sie nannten diese Gräber *Fürstengräber*. Vermutlich handelte es sich um reiche Großbauern, die mit ihrer Gefolgschaft ein bestimmtes Gebiet beherrschten.

Gegenüber der Jungsteinzeit war das Klima der Bronzezeit rauher und kühler. Es gab Hungersnöte, weil Unwetter die Ernten vernichteten. Trotz allen Fortschritts wußten die Menschen, daß sie von der Natur abhängig waren. Deshalb verehrten sie Naturgottheiten. Sie opferten ihnen Tiere, Waffen und Schmuck, vielleicht sogar Menschen. Damit versuchten sie, Unheil abzuwenden. Priester und Priesterinnen versahen den Opferdienst. Dadurch besaßen sie ebenso große Macht wie die Fürsten. Sie konnten die Götter versöhnlich stimmen, den Menschen aber auch mit dem Zorn der Götter drohen.

---

1. *Guß in verlorener Form, Schalenguß, offener Herdguß: Erklärt, wie die drei Verfahren zur Bronzeherstellung ablaufen (siehe Grafik unten).*

2. *Nennt die Unterschiede zwischen einem jungsteinzeitlichen und einem bronzezeitlichen Dorf. Haltet die Ergebnisse in einer Tabelle fest.*

3. *Nennt Berufe und Namen, deren Ursprünge auf die Metallverarbeitung zurückgehen.*

Gußtechniken der Bronzezeit

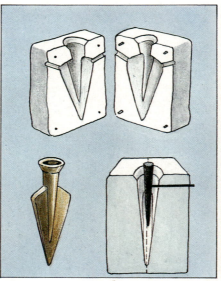

Das Eisen setzt sich durch

Die letzte Epoche der Vorgeschichte in Europa beginnt rund 700 Jahre vor Christi Geburt. Zu dieser Zeit kam ein neues Metall in Gebrauch: das Eisen. Voraussetzung dafür waren Öfen, die eine Temperatur von bis zu 1400 °C erreichen konnten. Diese Temperatur war notwendig, um Eisenerz schmelzen zu können. Anschließend mußte das glühendheiße Eisen durch Schmieden gehärtet werden. Eiserne Werkzeuge halfen, den Ertrag der Landwirtschaft deutlich zu steigern, und die Träger von eisernen Waffen waren ihren Gegnern weit überlegen. In Norddeutschland waren die Eisenerzeugnisse denen aus Bronze allerdings kaum überlegen. Hier gab es nur minderwertiges Raseneisenerz, das in den feuchten Niederungen der Moore und der Geest entstanden war. Die Menschen verwendeten es trotzdem, weil sie auf diese Weise kein teures Kupfer und Zinn mehr einführen mußten. Außerdem ließ sich Raseneisenerz im Tagebau gewinnen.

Neben der Technik der Eisengewinnung gab es zu dieser Zeit ein anderes wichtiges Wirtschaftsgut: das Salz. An vielen Stellen in Norddeutschland, aber auch im Alpenraum wurde Salz gewonnen. Die *Salzstraßen* waren wichtige Handelswege, die die großen Handelsorte in Europa miteinander verbanden.

Keltische Eisenwerkzeuge

1. Um 1 kg Eisen herzustellen, benötigte man etwa 10 kg Holzkohle. Für 10 kg Holzkohle brauchte man 50 kg Holz. Welche Folgen hatte dies für die Umwelt?

2. In Teilen Niedersachsens gibt es noch heute Raseneisenerz. Vielleicht könnt ihr etwas davon besorgen.

3. Sucht im Atlas nach Ortsnamen, die auf den Abbau von Salz zurückgehen.

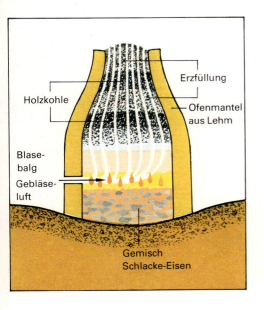

- Erzfüllung
- Holzkohle
- Ofenmantel aus Lehm
- Blasebalg
- Gebläseluft
- Gemisch Schlacke-Eisen

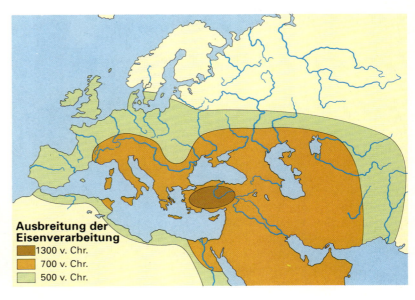

Ausbreitung der Eisenverarbeitung
- 1300 v. Chr.
- 700 v. Chr.
- 500 v. Chr.

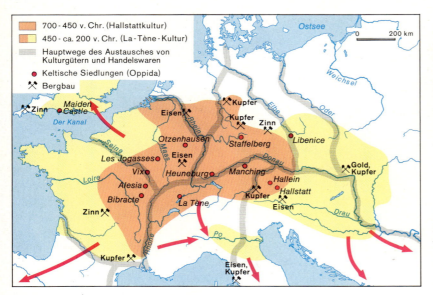

700 – 450 v. Chr. (Hallstattkultur)
450 – ca. 200 v. Chr. (La - Tène - Kultur)
Hauptwege des Austausches von Kulturgütern und Handelswaren
Keltische Siedlungen (Oppida)
Bergbau

Der Kessel von Gundestrup (Durchmesser 69 cm) wurde in einem dänischen Moor gefunden. Keltische Handwerker setzten ihn aus Silberplatten zusammen, die mit Szenen aus der keltischen Götterwelt verziert sind.

◄ *Die Kelten und ihre Verbreitung in Europa*

Kelten und Germanen

Während der Eisenzeit waren die *Kelten* in Mitteleuropa das vorherrschende Volk. Woher sie kamen, wissen wir nicht. Gegen Ende der Bronzezeit tauchten sie im heutigen Bayern und in Böhmen auf. Von dort verbreiteten sie sich im Lauf der Jahrhunderte über den Westen, Süden und Osten Europas. Die Kelten waren gefürchtete Krieger, 387 v. Chr. zerstörten sie Rom.

Die Kelten lebten in Stämmen zusammen. Sie siedelten in stadtähnlichen Anlagen, die mit einem Ringwall befestigt waren. In ihnen regierten die Fürsten, arbeiteten die Handwerker, wurden Märkte abgehalten und religiöse Feiern veranstaltet. Es gibt Hinweise, daß die *Druiden*, so hießen die Priester, auch Menschen geopfert haben. Die Druiden bewahrten das Gedächtnis an die alten Sagen, die mündlich weitergegeben wurden. Fahrende Sänger, die *Barden*, trugen sie an den Fürstenhöfen vor.

Seit Beginn der Bronzezeit lebten in Norddeutschland und in Südskandinavien verschiedene Stämme und Völker, die eine gemeinsame Kultur besaßen: sie sprachen die gleiche Sprache und glaubten an die gleichen Götter. Die Kelten nannten diese Völker *Germanen*. Zwischen 400 und 150 v. Chr. verlief die Siedlungsgrenze zwischen Kelten und Germanen entlang der Mittelgebirgsschwelle von

West nach Ost. Die Kelten wurden in dieser Zeit von zwei Seiten bedrängt. Von Süden versuchten die Römer, ihren Herrschaftsbereich nach Norden auszuweiten. Von Norden drängten die Germanen südwärts. Um Christi Geburt waren sie bis zur Donau vorgedrungen, wo sie mehrere Jahrhunderte lang Seite an Seite mit den Römern lebten (siehe S. 134 ff.). Noch besaßen die Germanen keine Schrift. Erst im 2. Jahrhundert n. Chr. entwickelten sie die *Runenschrift*. Damit endete die Vorgeschichte in dem geographischen Raum, den wir heute Deutschland nennen.

1. *Habt ihr die Begriffe „Druide" und „Barde" vorher schon einmal gehört oder gelesen?*

2. *Die Kelten wurden von den Römern „Gallier" und von den Griechen „Galater" genannt. In welchen bekannten Büchern tauchen diese Bezeichnungen auch auf?*

3. *Bei der Erforschung germanischer Webtechniken stießen Forscher auf die Kunst des Brettchenwebens. Versucht einmal, einen Gürtel mit Hilfe dieser Technik zu weben. Im Niedersächsischen Landesmuseum Hannover gibt es Anleitungen und Bastelbögen.*

Eine archäologische Reise durch Niedersachsen

An vielen Stellen in Niedersachsen gibt es Überreste aus vorgeschichtlicher Zeit:

Um Wildeshausen an der Hunte liegt ein Gebiet mit besonders vielen Funden. Im südlich gelegenen Pestruper Moor befinden sich allein 500 Grabhügel aus der Bronze- und Eisenzeit. Sie sind auf Wanderwegen gut zu erreichen. Bei Fallingbostel in der Lüneburger Heide liegen die *Sieben Steinhäuser*. Fünf Großsteingräber können dort besichtigt werden. Bei Scharzfeld im Kreis Osterode befindet sich die *Steinkirche*. Ausgrabungen brachten ein altsteinzeitliches Rentierjägerlager zum Vorschein. In der Eisenzeit diente der Ort als Versammlungsplatz, in frühchristlicher Zeit als Kultstätte und im Mittelalter als Friedhof.

Dies sind nur drei Beispiele für vorgeschichtliche Denkmäler, die ihr in eurer Umgebung aufsuchen könnt. Die Karte zeigt weitere interessante Stätten, an denen es etwas zu erkunden und zu erleben gibt.

1. Informiert euch über vorgeschichtliche Sehenswürdigkeiten in der Nähe eures Wohnortes. Was gibt es dort zu sehen? Wurden Ausgrabungen gemacht? Was wurde bei den Ausgrabungen gefunden? Kann man die Funde besichtigen?

2. Plant einen Ausflug zu einer vorgeschichtlichen Sehenswürdigkeit oder in ein Museum für Vor- und Frühgeschichte. Bereitet die Besuche im Unterricht vor.

▲ Ausgrabungen, Großsteingräber

◆ Museen mit Ausstellungsstücken zur Vorgeschichte

Leben in extremen klimatischen Regionen

Nomaden in der Sahara – Eskimos in der Arktis. Was haben diese Menschen gemeinsam? Sie leben alle in Gegenden mit einem extremen – trocken-heißen oder sehr kalten – Klima. Gebiete, in denen menschliches Leben nur unter sehr harten Bedingungen möglich ist. Und doch leben dort seit Jahrtausenden Menschen; sie haben sich an die Gegebenheiten der Natur angepaßt und eine entsprechende Kultur entwickelt. Durch das moderne Leben treten jedoch Veränderungen auf, die die alten Kulturen ablösen. Diese Wandlungen bringen viele Erleichterungen mit sich, aber auch große Gefahren.

1. *Betrachtet die Bilder, und beschreibt sie. Sucht die Sahara und die Arktis auf einem Globus oder einer Weltkarte. Wie stellt ihr euch das Leben in solchen Gebieten vor?*

2. *Sammelt Informationen und Bilder zu den Themen Wüste und Arktis (z. B. Klima, Lage, Bewohner usw.), und stellt sie einander gegenüber.*

Die Klima- und Vegetationszonen der Erde

Menschen reden gern über das Wetter. Der Bauer beurteilt das Wetter anders als der Dachdecker, die Urlauberin anders als der Regenschirmverkäufer. Oft werden jedoch zwei Begriffe vertauscht: *Wetter* und *Klima*. Sprechen wir vom Wetter, so meinen wir den augenblicklichen Zustand an einem bestimmten Ort. Als Klima dagegen bezeichnen wir den durchschnittlichen Ablauf des Wetters an einem Ort über einen längeren Zeitraum. Auf der Erde lassen sich fünf Klimazonen unterscheiden:

A: Tropenklimate: Sie umfassen die tropischen Regenklimate und die Savannenklimate. Die tropischen Regenklimate sind in den Gebieten um den Äquator anzutreffen. Ganzjährig hohe, gleichmäßige Monatstemperaturen und fast tägliche Niederschläge erinnern an ein Treibhaus. An das tropische Regenklima schließen sich im Norden und Süden die Zonen der wechselfeuchten Tropenklimate, die Savannen an. Die jahreszeitlichen Schwankungen der Temperatur und Niederschläge nehmen zu.

B: Warmgemäßigte Subtropenklimate: Sie sind durch eine hohe Jahresdurchschnittstemperatur gekennzeichnet. Je nach Menge und Zeitpunkt der Niederschläge zählen zu dieser Klimazone die winter- und sommerfeuchten Klimate und auch die Halbwüsten- und Wüstenklimate.

C: Kühlgemäßigte Klimate: Kennzeichen sind die jahreszeitlich schwankenden Temperaturen. Ähnlich wie in den Subtropenzonen gibt es hier je nach Niederschlagsmenge Waldklimate, Steppen- und Wüstenklimate.

D: Kaltgemäßigte Klimate: Die Januartemperaturen betragen weniger als $-6\,°C$, und eine ständige Schneedecke im Winter sowie ausreichend Niederschläge prägen die Landschaft. Die Sommer sind kurz, haben jedoch Temperaturen von mehr als $10\,°C$.

E: Polare und subpolare Klimate: Die Temperaturen liegen auch im wärmsten Monat des Jahres unter $10\,°C$. Pflanzenwuchs ist kaum möglich.

1. Ordne die Bilder links den Klimazonen zu. In allen Zonen halten sich Menschen auf. Was weißt du über ihre Lebensbedingungen?

2. Jedes Klima hat Vor- und Nachteile für die Menschen. Wo überwiegen die Nachteile?

3. Welche Arten von Niederschlägen kennst du?

4. Nenne Berufe, die besonders vom Wetter abhängig sind.

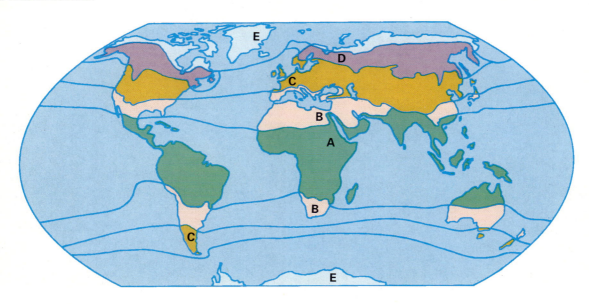

Die Sahara – die größte Wüste der Erde

Das größte Trockengebiet der Erde ist die Wüste *Sahara*. Sie erstreckt sich über große Teile Nordafrikas und ist größer als ganz Europa. Bis zu 250 km landeinwärts vom Atlantik wächst mit den Niederschlägen von Tau und Nebel soviel Gras, daß Nomaden ihr Vieh weiden lassen können. Sonst ist die westliche Sahara fast menschenleer. Die vulkanischen Gebirge in der mittleren Sahara (Hoggar-Gebirge in Algerien und Tibesti-Gebirge im Tschad) sind bis zu 3000 m hoch. In dem Gebiet zwischen dem Sahara-Atlas und dem Hoggar-Gebirge gibt es viele Oasen. Die östliche Sahara besteht aus Geröllfeldern und in Libyen überwiegend aus Sandwüste.

Wodurch erhielt die Sahara ihr Aussehen? Die Hauptursache der Bildung von öden Geröllen, Kiesen und Sanden ist der große Temperaturunterschied zwischen Tag und Nacht. Schwankungen bis zu 70 °C sind nicht selten, da keine Wolkendecke die erhitzte Oberfläche vor dem Auskühlen während der Nacht schützt. Unter derart großen Temperaturschwankungen zerbersten die Flanken der Wüstenberge. Gesteinstrümmer rutschen zu Tal und zerbrechen zu Geröll und Kies. Geröll und Kies verwittern, bis die einzelnen Teile so klein sind, daß der Wind sie forttragen kann. Dies ist der Grund, warum es in der Sahara so verschiedene Wüstenformen wie Felswüste (Hamada), Kieswüste (Serir) und Sandwüste (Erg) gibt.

Das ganze Jahr weht über die großen Landflächen der Sahara ein Wind aus Nordost. Die Luft enthält daher kaum Feuchtigkeit. Der Himmel ist meist wolkenlos. Die Sonne kann ungehindert auf die Erde scheinen. Der Regen, der aus den wenigen Wolken fällt, verdunstet oft schon wie-

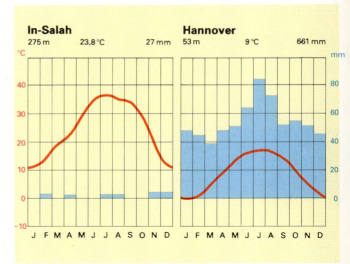

der, bevor er die Erde erreicht. Eine jährliche Niederschlagsmenge von 50 mm ist in der Wüste schon sehr viel. In weiten Teilen der Sahara gibt es nur zwei- oder dreimal im Jahr einen kräftigen Schauer, an anderen Orten oft nur einmal in mehreren Jahren. Dann grünt und blüht es für kurze Zeit. Doch die Sonne verbrennt bald wieder alles, und die Wüste zeigt sich erneut in ihrem alten Kleid.

1. Erklärt, wie aus Felsen feiner Sand werden kann.

2. Seht in einem Atlas nach: Welche Staaten haben Anteil an der Sahara?

Sandwüste *Felswüste* ▶

Nomaden in der Sahara

In der Sahara leben ungefähr 2 Millionen Menschen; das sind etwa so viele wie im Großraum Hamburg. Mehr als die Hälfte von ihnen sind *Oasenbewohner*, der Rest sind *Nomaden*. Nomaden sind Wanderhirten, die in den Randgebieten der Sahara mit ihren Viehherden – Kamele, Schafe, Ziegen, Rinder – von Weideplatz zu Weideplatz ziehen. Da die Weideflächen wegen der geringen Niederschläge nur mit vereinzelten Grasbüscheln bewachsen sind, benötigen die Nomaden sehr große Wanderungsgebiete. Ist eine Weide abgegrast, wird das Zeltlager abgebrochen. Die ganze Familie zieht dann mitsamt dem Hausrat weiter. Das bedeutet meist eine Wanderung von mehreren Tagen bis zur neuen Weide- und Wasserstelle. Das Kamel dient den Nomaden bei diesem „Umzug" auch als Last- und Reittier. Mit seinen tellergroßen Hufen kann es sich gut im Sand fortbewegen. Es kommt bei großer Hitze bis zu fünf Tage ohne Wasser aus, ein Mensch dagegen nur einen Tag. Ein Wissenschaftler, der einige Monate bei den Tuareg, dem bekanntesten Nomadenstamm der Sahara, gelebt hat, berichtet:

Tuareg bei Tamanrasset (Algerien)

In acht Zelten, die aus Flickendecken bestanden, lebten 22 Erwachsene und 24 Kinder. Ihre Viehherde bestand aus 11 Kamelen, 12 Ziegen und 15 Schafen, von denen aber nur die Milchtiere immer in der Nähe des Lagers waren. Die Kinder mußten täglich für frisches Trinkwasser sorgen. Sie holten es in großen Wasserbehältern aus Ziegenhaut, die dort ‚Gerbas' genannt werden.

Die Frauen blieben immer im Lager. Sie kochten, webten aus Schafwolle und Kamelhaar Decken und Stoffe und nähten aus Leder Kissen, Schuhe und Gürtel. Die Tuareg-Frauen tragen keinen Gesichtsschleier, dagegen aber die Männer. Es ist ein 5 m langer Stoffschal, der mehrmals um Gesicht und Kopf geschlungen wird, so daß nur noch die Augen und ein bißchen Nase zu sehen sind. So ein Schleier ist sehr praktisch, wenn man sich, wie die Tuareg-Männer, viel draußen in der Wüste aufhalten muß. Er schützt das Gesicht vor der brennenden Sonne und besonders vor dem Flugsand.

In den letzten Jahrzehnten hat sich das Leben der Nomaden verändert. Lastwagen übernehmen die Transportaufgaben auch in der Wüste, die Lasttiere sind nur noch wenig gefragt. Die Nomaden verlieren so eine wichtige Einnahmequelle.

Oft wird behauptet, das Leben der Nomaden passe nicht mehr in unsere moderne Zeit. Vor allem die Politiker wollen Bürger ohne festen Wohnsitz, ohne regelmäßige Schulbildung und ohne geregeltes Leben – teilweise sogar mit eigenen Gesetzen – in ihren Ländern nicht länger dulden; Steuer- und Wehrpflicht erfordern die Erfassung aller Bürger, feste Grenzziehung schneidet den Nomaden die Wanderwege ab und sperrt sie von alten Weidegebieten aus.

1. *Es ist nicht leicht, die Lager von Nomaden zu finden und nahezu unmöglich, die genaue Zahl der in der Sahara lebenden Nomaden festzustellen. Erklärt, warum.*

2. *Berichtet über die Aufgabenverteilung bei den Tuareg.*

3. *Inwiefern hat sich das Leben der Nomaden in den letzten 50 Jahren geändert?*

Oasen – Wasser in der Wüste

Nicht überall ist die Sahara lebens- und menschenfeindlich. Dort, wo das Grundwasser nahe an die Erdoberfläche reicht, haben sich Menschen niedergelassen und Siedlungen gebaut. Diese „Inseln" im „Wüstenmeer" heißen *Oasen* – das bedeutet Station.

Das Atlasgebirge im Norden der Sahara wirkt als „Regenfänger" und erhält daher häufiger Niederschläge. Hier findet man auch Flüsse, die besonders im Winter und Frühling Wasser führen. Dadurch steigt das *Grundwasser* und vergrößert die *unterirdischen Wasservorkommen*. Diese stammen noch aus Zeiten, als dieses Wüstengebiet ein Klima hatte, wie wir es heute in Mitteleuropa finden. Durch *Brunnen* oder *unterirdische Kanäle* holen die Oasenbewohner das Wasser an die Oberfläche. Steht das Grundwasser unter Druck und wird angebohrt, dringt es von allein an die Oberfläche. Diese Wasserstellen nennt man *artesische Brunnen*.

Oase bei Ghardaia (Algerien)

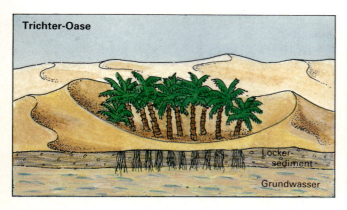

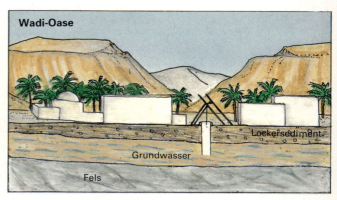

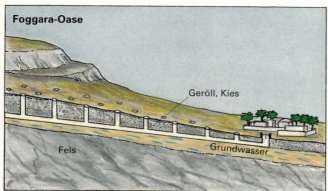

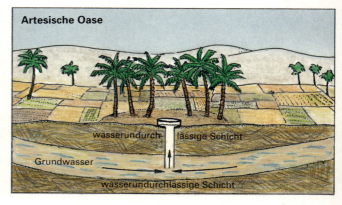

Gärten in einer marokkanischen Oase

Bewässerungsanlage in der Oase Nefta (Tunesien)

Wasser ist das wertvollste Gut der Oasenbauern. Sie graben tiefe *Brunnen* oder *Stollen*, um an das *Grundwasser* heranzukommen. Ist das Wasser dann an der Oberfläche, wird es sorgfältig und planmäßig durch viele *Gräben* und *Rinnen* zu den Feldern und Palmenhainen geleitet.

Jedem Bauer steht von dem Wasser nur eine bestimmte Menge zu. Diese ist meist von der Größer seiner Felder, oft aber auch von alten überlieferten Wasserrechten abhängig. Verteilt wird das Wasser an den Verzweigungen der Hauptkanäle, wo über die Größe des Querschnitts der abgehenden Gräben die Wassermenge festgelegt werden kann. In der Regel erhält ein Bauer für einen Hektar Land wöchentlich zwischen 200 und 500 m³ Wasser.

Die Methode, über Brunnen und Gräben die Felder zu bewässern, ist sehr alt. Für die Arbeit in den Gärten brauchen die Oasenbauern viel Zeit. Besonders die *Dattelpalmen* bedürfen besonderer Pflege, denn sie liefern fast alles, was die Oasenbewohner zum Leben brauchen: Früchte als Nahrung, junge Palmblätter als Gemüse und Salat, Fruchtsaft zum Gären von Wein, Holz für den Hausbau, Palmwedel zum Bau von Zäunen gegen den Flugsand und zum Flechten von Körben. Aus den Fasern der Rinde werden Matten geflochten und Stricke gedreht. Außerdem lassen sich die Dattelfrüchte gegen Milch, Fleisch und Felle bei den Nomaden eintauschen. Der größte Teil der Dattelernte wird in die Küstenstädte und ins Ausland verkauft.

Wie das Leben der Nomaden, so hat sich auch das Leben in den Oasen gewandelt. Neue, mit Strom betriebene Pumpen holen viel mehr Wasser aus der Tiefe als die alten Pumpen, die Anbauflächen werden immer größer. Moderne Beregnungsanlagen verteilen das Wasser Tag und Nacht über die Felder. Die Erträge dienen nicht nur der Ernährung der Oasenbewohner, sondern auch der Versorgung der Küstenstädte.

Aber der Bau immer tieferer Brunnen verringert die Wassermenge der alten Anlagen, die das oberflächennahe Wasser fördern. Sie nehmen ihnen jetzt das Wasser weg. Da das Grundwasser nicht unerschöpflich ist, stellt sich heute schon die Frage, wann auch die Tiefbrunnen versiegen werden.

1. Wie könnte die Bezeichnung „Oase" entstanden sein?
2. Wie hat sich das Leben in den Oasen gewandelt?
3. Eine alte arabische Legende sagt: „Nachdem Allah den Menschen erschaffen hatte, behielt er zwei kleine Tonklumpen zurück. Aus ihnen formte er das Kamel und die Dattelpalme." Was wird damit über die Bedeutung von Kamel und Dattelpalme ausgesagt? Begründet.

Die Wüste wird größer

Trockengebiete bedecken ein Drittel der Landfläche der Erde, und sie dehnen sich immer weiter aus. Allein die Sahara wächst seit 1970 jährlich bis zu 45 Kilometer nach Süden. Bilder und Berichte von der Sahelzone, am Südrand der Sahara, wo die zunehmende Verwüstung zu einer schrecklichen Katastrophe geführt hat, gehen um die Welt. Die Ausmaße sind riesig. Die Sahelzone reicht quer über den ganzen afrikanischen Kontinent, vom Senegal bis zum Roten Meer nach Äthiopien und Somalia. Der von der Dürre betroffene Teil ist zehnmal so groß wie die Bundesrepublik Deutschland. Nördlich des Sahelgürtels liegt die lebensfeindliche Wüstenfläche der Sahara, südlich davon ermöglichen ausreichende tropische Sommerregen einen regelmäßigen Feldanbau. Der Großteil der Bewohner der Sahelzone sind Nomaden. Für sie ist es lebenswichtig, daß ihre Viehherden ausreichend mit Wasser versorgt werden. Im Süden des Sahelgürtels leben Ackerbauern. Sie können ihre Felder nur bestellen, wenn genügend Niederschläge fallen. Das Leben der Sahelbewohner ist daher in starkem Maße von den jährlichen Niederschlagsmengen abhängig. Wenn in der Sahelzone Regen fällt, ist er zwar ergiebig,

doch bleibt er oft jahrelang aus. Abnehmende Niederschläge in den sechziger Jahren deuteten bereits auf die beginnende Dürre hin. In der Hoffnung auf bessere Jahre blieben viele Viehhirten in ihrem Gebiet. Doch in den folgenden Jahren nahmen die Niederschläge nicht zu. Die meisten Brunnen trockneten aus. Viele Menschen starben, Tiere verendeten. Jedoch kam es im Sahel nicht nur zur Katastrophe, weil der Regen ausblieb.

60 Millionen Menschen leben heute in der Sahelzone. Um die Jahrtausendwende werden es 100 Millionen sein. Durch eine bessere medizinische Versorgung steigen die Lebenserwartung und somit die Bevölkerungszahl ständig an. Mehr Menschen brauchen aber mehr Nahrung. Das zwingt dazu, das Land ununterbrochen zu bebauen. Der Boden kann deshalb nicht mehr wie früher zur Erholung brach liegengelassen werden. Im Gegenteil: Es wird bisher unbebautes Land zu Ackerland gemacht.

Aber auch der Viehbestand wird laufend vermehrt. Dazu kommt eine bessere tiermedizinische Versorgung der Herden. In Jahren mit ausreichenden Niederschlägen werden mehr Tiere gehalten, weil der Pflanzenwuchs genügend Futter hergibt. Auch die in den letzten Jahrzehnten angelegten Tiefbrunnen führen zu einer Vergrößerung der Her-

Hungernde Kinder in Nigeria ▶

Der Regen entscheidet nicht allein

Die Wüste dringt vor

Mit Bäumen gegen den Sand

Ein Tag für Afrika

Ein Leichentuch aus Sand

Sahel-Zone von schwerer Dürre bedroht

Äthiopien:
Warten auf den großen Regen

Vor neuer Hungersnot

Überweidung – Brunnenbau:
Der Mensch muß die Katastrophe verantworten!

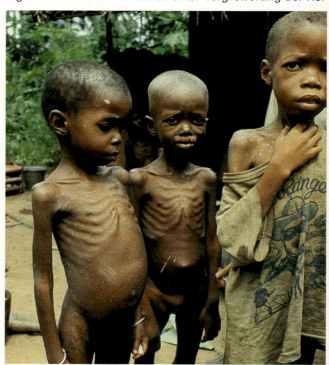

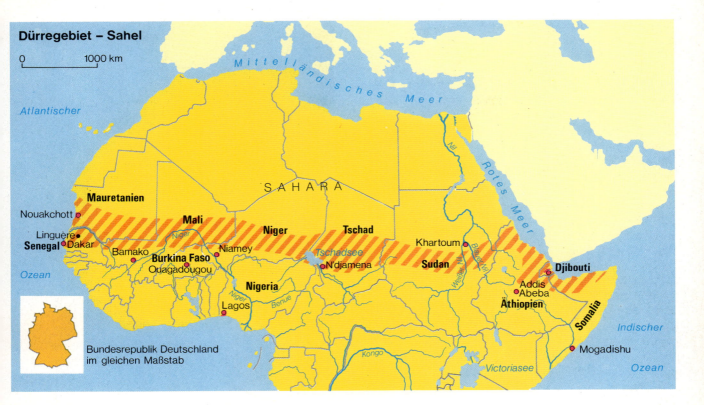

Dürregebiet – Sahel

0   1000 km

Mittelländisches Meer

Atlantischer Ozean

SAHARA

Mauretanien

Nouakchott

Linguère
Senegal   Dakar
Mali
Bamako
Burkina Faso
Ouagadougou

Niamey

Niger

Tschad

Khartoum

Sudan

N'djamena
Tschadsee

Nigeria

Lagos
Benue

Nil

Rotes Meer

Djibouti

Addis
Abeba
Äthiopien

Somalia

Mogadishu

Indischer Ozean

Kongo

Victoriasee

Bundesrepublik Deutschland
im gleichen Maßstab

---

den, weil die Tiere an den Brunnen leichter mit Wasser versorgt werden können. Die Folge einer solchen Entwicklung ist die Überweidung. Die riesigen Herden von Rindern, Kamelen, Eseln, Schafen und Ziegen grasen jede Pflanze ab. Von der Vegetation bleiben nur Reste übrig, die schließlich auch verkümmern. Gehen dann doch Regengüsse nieder, wird der Boden weggeschwemmt. Ehemaliges Weideland verschwindet. Die landwirtschaftliche Nutzfläche verringert sich. Das Land wird zur Wüste. Mit der ständig wachsenden Zahl von Menschen und Tieren ist das Land überlastet.

Die Bewohner des Sahels haben nicht genug Geld, um Brennstoff zu kaufen. Um Hütten zu bauen und ihre Felder zu begrenzen, schlagen sie ebenfalls Holz. Eine Familie im Sahel benötigt im Durchschnitt pro Woche einen Baum oder großen Strauch. Das führt zum totalen Kahlschlag. Im Umkreis von 100 km um die Hauptstadt von Burkina Faso, Ouagadougou, gibt es keine natürlichen Vorräte an Holz mehr. Dadurch geht der Waldbestand verloren. Die Verluste sind nicht mehr zu ersetzen. Die Verwüstung des Landes schreitet fort.

Wo Menschen verhungern, bringen Nahrungsmittellieferungen zwar kurzfristig Hilfe, doch langfristige Projekte sind nötig, um das gestörte ökologische Gleichgewicht wiederherzustellen und die Katastrophe zu meistern. So müssen die Wälder wieder aufgeforstet, neue Wasserreserven erforscht und sparsam genutzt werden, die Größe der Viehherden muß beschränkt werden. Aufklärungs- und Beratungsdienste sind nötig, um den Sahelbewohnern Neuerungen zu vermitteln, die ihnen helfen, auf Dauer ein menschenwürdiges Leben zu führen.

---

1. *Welche Gründe für die Verwüstung der Sahelzone habt ihr auf diesen Seiten kennengelernt? Welche sind natürliche Gründe, welche hat der Mensch zu verantworten?*

2. *Seht die Karte auf dieser Seite an. Durch welche Staaten Afrikas verläuft die Sahelzone?*

3. *Von welchen Hilfsmaßnahmen bei Dürrekatastrophen habt ihr schon gehört?*

„Wenn die Sonne nicht untergeht..."

Ein ganz anderes Klima als in der Sahara herrscht im Norden und Süden unserer Erde. Hier sind wir in der polaren Klimazone, in der das ganze Jahr Temperaturen unter 10°C herrschen. Die Winter sind sehr lang und kalt, die Sommer kurz und kühl. In den Polargebieten ist es im Sommer monatelang hell, die Sonne geht nicht unter. Im Winter aber bleibt es dort monatelang dämmrig und dunkel. Wir sprechen von Polarnacht und Polartag. Hier ist ein Reisebericht:

Im letzten Jahr fuhren Sabine und Michael Neuhaus mit ihren Eltern im Wohnmobil nach Norwegen. Ihr Ziel war das Nordkap. Mit der Fähre setzten sie von Kiel nach Oslo über. Von dort ging es über Lillehammer nach Trondheim. An zahlreichen Fjorden entlang, die auch teilweise mit kleinen Fähren überquert werden mußten, führte sie der Weg Richtung Norden. Unterbrochen wurde die Reise durch eine Schiffspassage von Narvik zu den Lofoten. Sabine schrieb in ihr Reisetagebuch:
„23. Juni – Wie vorausgeplant, erreichen wir heute das Nordkap. Es ist 23.30 Uhr, und die Sonne scheint immer noch. Ja, ich schreibe Postkarten auf dem Treppchen unseres Wohnmobils – es ist taghell. Ein unvergleichliches Erlebnis! Michael klebt voller Stolz einen Nordkapaufkleber auf unser Wohnmobil..."

Das Nordkap ist das Ziel vieler Touristen. Dort möchten sie den Polartag erleben, die Mitternachtssonne sehen. Polartag, das heißt, daß 24 Stunden die Sonne nicht untergeht. Um Mitternacht kann man dort im Freien Zeitung lesen.
Wie aber entstehen Polartag und Polarnacht? Die Erdachse ist um 23,5° zur Umlaufbahn um die Sonne geneigt. Bei ihrem Gang um die Sonne nimmt sie einmal im Jahr die Lage ein, die auf der linken Grafik abgebildet ist. Nach einem halben Jahr befindet sich die Erde auf der anderen Seite der Sonne und wird so beschienen, wie die rechte Grafik zeigt. Die beiden Breitenkreise, an denen auf der Nord- bzw. Südhalbkugel einmal im Jahr die Sonne für einen Tag nicht untergeht, sind die *Polarkreise*.
An den Polen geht die Sonne sechs Monate nicht unter und sechs Monate nicht auf. Am Nordkap dagegen herrscht nur zwei Monate lang durchgehend Helligkeit (Juni/Juli) und zwei Monate lang durchgehend Dunkelheit (Dezember/Januar). Die acht Monate dazwischen weisen unterschiedliche Tageslängen auf.

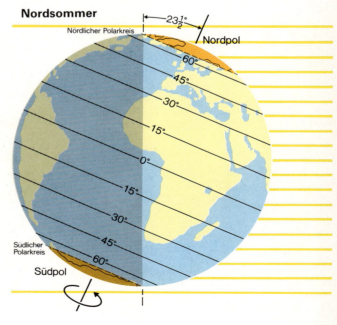

Stellung der Erde zur Sonne am 21. Juni

Nordsommer

$23\frac{1}{2}°$
Nördlicher Polarkreis
Nordpol
60°
45°
30°
15°
0°
15°
30°
45°
Südlicher Polarkreis
60°
Südpol

Die Fotomontage oben zeigt den Lauf der Sonne am 21. Juni in der Nähe des Nordkaps im Verlauf von 24 Stunden. Jede Stunde wurde ein Foto gemacht, anschließend wurden die Ausschnitte, die die Sonne zeigen, aneinandergefügt. Ihr seht, die Sonne geht nicht unter.

Stellung der Erde zur Sonne am 21. Dezember

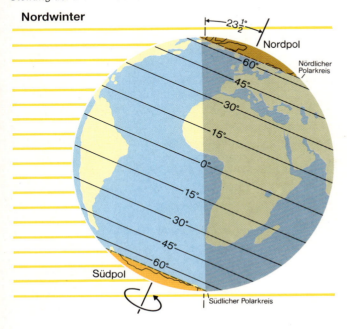

Nordwinter

$23\frac{1}{2}°$

Nordpol

60°

Nördlicher Polarkreis

45°

30°

15°

0°

15°

30°

45°

60°

Südpol

Südlicher Polarkreis

1. Auf welchem Breitenkreis liegen die Polarkreise?

2. Welche Teile der Erdoberfläche erhalten am 21. Juni überhaupt kein Sonnenlicht?

3. Ordne den Abschnitten des Fotos oben die Uhrzeiten zu. Benutze eine Deckfolie oder Pergamentpapier.

4. Ordne vier Abschnitten in dem Foto die Himmelsrichtungen zu, in denen die Sonne steht.

5. Erkläre den Begriff „Mitternachtssonne".

6. In welchen Monaten gibt es am Nordkap einen Polartag, an welchem Tag gibt es am südlichen Polarkreis keinen Sonnenuntergang?

7. Nenne Länder, in denen du die Mitternachtssonne beobachten kannst.

79

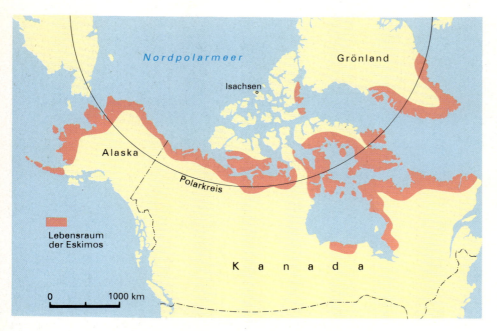

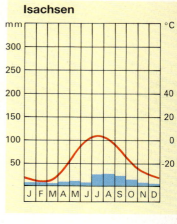

▶ Lebensraum der Eskimos

Die Eskimos: Leben am Polarkreis

Vor allem an den Polen, zwischen dem 60. und 70. Breitenkreis, ist der Untergrund ganzjährig gefroren. Diesen Boden nennt man *Permafrostboden*. Fast ein Viertel der Landfläche der Erde ist mit Permafrostböden bedeckt: im Norden Kanadas und Alaskas, im Norden Skandinaviens und in Sibirien. Diese Böden sind für die Landwirtschaft uninteressant; die Wiesen dieser Böden sind im kurzen Sommer herrlich bunt und voller uns fremder Blumen, Flechten, Beeren und Moose. Werden diese Böden künstlich aufgetaut, zum Beispiel durch die Verlegung und den Gebrauch von Pipelines, durch Bergwerksanlagen, Kraftwerke oder falschen Bau von modernen Siedlungen, dann versinkt alles im Schlamm, Berghänge rutschen ab, Wasserläufe verändern ihr Flußbett, Wild verliert die Orientierung. Umweltschädigungen in diesen kalten Zonen durch Tankerunglücke, Pipelinerisse oder Sprengungen sind noch schlimmer als in anderen Gebieten der Erde, weil die Natur in der Kälte bis zu zehnmal länger braucht, um die menschlichen Eingriffe wieder in ein natürliches Gleichgewicht zu bringen.

Wir befinden uns in einem sehr empfindlichen Teil der Erde, in dem Menschen nur unter sehr schwierigen Bedingungen leben können. So wundert es sicher nicht, daß nördlich der 10°C-Juli-Linie weltweit nur knapp 100 000 Menschen in Dauersiedlungen leben.
Eskimo heißt auf deutsch „Rohfleischesser". Der Name wurde ihnen von den Europäern gegeben. Sie selbst nennen sich INUIT = „Mensch" und sind darauf, wie auf ihre für uns ungewöhnliche Sprache, zu Recht sehr stolz. Sie sind die einzigen Menschen, die in diesem „unmenschlichen" Klima seit Jahrtausenden in riesigen Entfernungen voneinander überlebt und einen eigenen Volksstamm mit einer vielfältigen Kultur erhalten haben.

1. Erklärt, was ein Permafrostboden ist.

2. Betrachtet das Klimadiagramm. Was könnt ihr über das Klima, in dem die Eskimos leben, aussagen?

Kältefalle

Das Innere eines Iglu

Leben unter Eskimos bedeutet ein Leben mit extremen natürlichen Bedingungen für Mensch und Tier. Acht bis zehn Monate lange Winter mit Dauerfrost bis zu −60 °C prägen die Menschen genauso wie die lange Zeit ohne Tageslicht. Der Sommer ist kurz und der Herbst häufig kaum spürbar. Obwohl die Niederschläge gering sind, weht ständig ein feuchter scharfer Wind. Die fast baumlose Landschaft – genannt *Tundra* – bietet keinen Schutz für Lebewesen aller Art. Es gibt kaum Kleintiere im dünnen Oberboden, wenn überhaupt welcher vorhanden ist. In der kalten Luft ist nur geringfügig Verwesung und Verrottung festzustellen, so daß neuer Boden kaum nachwächst. Die Verbreitung von Pflanzen- und Tierleben ist begrenzt, und das Wenige, was da ist, ist in jahrtausendelanger Lebensgemeinschaft aufeinander „eingespielt". Das geringe Angebot ließ keine andere Wahl.

Die Eskimos sind ein wesentlicher Teil dieses „eingespielten" empfindlichen Tundra-Ökosystems. Sie müssen sehr behutsam darin leben, um zu überleben. Jedes übermäßige Eingreifen verursacht Schäden, die über viele Jahre nicht mehr zu reparieren sind.

Die Eskimos waren fast immer Halbnomaden. Sie waren mit Schlitten unterwegs, die sie selber zogen oder von Schlittenhunden ziehen ließen. Sie trugen beringte Schneeschuhe gegen das Einsinken im Schnee und fütterten die Schuhe mit Sommerheu von hartem Sumpfgras. Sie jagten vor allem Robben, aber auch Polarfüchse, Rentiere und Wale. Fisch zählte zur Grundnahrung der Eskimos. Vor der Einführung der Gewehre gab es eine genau festgelegte Arbeitsteilung unter den Eskimos. Die Jagdreviere waren nach Familien abgesteckt. Zwei bis zehn Familien hatten ein bestimmtes Jagdgebiet. Die ganze Familie – also auch Frauen und Kinder – waren an der Jagd beteiligt. Im Sommer errichteten die Eskimos Fellzelte oder Erdhütten, in die sie in der Regel wieder zurückkehrten. Auch das Winterquartier wurde immer wieder aufgesucht, denn es ist nicht leicht und kostet Zeit, ein *Iglu* (Schneehaus) zu bauen. Iglus sind einmalig in der Welt. Raffiniert erdacht ist die Kältefalle, in der sich die kalte Luft, die zu Boden sinkt, sammelt. Ohne Kältefalle würde sich die kalte Luft am Boden des Iglu sammeln. Die Eisquader werden spiralförmig aufeinandergelegt und mit der warmen Hand, nach Fertigstellung auch durch Specklampe und Körperwärme, „verklebt". Die Bewohner wickeln sich zum Schlafen in Rentierfelle.

Bau eines Iglu

Eskimofamilie vor dem Iglu

Das Leben der Eskimos verändert sich

Die Einführung von Gewehren vor rund hundert Jahren brachte die ersten großen Veränderungen bei den Eskimos. Doch vor allem seit dem Ende des 2. Weltkriegs hat sich das Leben der Eskimos grundlegend gewandelt. Die Arktis wurde erschlossen. Militärbasen, Wetter- und Radiostationen wurden gebaut, Bodenschätze wurden und werden gefördert. Aus den USA und aus Europa werden Außenbordmotoren, Kettensägen, Motorschlitten geliefert. In den Läden der kleinen Orte finden Eskimos fast alles, was sie zum täglichen Leben benötigen, wie Konserven, Zucker und Mehl, aber auch Kleidung und Schuhe. Viele Eskimos sind seßhaft geworden und leben in kleinen Siedlungen statt in Iglus und Zelten.

Doch mit dem Fortschritt kamen auch Probleme. Die Erschließung des Nordens zerstörte oft die Jagdgebiete der Eskimos. Sie sind nun darauf angewiesen, als Arbeitnehmer ihren Lebensunterhalt zu verdienen. Es gibt immer noch zuwenig Arbeitsplätze, und viele Eskimos sind arbeitslos.

Itimangnark, ein Eskimo vom Stamm der Netsilik (das heißt „Volk der Seehunde") in Kanada kritisiert diese Entwicklung, da sie neben Erleichterungen im Leben der Eskimos auch viele Nachteile bringt:

„Mit den Weißen kamen auch deren Krankheiten und der Alkohol. Die Weißen kommen, aber sie gehen wieder. Wir aber bleiben hier. Wir sind es, die für all diese Eingriffe zahlen müssen. Wir haben schnell gelernt, Tiere in Fallen zu fangen. Noch rascher haben wir gelernt, mit Gewehren umzugehen. Mit Gewehren kann man einfacher und schneller jagen. Daher finden wir heute kaum noch Wild. Die Straßen zerschneiden unser Jagdrevier. Werden Rentiere durch den Lärm der Fahrzeuge aufgeschreckt, rennen sie fast eine Stunde und verlassen das Jagdrevier. Vor vielen Jahren haben wir aus den Stromschnellen der Flüsse leicht über zweihundert Fische am Tag fangen können. Im letzten Sommer waren drei Tage nötig, um fünfzig Fische zu fangen. Überall an den Straßen finden wir Vogelkadaver, vier, fünf an einem Platz – Sonntagsjäger! Früher haben wir uns selbst versorgt oder vom Verkauf der Felle gelebt. Aber in der letzten Zeit sind die Fellpreise so niedrig, daß ich nicht einmal mehr genügend Munition kaufen kann. Nun bekomme ich Arbeitslosengeld von der Regierung, wie die meisten Männer hier. Es gibt kaum Arbeit. Nur wenige finden Beschäftigung bei den militärischen Stützpunkten, Radar- und Wetterstationen oder bei den Straßenbaufirmen. Einige von uns fertigen Figuren aus Walroßzahn oder Speckstein für die Touristen."

1. Vergleicht die frühere Lebensweise der Eskimos mit der heutigen. Denkt an Wohnung, Kleidung, Nahrung, Werkzeuge, Arbeit usw.

2. Zählt auf, womit die Eskimos heute ihren Lebensunterhalt verdienen.

3. Die Eskimos fertigen Kunstgegenstände an, von deren Verkauf viele Familien leben. Informiert euch darüber. Versucht, solche Kunstgegenstände zu zeichnen oder selbst zu fertigen.

4. Macht ein Rollenspiel: Eine Eskimofamilie, die noch weitgehend nach den alten Regeln ihres Volkes lebt, überlegt, ob sie seßhaft werden und sich dem „modernen" Leben anpassen soll. Sie diskutiert Vor- und Nachteile der beiden Lebensformen.

Eskimosiedlung heute

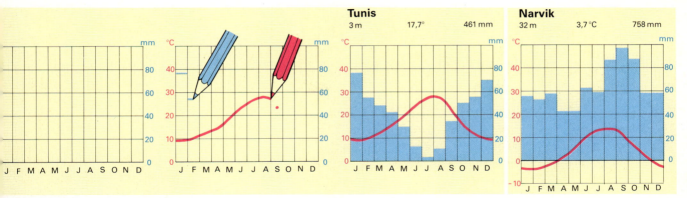

Tunis
3 m   17,7°   461 mm

Narvik
32 m   3,7 °C   758 mm

Wir zeichnen ein Klimadiagramm

Wir haben erfahren, wie wichtig die Temperatur und die Niederschläge für Menschen, Tiere und Pflanzen sind. Je heißer es ist, desto mehr Niederschläge müssen fallen, um die Pflanzen ausreichend mit Wasser zu versorgen. Dabei ist auch wichtig, daß der Regen fällt, wenn die Pflanzen wachsen. Die Temperaturen und Niederschläge werden deshalb für jeden Monat einzeln angegeben. In der Klimatabelle bedeuten die Buchstaben in der ersten Zeile die Monate (so steht J für Januar, F für Februar usw.). Die oberen Zahlen stehen für die durchschnittlichen Temperaturen in dem jeweiligen Monat, die unteren für die Niederschläge. Ganz rechts stehen die Werte für die Temperatur und die Niederschlagsmenge, die im Durchschnitt des ganzen Jahres gilt.
Klimatabellen sind aber schwer zu beurteilen, wir wollen daher ein Klimadiagramm zeichnen: Zuerst ziehen wir eine waagrechte Linie (6 cm lang), unter die wir die Anfangsbuchstaben der Monate schreiben. Vom linken Ende aus zeichnen wir senkrecht nach oben eine Linie, auf der wir die Temperaturen eintragen (10 °C – 1 cm). An die rechte Seite zeichnen wir ebenfalls eine Linie; dort tragen wir die Niederschläge auf (20 mm – 1 cm).
Nun tragen wir für jeden Monat die Temperatur mit einem roten und die Niederschläge mit einem blauen Farbstift ein. Ist dies geschehen, verbinden wir die eingetragenen Temperaturwerte zu einer roten Kurve. Unter den Niederschlagswerten zeichnen wir blaue Säulen bis zu der waagrechten Linie ein.

1. In welchen Klimazonen liegen die unten genannten Orte?

2. Fertige nach der Tabelle unten Klimadiagramme an.

Klimawerte

Station (Höhe über NN)		J	F	M	A	M	J	J	A	S	O	N	D	Jahr
Emden (0 m)	°C	1	1	4	7	11	15	17	17	14	10	5	2	9
Bundesrepublik Deutschland	mm	62	49	41	46	64	62	94	91	72	69	71	60	771
Debundscha (10 m)	°C	26	26	27	27	27	26	25	24	24	25	26	26	26
Kamerun	mm	357	434	469	519	618	1334	1417	1285	1449	1306	605	384	10177
Kufra-Oasen (381 m)	°C	12	15	19	23	28	30	30	31	28	24	19	14	23
Libyen	mm	0	1	0	0	0	0	0	1	0	0	0	0	2
Tromsö (115 m)	°C	−4	−4	−3	0	4	9	12	11	7	3	0	−2	3
Norwegen	mm	96	79	91	65	61	59	56	80	109	115	88	95	994
MacMurdo (45 m)	°C	−3	−9	−18	−23	−23	−25	−27	−29	−23	−20	−10	−4	−16
Antarktis	mm	11	4	6	6	13	5	5	11	12	8	6	7	94

3 Menschen gestalten ihre Lebensbedingungen

Staatenbildung im alten Ägypten

Viele Reisebüros bieten in ihren Prospekten Urlaubsreisen nach Ägypten an. Sie werben ihre Kunden jedoch nicht nur mit Sonne, Meer und Strand. Vielmehr fahren Jahr für Jahr viele Touristen dorthin, um die Pyramiden, das Tal der Könige und andere eindrucksvolle Überreste der altägyptischen Kultur zu besuchen.

In einem schmalen Uferstrich entlang des Nils, umgeben von Wüste entstand vor 5000 Jahren ein hochentwickelter Staat, der fast 3000 Jahre überdauerte.

Wer waren diese Menschen am Nil? Wie entstand dieser Staat? Und wie haben sie gelebt? Die Antwort auf diese Fragen bekommt ihr in diesem Kapitel.

1. *Informiert euch mit Hilfe von Reiseprospekten und Reiseführern. Dort findet ihr Namen vieler berühmter Orte in Ägypten. Versucht herauszufinden, welche bekannten Bauwerke sich dort jeweils befinden.*

2. *Welche Ideen habt ihr bei dem Wort „Ägypten"? Schreibt Stichworte und was euch dazu einfällt, auf. Vielleicht habt ihr auch Bilder von Ägypten. Macht eine Collage mit den Stichwörtern und den Bildern.*

„Ein Geschenk des Nils"

Ein weitgereister Geschichtsschreiber des Altertums, der Grieche Herodot, nannte Ägypten „ein Geschenk des Nils" – ein rätselhafter Ausspruch. Um ihn zu verstehen, werfen wir einen Blick auf die Landkarte.

Im Nordosten Afrikas erstrecken sich weite Wüstengebiete. Menschen können nur dort leben, wo sich Wasser findet: in Oasen. Der Nil, ein großer Strom, durchquert dieses Wüstengebiet, ehe er in das Mittelmeer mündet; er liefert Ägypten das lebensspendende Wasser. Im Quellgebiet des Flusses in Zentralafrika regnet es im Frühjahr sehr stark. Von Juni an überflutet dann Hochwasser drei Monate lang den Talgrund. Die Ägypter freuten sich auf diese Überschwemmung, denn der Fluß lagerte auf den Feldern feinen Schlamm ab, in den man ab September säen und pflanzen konnte. Der Nilschlamm düngte den Boden und sicherte reiche Ernten: Je höher das Wasser stieg, desto besser war der Ertrag.

So fand eine große Zahl von Menschen auf engem Raum Ernährung und Auskommen. Freilich konnten sie nur in gemeinsamer Arbeit mit den Naturgewalten fertig werden. Höher oder weiter vom Nil entfernt gelegene Gebiete mußten durch Kanäle und Schöpfräder mit Wasser versorgt werden. Die Dörfer mußten mit Deichen gegen das Hochwasser geschützt werden. Für die Zeit zwischen den Ernten und für den Fall von Mißernten galt es Vorräte anzulegen. Die Grenzen der Felder wurden alljährlich durch die Überschwemmung weggerissen und mußten neu festgelegt werden.

Diese Arbeiten erforderten Planung und Organisation. Die Führung in einem Dorf hatte der Häuptling. Er beobachtete das Wetter und traf Maßnahmen gegen Überschwemmungen und Dürre. In der Bevölkerung entstand daher die Meinung, er habe Macht über das Wasser und besäße demnach göttliche Kräfte. Dadurch nahm der Einfluß der Häuptlinge weiter zu. Allmählich wuchsen auch ihre Aufgaben. Die Bewohner der Dörfer mußten vor umherziehenden Räubern geschützt, Verbrecher bestraft, Streitigkeiten zwischen Bewohnern oder Dörfern geschlichtet werden. Dafür brauchte man bald auch Soldaten und Beamte; sie wurden für ihre Tätigkeit mit einem Teil der Ernte und des Viehs entlohnt. Das wiederum überforderte ein einzelnes Dorf und dessen Häuptling. So entstanden durch Zusammenschlüsse, aber auch durch Eroberungen schließlich die Königreiche Ober- und Unterägypten, die um 3000 v. Chr. zu einem Reich vereinigt wurden.

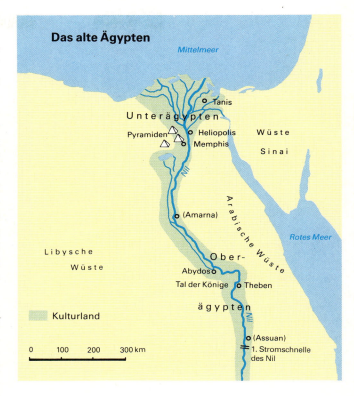

Das alte Ägypten

1. Sucht im Atlas eine Karte von Afrika. Wo liegt Ägypten? Verfolgt den Lauf des Nils. Zeichnet eine Karte von Ägypten.

2. Betrachtet die Karte des alten Ägypten. An welchen Stellen ist Ackerbau möglich? Meßt die Ausdehnung des Kulturlandes nach seiner Breite und Länge. Vergleicht das Ergebnis mit der Entfernung zwischen deutschen Städten.

3. Herodot nannte Ägypten „ein Geschenk des Nils". Wenn ihr den Text aufmerksam gelesen habt, könnt ihr erklären, warum. Wer war Herodot? Informiert euch.

Vom Leben im alten Ägypten

Der größte Teil der Bevölkerung arbeitete in der Landwirtschaft. Die Bauern bestellten nach der Nilschwemme mit einfachen Geräten ihre Felder. Sie bauten Getreide, Bohnen, Lein und Gemüse an, züchteten Geflügel und hielten einige Rinder. Datteln ergänzten den Speiseplan. Das Jahr über mußten die Bauern mit einfachen Schöpfwerken für die Bewässerung sorgen, während der Nilflut von Juli bis September wurden sie für Gemeinschaftsaufgaben, vor allem die großen Bauvorhaben, herangezogen. Die Bauern lebten in würfelförmigen Häusern. Sie waren aus Ziegeln errichtet, die aus Nilschlamm geformt und an der Sonne getrocknet wurden.

Die vielfachen Aufgaben, die sich im Alltag Ägyptens stellten, setzten besondere Kenntnisse und Fertigkeiten voraus. So entwickelte sich eine ganze Reihe von Handwerken und Berufen, die von den Überschüssen der Landwirtschaft ernährt werden konnten.

Bauern, Handwerker und Arbeiter waren dem „Schreiber" verantwortlich, der die Güter verwaltete, zu denen ein Dorf gehörte. Die Arbeit der Hirten, Fischer, Vogelfänger und Totengräber wurde wenig geachtet. In den Steinbrüchen oder in den Bergwerken mußten meist Kriegsgefangene arbeiten.

Wir finden somit im alten Ägypten eine arbeitsteilige Gesellschaft mit einer deutlichen sozialen Gliederung vor.

Tenti und Imeretef; Grabplastik aus Kalkstein, um 2400 v. Chr. (Ägyptisches Museum – Preußischer Kulturbesitz, Berlin)

Jedes Dorf stellte die Dinge, die es für den täglichen Bedarf brauchte, zum größten Teil selbst her. Aus den Nachbarländern führten die Ägypter Luxusartikel für den königlichen Hof und die Tempel ein, ebenso Rohstoffe, die in Ägypten nicht vorkamen: Holz für den Schiffbau aus dem Libanon, Kupfer und Halbedelsteine vom Sinai, Alabaster aus den Wüstengebieten. Kaufleute tauschten diese Handelsgüter gegen ägyptische Erzeugnisse ein. Geld war noch nicht bekannt.

Bäuerliche Arbeiten. Wandbild aus dem Grab des Aufsehers Nacht (um 1500 v. Chr.).

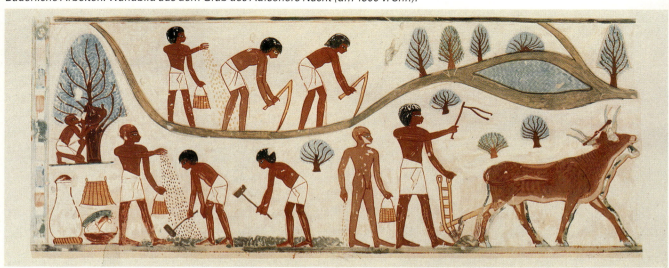

Herrscher über Land und Menschen: der Pharao

Über allen Ägyptern stand der *Pharao*. Er galt als der Sohn des obersten Gottes Amun-Re. Ihm gehörte alles Land, und alle Menschen mußten seinen Befehlen gehorchen.

Das Herrscheramt wurde innerhalb einer Familie vererbt: auf den Sohn, nach alten Rechtsvorstellungen oft auch auf den Mann der ältesten Tochter. In wenigen Fällen waren auch Frauen Königinnen. So hält ein großer Grabtempel die Erinnerung an die Königin Hatschepsut lebendig. Eine Familie, die über einen längeren Zeitraum den Herrscher stellt, nennt man *Dynastie*. Nach ihnen wird die Geschichte Ägyptens unterteilt – man zählt 31 Dynastien in fast 3000 Jahren. Der König lebte mit seiner Gattin und den Nebenfrauen in weitläufigen Palastanlagen aus Stein, umgeben von Bediensteten, Musikanten, Tänzerinnen und Künstlern, weit herausgehoben aus dem Volk. Der König war oberster Gesetzgeber, Richter, Heerführer und Priester. Seine Verwaltung hatte dafür zu sorgen, daß die gemeinschaftlichen Bauaufgaben durchgeführt wurden und daß die Wasserverteilung klappte; für Jahre mit schlechter Ernte mußten in allen Landesteilen Vorratsspeicher unterhalten werden. Je höher die Stellung eines Beamten war, desto größer war seine Macht. Eine wichtige Rolle spielten auch die Priester. Sie hatten oft wichtige Aufgaben in der Lenkung des Staates und verwalteten die reichen Tempelgüter.

So gehörte der Pharao zu der Welt der Götter und zu der Welt der Menschen; und man betrachtete ihn als eine Brücke zwischen beiden Welten. Unter den Hunderten der ägyptischen Götter gab es nicht wenige, die Erscheinungsformen der Natur darstellten und etwa den Himmel, die Erde, die Luft oder den Nil und sein Geschenk der Fruchtbarkeit symbolisierten. Und der König, der aus ihrer Mitte kam, konnte allein das harmonische Verhältnis seiner Untertanen mit den Göttern und den Kräften der Natur herstellen, von denen ihre ganze Existenz abhing.[1]

Frühzeit	1. und 2. Dynastie	2920 – 2650 vor Christi Geburt
Altes Reich	3. bis 8. Dynastie	2650 – 2150 vor Christi Geburt
1. Zwischenreich	9. und 10. Dynastie	2150 – 2040 vor Christi Geburt
Mittleres Reich	11. bis 14. Dynastie	2040 – 1640 vor Christi Geburt
2. Zwischenreich	15. bis 17. Dynastie	1640 – 1550 vor Christi Geburt
Neues Reich	18. bis 20. Dynastie	1550 – 1070 vor Christi Geburt
3. Zwischenreich	21. bis 24. Dynastie	1070 – 712 vor Christi Geburt
Spätzeit u. Untergang	25. bis 31. Dynastie	712 – 332 vor Christi Geburt

1. In den beiden Texten auf dieser Doppelseite habt ihr von vielen verschiedenen Gruppen der ägyptischen Gesellschaft erfahren. Erklärt, welche Aufgaben sie hatten.

2. Was sagt die Quelle über die hervorgehobene Stellung des Pharaos aus? Erklärt mit eigenen Worten.

Goldsarg aus dem Grab des Pharaos Tutanchamun (regierte von 1332 bis 1323 v. Chr.; Ägyptisches Museum Kairo). Der Krummstab des Hirten und die Geißel sind Zeichen der königlichen Macht.

Die Hieroglyphenschrift

Um 3000 v. Chr., zur Zeit der ersten Pharaonen, erfanden die Ägypter eine Bilderschrift. Wir nennen sie Hieroglyphen (griechisch = heilige Zeichen). Die Schrift war wesentlich für die Entwicklung der ägyptischen Hochkultur. Landvermessungen, die Verwaltung der Steuereinnahmen und der Vorräte waren nur durch eine Schrift sinnvoll durchzuführen. Sie ermöglichte es, das Land zu regieren und das Wissen an spätere Generationen weiterzugeben. Reine Bildzeichen wandelten sich im Lauf der Zeit zu Lautzeichen. Damit die Konsonantengruppen – denn Vokale wurden nicht geschrieben – eindeutig lesbar wurden, erhielten sie Deutzeichen beigestellt.

Die Hieroglyphen wurden in Baudenkmäler und in Stein eingemeißelt. Für den alltäglichen Gebrauch hatten die Ägypter einen Schriftträger, der besser zu handhaben war: Sie schrieben mit Farbe und kleinen Rohrfedern auf *Papyrus* – der Name läßt es anklingen –, einen Vorläufer unseres Papiers: Das Mark einer Sumpfpflanze wurde in dünne Streifen geschnitten, die über Kreuz aufeinandergelegt, gehämmert, gepreßt und dann geglättet wurden. Während des Altertums war der Gebrauch von Papyrus weit verbreitet. Die Bedeutung der Hieroglyphen war allerdings nach dem Ende des ägyptischen Reiches bald in Vergessenheit geraten.

Da die Schrift so überaus wichtig für die ägyptische Verwaltung war, gehörte der Beruf des Schreibers zu den angesehensten in der Gesellschaft. Schreiben zu können bedeutete, Macht zu besitzen. Doch es war nicht einfach, diesen Beruf zu ergreifen. In der Regel konnten nur Jungen Schreiber werden. Ihre Ausbildung begann im Alter von 5 Jahren. Sie dauerte 10 bis 12 Jahre und bestand in 10 bis 12 Stunden täglicher Schreibübungen (Diktate oder Abschriften). Man fand sogar Hefte aus Schreibschulen mit Korrekturen am Rand der Zeilen! Doch die Anstrengungen lohnten sich: Dem Schreiber war eine Stellung sicher, die ihm Ansehen und Reichtum verschaffte.

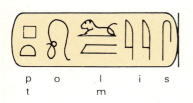

Der Name des Ptolemäus auf dem Drei-Sprachen-Stein von Rosette, einer Stadt im Nildelta

Sekhema, Aufseher der Schreiber, und seine Verlobte (um 2500 v. Chr.; Museum Northampton). Auf den Knien breitet er eine Schriftrolle aus Papyrus aus.

Ein Vater ermahnt seinen Sohn in der Schreiberschule (um 1300 v. Chr.)

„... Ich habe den Erzarbeiter über seiner Arbeit beobachtet, an der Öffnung seines Schmelzofens. Seine Finger sind krokodilartig, er stinkt mehr als Fischlaich. Jeder Holzarbeiter, der den Meißel führt, ist müder als ein Ackersmann ... Der Barbier schert noch spät am Abend, geht in alle Winkel und Ecken, von Straße zu Straße, um einen zu suchen, den er barbiere ... Der Töpfer steckt in seinem Lehm; der beschmiert ihn mehr als ein Schwein, bis er seine Töpfe gebrannt hat ... Der Wäscher wäscht auf dem Uferdamm, sein Nachbar ist das Krokodil ... Siehe, es gibt keinen Beruf, in dem einem nicht befohlen wird, außer dem des Beamten; da ist er es, der befiehlt. Wenn du schreiben kannst, wird dir das mehr Nutzen bringen als alle die Berufe, die ich dir dargelegt haben. Nützlich ist dir schon ein Tag in der Schule, und eine Ewigkeit hält die in ihr geleistete Arbeit vor, wie Berge ..."[2]

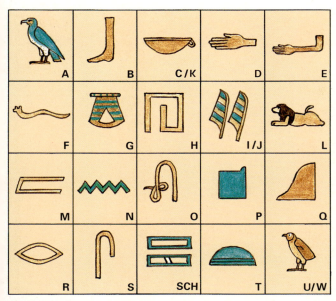

Ägyptische Schriftzeichen. Die Vokale wurden erst später eingesetzt.

Der „Stein von Rosette" ▶

Champollion entziffert die Hieroglyphen

Mit Napoleon, der Ägypten erobern wollte, kam 1798 auch eine Schar von Gelehrten nach Ägypten. Der Feldzug Napoleons war zwar ein Fehlschlag, doch brachten die Wissenschaftler viele Dinge mit nach Europa zurück, die für die Erforschung der ägyptischen Kultur sehr wichtig waren. Unter diesen Dingen war auch der „Stein von Rosette", ein schwarzer Stein in der Größe einer Tischplatte, der mit drei verschiedenen Arten von Schriftzeichen bedeckt ist, die aber alle denselben Text wiedergeben: Im oberen Drittel ist der Text in Hieroglyphen geschrieben, im mittleren Drittel in einer ägyptischen Schrift aus späterer Zeit und im unteren Drittel in griechischer Schrift. Mit diesem Stein gelang es 1822 dem Franzosen François Champollion, die Hieroglyphen zu entziffern.

Der griechische Text, der sofort lesbar gewesen war, hatte völlig Klarheit gegeben. Da nun, wo in der hieroglyphischen Inschrift der Name des Königs etwa vermutet werden durfte, fand sich eine Zeichengruppe, die in einen ovalen Ring eingeschlossen war, den man sich angewöhnte, „Cartouche" zu nennen. Lag es nicht auf der Hand, in dieser „Cartouche", der einzigen Hervorhebung, das Wort zu vermuten, das eben einer Hervorhebung würdig war, den Namen des Königs? Sieht es nicht nach der Arbeit eines intelligenten Schülers aus, die Buchstaben des Namens Ptolemäus unter die entsprechenden hieroglyphischen Zeichen zu ordnen und damit (...) acht hieroglyphische Zeichen mit acht Buchstaben zu identifizieren?[3]

Mit den so gewonnenen Zeichen war es möglich, die Namen weiterer Pharaonen aus anderen Inschriften zu entziffern – ein Anfang war gemacht.

1. *Erklärt, warum die Schrift für die Ägypter so wichtig war. Wo wurde sie benutzt? Wie sähe unser Alltag ohne Schrift aus?*

2. *Wie wirken Gesichtsausdruck und Haltung des Schreibers auf euch? Lest zur Erklärung auch den Quellentext auf der linken Seite.*

3. *Versucht, mit Hilfe der abgebildeten Hieroglyphen euren Namen zu schreiben.*

Die Sorge für den Weg ins Jenseits

Die Ägypter verehrten eine Vielzahl von Gottheiten; jede
Gegend hatte ihren Schutzgott, jede Gottheit wurde für
einen bestimmten Lebensbereich angerufen. Man stellte
sich die Götter in menschlicher Gestalt vor, sie konnten
aber auch in Tierkörper schlüpfen – Abbildungen zeigen
oft seltsame Mischwesen. In den Erzählungen von den
Göttern und Göttinnen taucht oft das Werden und Vergehen des Lebens auf, das den Menschen durch den Lebens-
rhythmus im Niltal immer gegenwärtig war.

Die Ägypter glaubten, daß jeder Mensch eine Seele be-
sitze, die nach seinem Tod im Jenseits weiterlebe. Zuvor
mußten die Verstorbenen jedoch ein strenges Totengericht bestehen. Ihr Herz, aus dem die guten und schlechten
Taten hervorgingen, wurde in der „Halle der Wahrheit"
gegen eine Feder abgewogen. Nur wenn das Herz nicht
schwerer als die Feder war, durfte die Seele ins Jenseits
eingehen. Der Körper eines Verstorbenen sollte als „Ge-
häuse" für die Seele erhalten bleiben. Der Leichnam wurde
einbalsamiert: Man entfernte die Eingeweide, trocknete
den Körper mit Natronsalz aus und tränkte ihn dann mit
wertvollen Ölen und Harzen. Mit Leinenbinden umwickelt
und mit Glücksbringern geschmückt, wurde diese *Mumie*

dann in einen bemalten Sarg gelegt. Auch brauchte die
Seele für ihren Aufenthalt ein Haus: Die Gräber wurden
deshalb wie Wohnungen mit Möbeln, Geräten und schönen Gegenständen ausgestattet, kleine Tonfiguren standen als Diener bereit. An den Wänden des Grabes schilder-
ten Gemälde die irdische Tätigkeit des Verstorbenen. Die
Ägypter waren bereit, für die Ausstattung ihres Grabes
einen hohen Preis zu bezahlen. Ein einfacher Arbeiter ließ
sich die Grabausstattung etwa 40 Monatslöhne kosten, ein
niedriger Beamter schon 100. Das Grab eines Pharaos war
unermeßlich teuer. Allein der goldene Sarg des Tutanchamun, der innerste von drei Särgen, hatte einen Wert von
35 000 Monatslöhnen eines Arbeiters.

Im trockenen Klima Ägpytens sind Mumien und Grabbeigaben bis heute oft unversehrt erhalten geblieben. Zahlreiche Gräber konnten von den Wissenschaftlern freigelegt
und untersucht werden. Sie belegen die verfeinerte Lebensweise der Menschen und die erstaunliche Kunstfertig-
keit der Handwerker. Nur wohlhabende Ägypter konnten
sich so aufwendige Bestattungen leisten. Trotzdem geben
uns die mit großer Liebe für Einzelheiten dargestellten
Szenen auch ein anschauliches Bild vom Alltag der einfachen Menschen.

Bauwerke für die Ewigkeit

Wenn das Stichwort „Ägypten" fällt, denken viele Menschen zuerst an die *Pyramiden*. Es gibt etwa 60 davon; am bekanntesten sind die Pyramiden von Gise am westlichen Stadtrand von Kairo. Sie wurden um 2600 v. Chr., zur Zeit des Alten Reiches, als Grabstätten für die Könige erbaut. Die Cheops-Pyramide hat eine Höhe von 147 m; sie ist auf der Grundfläche eines Quadrates von 230 m Seitenlänge errichtet, das nie mehr als 2 cm vom rechten Maß abweicht. Über 2 300 000 Kalksteinblöcke wurden ohne Mörtel übereinandergeschichtet. Jeder von ihnen wiegt etwa 2,5 t. Wäre sie hohl, könnten die Marktkirche von Hannover oder der Petersdom in Rom leicht darin stehen, ohne hinauszuragen. Wie wurden die Pyramiden erbaut? Werkzeuge aus Eisen waren damals noch unbekannt; es gab weder Wagenräder noch Kräne. Die Ägypter errichteten für den Transport der schweren Blöcke Rampen aus Sand und Lehmziegeln, die sie mit dem wachsenden Bauwerk immer weiter erhöhten. Auf dieser schiefen Ebene wurden die Steine mit Menschenkraft, unterstützt durch Rollen, einfache Hebel und Seile, hochgeschleppt.

Bau einer Pyramide

Schnitt durch eine Pyramide

Luftschacht

Luftschacht

Decksteine

Grab-
kammer
des Königs

Große
Halle

Stollen-
eingang

unvollendete
Grabkammern

Verschlußsteine

230 m

1. *Auf der linken Seite seht ihr die Darstellung eines Totengerichts. Was könnt ihr erkennen? Spielt ein Totengericht nach. Was könnte dem Verstorbenen vorgeworfen werden? Was könnte er zu seiner Verteidigung vorbringen?*

2. *Seht in Büchern nach. Welche Gottheiten wurden in Ägypten verehrt? Wofür waren sie „zuständig"? Wie wurden sie dargestellt? Erkennt ihr auf der Abbildung des Totengerichts einen der Götter? Beschreibt seine besonderen Merkmale.*

3. *Betrachtet den Schnitt durch die Cheops-Pyramide: Einige Gänge enden in leeren Grabkammern; in der Großen Halle und im Hauptzugang wurden große Steine nur ganz locker in der Decke befestigt. Welchen Sinn konnten solche Fallen haben?*

Die Scheintür der Prinzessin Wenschet (um 2400 v. Chr.)

In die Außenwände ägyptischer Beamtengräber der Pyramidenzeit sind „Scheintüren" eingebaut – steinerne Nachbildungen von Haustüren. Die abgebildete Scheintür ist 223 cm hoch und 147 cm breit. Der Durchgang in der Mitte besteht massiv aus Stein. Kein lebender Mensch kann durch diese Tür das Grab betreten. Über dem Durchgang ist eine Rolle zu erkennen: Jede ägyptische Haustür besaß einen Vorhang aus Schilf, der nach oben aufgerollt werden konnte.

In der Vorstellung der Ägypter waren die Gräber Häuser, in denen die Seelen der Toten weiterlebten. Dazu brauchten sie neben ihren Grabbeigaben Nahrung. Die Nachkommen oder die Totenpriester brachten deshalb Nahrungsmittel als Opfergaben zum Grab und legten sie vor der Scheintür nieder. Dann konnten die Seelen der Toten durch die Scheintür aus dem Grab heraustreten und sich bedienen.

Auf der Scheintür sind als Reliefbilder die Prinzessin Wenschet, ihre Familienangehörigen und ihre Diener dargestellt. Aus diesen Darstellungen und den dazugehörigen Hieroglypheninschriften erfahren wir zahlreiche Einzelheiten über Wenschet und ihre Zeit. In ihrem Grab neben der Cheopspyramide wurde 1914 bei Ausgrabungen diese Scheintür gefunden.

Das obere Feld zeigt Merit-itz-es (siehe rechte Seite) mit ihrem Sohn Ka-aper, der noch ein kleiner Junge ist. Vor ihnen steht ein Totenpriester. In den beiden Feldern darunter bringen fünf Dienerinnen und ein Diener Opferbrote in Körben zum Grab. Im untersten Feld ist eine Antilope dargestellt, die zum Grab geführt wird und ebenfalls als Nahrung für die Prinzessin Wenschet im Jenseits dienen soll.

Scheintür der Prinzessin Wenschet (ausgestellt im Roemer- und Pelizaens-Museum Hildesheim)

Oben, im mittleren Feld, sitzt Prinzessin Wenschet vor ihrem Speisetisch. Die Inschrift nennt die Opfergaben, die sie in ihr Leben nach dem Tod mitnehmen will:
1000 Rinder, 1000 Antilopen, alle süßen Dinge, alle Arten Gemüse, Wein, Brote, Früchte, Natronsalz zum Reinigen des Mundes und kühles Wasser.

Die große Figur auf der rechten Seite stellt Prinzessin Wenschet dar. Die Inschrift beginnt links oben mit den Worten „zat-nisut net hetef" = „leibliche Königstochter" und endet in der dritten Spalte unten mit dem Namen:

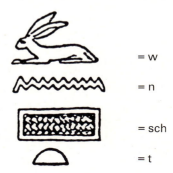

= w

= n

= sch

= t

Ins Deutsche übertragen heißt Wenschet übrigens „Die Wölfin" – genauso, wie es bei uns den männlichen Vornamen „Wolf" gibt.
Links neben Wenschet steht ihre Tochter Merit-iti-es. Unter ihr sind zwei Diener abgebildet, die Opfergaben bringen – der linke eine gebratene Rinderkeule.

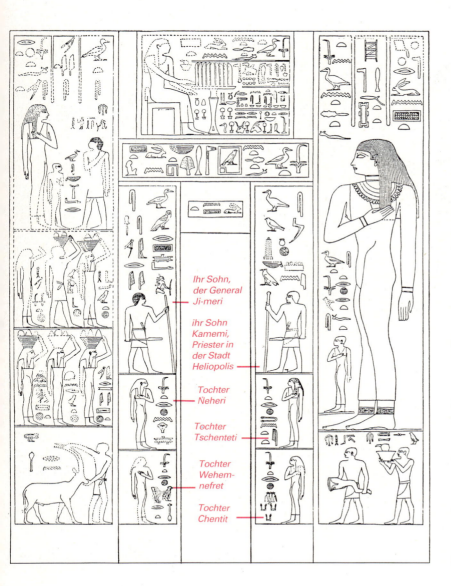

Ihr Sohn, der General Ji-meri

ihr Sohn Kamemi, Priester in der Stadt Heliopolis

Tochter Neheri

Tochter Tschenteti

Tochter Wehem-nefret

Tochter Chentit

1. *Wie viele Kinder hatte die Prinzessin Wenschet?*

2. *In welchem Verhältnis steht der links oben abgebildete Ka-aper zur Prinzessin Wenschet?*

3. *Welcher Familienangehörige ist auf der Scheintür merkwürdigerweise nicht abgebildet?*

4. *Der Name Wenschet steht dreimal in Hieroglyphen auf der Scheintür. Versucht herauszufinden, wo.*

Stadt und Land im Wandel

Auf dem Foto seht ihr die Stadt Buxtehude. Deutlich ist zu erkennen, wie sie im Lauf der Jahrhunderte gewachsen ist. In der Mitte, im Stadtkern, könnt ihr viele alte Fachwerkhäuser und eine gotische Kirche erkennen. Diese Gebäude entstanden im *Mittelalter*, sie sind der älteste noch sichtbare Teil der Stadt, um sie herum wuchs die Stadt bis zu der Größe und dem Aussehen, das sie heute hat. Wie die Menschen im Mittelalter in Stadt und Land lebten und wie sich das Leben bis heute verändert hat, erfahrt ihr in diesem Kapitel.

1. *Seht im Begriffslexikon nach. Was versteht man unter „Mittelalter"? Welchen Zeitraum umfaßt es? Mit welchen Ereignissen begann die Neuzeit? Dieses Buch erzählt davon!*

2. *Sammelt in der Klasse, was euch zu dem Begriff „Mittelalter" einfällt. Macht eine Liste aus den Antworten: Was kennen die meisten, was ist weniger bekannt?*

Eine mittelalterliche Stadt

Die Städte des Mittelalters unterschieden sich in vielem untereinander. Jede Stadt hatte ihren eigenen Charakter, den man auch heute oft noch in gut erhaltenen Altstadtkernen unserer Städte erkennen kann. Doch bei den vielen Unterschieden gibt es auch Gemeinsamkeiten.

Der Marktplatz: Er bot Platz für die Verkaufsstände der Händler, die sich an Markttagen aus dem Umland hier einfanden und ihre Waren anboten. Um ihn herum gruppierten sich die wichtigsten Geschäfte und Gasthöfe. Der Marktplatz war das geschäftliche Zentrum der Stadt.

Das Rathaus: Es lag meist am Marktplatz. Als Sitz der Stadtverwaltung war es ein herausragender Bau, der die Macht des Bürgertums unterstreichen sollte.

Der Mauerring: Er ist ein wichtiges Kennzeichen einer mittelalterlichen Stadt. Mauern, Türme und Wehrgänge verleihen der Stadt den Charakter einer Festung.

Die Burg: Sie war der Sitz des ursprünglichen Stadtherrn.

Die Kirche: Sie überragt alle anderen Gebäude der Stadt. Kirchenbauten zeugen vom Gemeinschaftssinn und der Frömmigkeit, oft auch vom Stolz der Stadtbewohner – man rechnete es sich zur Ehre an, das prächtigste Gotteshaus weit und breit errichtet zu haben.

Die Fachwerkhäuser: Sie waren die typische Bauform des Mittelalters und prägen das Bild der Stadt.

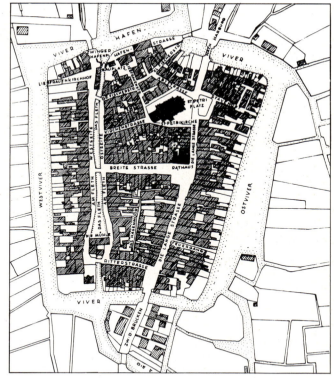

Alter Stadtplan von Buxtehude

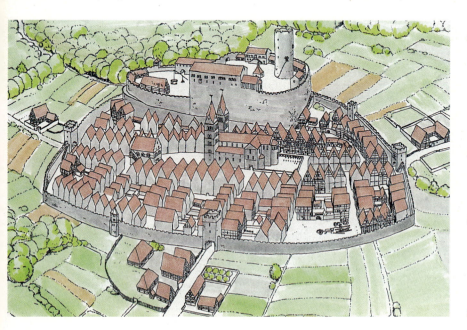

1. Betrachtet die Zeichnung links, und versucht, die oben beschriebenen wichtigen Gemeinsamkeiten von mittelalterlichen Städten zu bestimmen. Welche findet ihr im Stadtplan von Buxtehude?

2. Seht euch das Bild und den Plan auf dieser Seite an. Was haben die Städte gemeinsam, worin unterscheiden sie sich?

3. Plant eine Stadtrallye in eurem Ort oder in der nächstgelegenen Stadt. Wo findet ihr typische Bauwerke? Gibt es in eurem Ort Bauwerke, die aus dem Mittelalter stammen?

Eine Stadt entsteht

Im Mittelalter lebten die meisten Menschen auf dem Land. Es gab zwar einige Städte aus der Römerzeit, die meisten davon waren jedoch im frühen Mittelalter verfallen. Die mittelalterlichen Könige reisten von einem Ort zum nächsten und blieben jeweils einige Monate in einer Pfalz, einem befestigten Gutshof, wo sie Gerichts- und Hoftage abhielten. Nicht alles, was der König und sein Gefolge brauchten, konnte in der Pfalz hergestellt werden. Tuche, Glas, Waffen und Gewürze z. B. wurden oft bei Kaufleuten erworben, die sich in der Nähe der Pfalz niederließen, da sie dort sichere Abnehmer für ihre Waren fanden.

Nicht nur der Bedarf des Könighofes wurde bei ihnen gedeckt. Durch steigende Bevölkerungszahlen gab es immer mehr Menschen, die Nahrung, Kleidung und andere Dinge für das tägliche Leben brauchten. Vieles konnten und wollten sie nicht selbst herstellen. Auf diese Weise entstanden viele der ersten Märkte und Städte. Sie entwickelten sich nicht nur in der Nähe von Pfalzen, sondern auch an anderen günstigen Stellen, z. B. an einem Flußübergang, an der Kreuzung zweier Handelswege, in der Nähe eines Bischofssitzes oder an einer Flußmündung. Auch einige alte Römersiedlungen blühten wieder auf. Viele Marktflecken wurden im späten Mittelalter planmäßig von Fürsten und Königen gegründet, weil sie sich Vorteile von der Förderung des Handels und des Handwerks erhofften. Sie erkennt man meist am regelmäßigen Grundriß.

1. Im Text links sind mehrere Möglichkeiten beschrieben, wie im Mittelalter Städte entstanden. Ordnet diese Möglichkeiten der Abbildung auf dieser Seite zu. Welche Vorteile ergaben sich aus der jeweiligen Lage?

2. Osnabrück, Nienburg, Lüneburg, Celle, Goslar oder Hildesheim wurden im Mittelalter zu Städten. Sucht sie im Atlas. Überlegt mögliche Gründe, warum wohl gerade an diesen Stellen Städte gegründet wurden. Sucht weitere mittelalterliche Städte in Niedersachsen.

Der Herzog von Zähringen gründet die Stadt Freiburg im Breisgau

Kund sei allen, Zukünftigen wie Gegenwärtigen, daß ich, Konrad, in meinem Ort Freiburg einen Markt errichtet habe im Jahre 1120 nach der Geburt des Herrn. Mit den von überallher zusammengerufenen angesehenen Kaufleuten habe ich in einer beschworenen Vereinbarung beschlossen, daß sie die Marktsiedlung beginnen und ausbauen sollen. Daher habe ich jedem Kaufmann in der geplanten Marktsiedlung eine Hausstätte zugewiesen, auf der er ein eigenes Haus erbauen kann, und habe verfügt, daß mir und meinen Nachfolgern von jeder Hausstätte ein Schilling öffentlicher Münze jährlich am Martinstage zu zahlen sei. Es sei daher jedermann kund, daß ich auf ihre (der Kaufleute) Bitten und Wünsche hin folgende Rechte bewilligt habe ...

1. Ich verspreche Frieden und sichere Reise in meinem Machtbereich und Herrschaftsgebiet allen, die meinen Markt aufsuchen. Wenn einer von ihnen auf dieser Strecke beraubt wird, werde ich, wenn er den Räuber namhaft macht, entweder dafür sorgen, daß die Beute zurückgegeben wird, oder ich werde selbst zahlen.
2. Wenn einer meiner Bürger stirbt, soll seine Frau mit den Kindern alles besitzen und frei von allen Ansprüchen behalten, was ihr Mann hinterlassen hat.
3. Allen Marktsiedlern verleihe ich, daß sie an den Rechten meines Volkes und der Landsleute teilhaben sollen, soweit ich es vermag, damit sie insbesondere frei von aller Banngewalt die Weiden, Wasserläufe, Gehölze und Wälder nutzen können.
4. Allen Kaufleuten erlasse ich den Zoll.
5. Niemals werde ich meinen Bürgern einen neuen Vogt oder einen neuen Priester ohne ihre Wahl setzen, sondern wen sie dazu wählen, den sollen sie unter meiner Bestätigung haben.
6. Wenn sich zwischen meinen Bürgern ein Zwist oder Streit erhebt, soll er nicht nach meinem oder ihres Vorstehers Belieben entschieden werden, sondern soll gerichtlich verhandelt werden, wie es Gewohnheit und Recht aller Kaufleute, besonders aber derer von Köln ist ...[1]

◄ *Siegel der Stadt Hildesheim, um 1300*

Ursprünglich waren die Stadtbewohner Untertanen eines Stadtherrn: des Königs, des Landesherrn oder des Bischofs. Seit der zweiten Hälfte des 11. Jahrhunderts gelang es den Städten – entweder durch Aufstand oder durch finanzielle Leistungen –, immer mehr Hoheitsrechte der Stadtherrn in die Hand zu bekommen, bis sie sich schließlich selbst verwalten konnten. Im 13. Jahrhundert war die Stadt politisch und rechtlich autonom, d. h. unabhängig geworden.

Mit dem Aufstieg der Städte vollzog sich ein gesellschaftlicher Wandel. Das Bürgertum entwickelte sich als neuer Stand und gewann zunehmend an Bedeutung. Wesentliches Merkmal des Bürgers war seine persönliche Freiheit, die in dem Schlagwort „Stadtluft macht frei" zum Ausdruck kommt. Es bedeutet, daß ein Unfreier oder Knecht ein freier Bürger werden konnte, wenn er sich in der Stadt ansiedelte und wenn sein Grundherr nicht innerhalb einer bestimmten Frist (meist „binnen Jahr und Tag") Einspruch erhob.

---

3. *Das Siegel der Stadt Hildesheim zeigt den Stadtpatron Bischof St. Godehard (1022–1038). Was ist noch abgebildet? Erkundigt euch nach dem Wappen eures Heimatortes. Was ist darauf abgebildet?*

4. *Um zu erfahren, was früher war, muß man oft mit alten Texten arbeiten. Wir müssen diese Texte übersetzen, befragen, erklären, interpretieren. Doch wie befaßt man sich mit einem alten Text?*
   Die nachstehenden Fragen sollen euch dabei helfen, den nebenstehenden Text, einen Ausschnitt aus der Gründungsurkunde der Stadt Freiburg im Breisgau, zu erschließen. Mit ähnlichen Fragen könnt ihr dann auch an andere Quellen herangehen.
   Versucht zunächst, diesen Text laut zu lesen. Was fällt euch an der Sprache auf?
   Welche Wörter sind fremdartig oder gar unverständlich? Klärt diese Wörter in der Klasse. Nehmt ein Lexikon zu Hilfe. Welche Wörter haben heute eine andere Bedeutung? Versucht, diesen Text in die Sprache unserer Zeit zu „übersetzen".

5. *Welche Rechte gibt der Stadtherr den Bürgern der Stadt? Worin liegt der Ansporn für Menschen, sich in dieser neuen Stadt niederzulassen?*

Gleich an Rechten und Pflichten? –
Die Bürger einer Stadt

Den Menschen in der Stadt war gemeinsam, daß sie alle freie Bürger waren. Ansonsten unterschieden sie sich jedoch stark voneinander.

Die Kaufleute waren die wichtigste Gruppe bei der Gründung von Städten. Wo sie sich niederließen, gründeten sie Vereinigungen, sogenannte *Gilden,* denen sich jeder Kaufmann anschließen mußte. Die großen Kaufmannsfamilien, auch Patrizier genannt, waren die wohlhabendsten Familien in der Stadt. Sie übernahmen meist von den ehemaligen Stadtherrn die Stadtregierung und bekleideten die wichtigsten Ämter der Stadt. Sie verdienten ihr Geld überwiegend im Fernhandel. Meist waren beide Ehepartner im Geschäft tätig. Die Männer machten oft weite Handelsreisen, und die Frauen waren für die Abwicklung der Geschäfte zu Hause zuständig: die Buchführung, das Ausstellen von Rechnungen und die Beaufsichtigung der Knechte und Mägde. Zudem führten die Frauen den Haushalt. In einigen mittelalterlichen Städten betrieben die Frauen nicht nur als Partnerinnen ihrer Männer Geschäfte, sondern waren selbständig im Handel tätig.

Die zweite große Gruppe der Stadtbürger waren die Handwerker. Auch die Handwerksmeister schlossen sich in Vereinigungen, die sie *Zunft* nannten, zusammen. Sie wohnten meist in bestimmten Stadtteilen oder Straßen. Dort stand auch ihr Zunfthaus, wo sie Versammlungen abhiel-

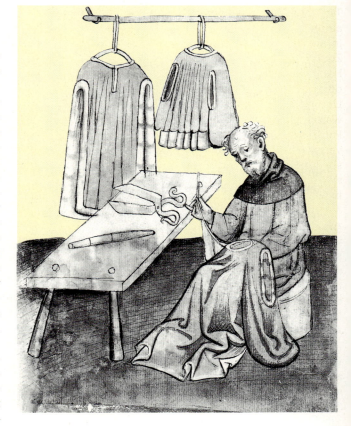

ten und Feste feierten. Die Zünfte regelten alle Angelegenheiten ihres jeweiligen Handwerks: Dauer und Art der Ausbildung, Einkauf von Rohstoffen, Höhe der Preise, Überwachung der Qualität. Auch öffentliche Aufgaben mußten die Zünfte übernehmen. Sie waren für Instandhaltung, Bewachung und Verteidigung eines Teils der Stadtmauer zuständig. Von der Regierung und Verwaltung der Stadt waren die Zünfte zunächst ausgeschlossen. Im Laufe der Zeit gelang es ihnen aber, in fast allen Städten ein Mitspracherecht zu bekommen. Die Existenz der Handwerkerfamilie war nur gesichert, wenn die ganze Familie gemeinsam arbeitete. Der Verkauf der Waren wurde vorwiegend von den Männern betrieben. Die Frauen hatten neben der Arbeit im Handwerksbetrieb meist noch Haus und Garten zu betreuen. Wenn der Mann starb, führten Frauen oft den Handwerksbetrieb weiter. Die meisten Zünfte erlaubten den Witwen diese selbständige Tätigkeit allerdings nur für einen bestimmten Zeitraum. „Nach Jahr und

Tag" mußten sie wieder verheiratet sein oder den Betrieb auflösen.

In einigen Städten waren Frauen auch als selbständige Zunftmitglieder zugelassen. Dies traf besonders für die Handwerkszweige zu, die sich mit Herstellung von Kleidung und Lebensmitteln beschäftigten.

Unter den Kaufleuten, die sich in der Stadt ansiedelten, waren häufig auch Juden, sie gehörten aber nicht zu den Patriziern. Viele Dinge wurden ihnen von den Christen verwehrt: Sie konnten keiner Zunft oder Gilde beitreten, sie durften keine Häuser und Grundstücke erwerben, und sie waren nicht zu öffentlichen Ämtern zugelassen.

In vielen Städten gab es besondere Judenviertel oder Judengassen. Oft wollten die Christen nicht mit ihnen zusammenleben, denn der Beruf des Geldverleihers, den viele Juden ausübten, galt als unehrlich. In den norddeutschen Städten waren die Juden verpflichtet, ihre Kleidung mit drei gelben Ringen zu kennzeichnen und spitze Hüte zu tragen. Obwohl die jüdischen Familien besonderem kaiserlichen Schutz unterstanden und sie dafür doppelte Steuern zahlten, wurden sie häufig überfallen und verfolgt. Aber auch viele Christen hatten nur eingeschränkte Rechte in den Städten. Handwerksgesellen, Knechte und Mägde verdienten oft so wenig Geld, daß sie nur geringe Steuern zahlten und deshalb kein Bürgerrecht besaßen, d. h., sie waren von der Mitwirkung in Gilden, in Zünften und im Stadtrat ausgeschlossen.

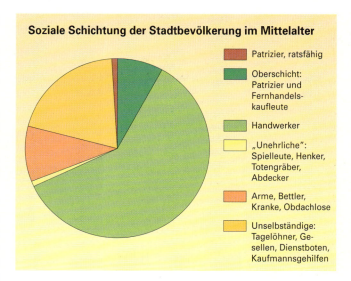

Soziale Schichtung der Stadtbevölkerung im Mittelalter

- Patrizier, ratsfähig
- Oberschicht: Patrizier und Fernhandelskaufleute
- Handwerker
- „Unehrliche": Spielleute, Henker, Totengräber, Abdecker
- Arme, Bettler, Kranke, Obdachlose
- Unselbständige: Tagelöhner, Gesellen, Dienstboten, Kaufmannsgehilfen

Daneben gab es die Gruppe der „unehrlichen" Berufe: Henker, Totengräber, Musikanten und Schauspieler. Und schließlich waren da noch die ganz Armen, die keinerlei Einkommen hatten und sich als Bettler durchschlugen.

1. Beschreibt die Grafik „Soziale Schichtung" mit euren eigenen Worten. Zunächst war nur ein ganz kleiner Teil der Stadtbevölkerung „ratsfähig", d. h. befähigt, im Rat der Stadt zu sitzen und öffentliche Ämter zu bekleiden. Was änderte sich später daran? Welcher Teil der Bevölkerung hatte dann ein Mitspracherecht bei politischen Entscheidungen? Findet ihr diese Situation gerecht?

2. Welche Handwerksberufe könnt ihr auf den Bildern dieser Doppelseite erkennen? Wodurch sind sie gekennzeichnet?

3. Stellt fest, ob es in eurer oder in der nächstgelegenen Stadt Straßen gibt, die nach Zünften benannt sind.

4. Spielt folgende Szene: Die Handwerksmeister einer mittelalterlichen Stadt sind empört darüber, daß sie von der Stadtregierung ausgeschlossen sind. Sie stürmen eine Ratssitzung der Patrizier. Überlegt, welche Argumente sie dort vorbringen können.

Wohnung, Nahrung, Kleidung

In der Stadt wohnten die Menschen sehr eng zusammen. Die Straßen waren schmal und außerdem nicht sehr sauber. Abwässer und Abfälle wurden oft einfach auf die Gassen befördert. Die Häuser waren ursprünglich ausschließlich aus Holz. Dadurch kam es oft zu Brandkatastrophen, bei denen ganze Städte zerstört wurden. Aus diesem Grund verordneten die Stadträte die Verwendung von Steinen beim Bauen. Die Kosten für Steinbauten waren aber sehr hoch. Nur reiche Leute konnten sich ein Haus aus Steinen leisten. Meist wurde ein Gerüst aus Holz gebaut (Fachwerk), und die Fächer wurden mit einer Masse aus Lehm, Stroh, Kuhmist und anderem Material gefüllt.

Die Anzahl der Menschen, die in den engen Häusern lebte, war sehr hoch. Eine Familie hatte nicht selten 8—10 Kinder, hinzu kamen meist Großeltern, Geschwister, Knechte, Mägde und andere Hilfskräfte, in Handwerkshaushalten auch Gesellen und Lehrlinge.

Sie alle mußten mit Nahrung und Kleidung versorgt werden. Vieles stellten die Stadtbewohner selbst her. Ein Stück Land zum Anbau von Getreide und Gemüse wurde meist außerhalb der Stadtmauer bewirtschaftet. Auf dem Markt konnte man z. B. Fleisch, Früchte und Gemüse, Milchprodukte, Fisch, Eier, Honig und Gewürze kaufen. Kleidung wurde oft von den Frauen hergestellt. Vornehme Leute ließen sie von Schneidern anfertigen. Stoffe, Farben, Formen und Zubehör hingen vom Wandel der Mode und von den Kleiderordnungen der Stadträte ab, die festlegten, welche Kleidung für die unterschiedlichen gesellschaftlichen Schichten, für jung und alt, für Alltag und Feiertag „angemessen" war.

Mittelalterliche Fachwerkhäuser (Modell)

Gebachene zwiffl
(Gebackene Zwiebeln)

Zutaten:
600 g Zwiebeln
40 g Butter oder Schmalz
1 EL Honig
⅛ l Weißwein
Salz
4 EL süße Sahne
2 EL gehackte Kräuter

Zubereitung:
Die Zwiebeln schälen, und in gut 1 cm dicke Scheiben schneiden. Das Fett zerlassen, den Honig darin auflösen und die Zwiebelscheiben zugeben. Kurz anbraten, den Wein zugießen und zugedeckt 20—30 Minuten schmoren lassen. Salzen, mit der Sahne binden und mit den Kräutern abschmecken.[2]

Speisen und Hausrat

---

1. *Woran erkennt man ein Haus, das im Mittelalter gebaut wurde?*

2. *Sucht euch das schönste mittelalterliche Haus in eurer Stadt, eurem Stadtteil oder in der nächstgelegenen Stadt, und zeichnet es, oder bastelt es aus Ton, Holz oder anderem Material.*

Die Sorge für Arme, Alte und Kranke

Eine staatliche Fürsorge für arme, alte oder kranke Menschen gab es im Mittelalter noch nicht. Statt dessen kümmerten sich die Kirche oder Privatleute um Bedürftige. Eine typische Wohlfahrtseinrichtung waren die Spitäler: Sie wurden häufig von reichen Bürgern gestiftet und unterhalten. In ihnen fanden Arme, Alte und Kranke Unterkunft und Versorgung.

Unheilbare, die von Aussatz oder anderen ansteckenden Krankheiten befallen waren, mußten in gesonderten Siechenhäusern außerhalb der Stadt leben und durften von dort einmal jährlich – in auffallender Kleidung und mit Klappern ausgestattet – zum Betteln in die Stadt kommen. Aufgrund der schlechten hygienischen Verhältnisse und der Enge in den Städten kam es immer wieder zum Ausbruch von Seuchen. Ab dem 14. Jahrhundert wütete in Europa die Pest, die in mehreren Wellen ganze Landstriche entvölkerte. Geschichtsforscher schätzen die Zahl der Pesttoten in Europa allein zwischen 1347 und 1349 auf etwa 30 Millionen Menschen, das entspricht der vierfachen Bevölkerungszahl von Niedersachsen heute!

Stiftungsbrief des Heilig-Geist-Spitals Nürnberg vom 13. Januar 1339

Kund werde allen, daß vor mir, dem öffentlichen Notar ... erschienen ist der ehrbare Mann Konrad Groß, Bürger der Stadt Nürnberg ... Er hat nach seinen Worten den sehnlichen Wunsch, unter Eingebung der göttlichen Gnade die zeitlichen Güter gegen die himmlischen einzutauschen ... Er hat ... bedacht, daß diese so heilsamen Werke der Frömmigkeit und der Barmherzigkeit Christus zu Liebe an den geringsten Armen ... mit frommem Eifer in einem Spital für arme Sieche erfüllt werden können; denn dort wird dem Hungrigen das Brot gebrochen und dem Durstigen der Trank gereicht, wird der Nackte bekleidet, der Sieche getröstet, der heimatlose und gebrechliche Fremde aufgenommen ... Aus diesen Gründen hat Konrad Groß mit freiem Willen ... zum Wohl und Heil seiner eigenen Seele ... ein Spital für die Armen Christi ... übereignet ... Der Stifter wollte, verordnete und setzte für dauernd fest, daß ... zum Troste der dort zusammenkommenden Armen Christi 6 Priester und 12 Kleriker oder arme Scholaren Unterhalt, Nahrung und Verbleib im Spital und in seiner Kapelle haben sollen, damit sie für alle Zeiten die Festtags- und die täglichen Messen lesen und die sieben Stundengebete bei Tag und bei Nacht feierlich und mit Gesang verrichten ...[3]

Klosterfrauen und Novizinnen pflegen Kranke in einem Spital (Bibliothèque Nationale, Paris).

1. Betrachtet die Abbildung auf dieser Seite: Was könnt ihr über die Hygiene und Ansteckungsmöglichkeiten aussagen?

2. Beschreibt, was ihr auf dem Bild oben seht.

3. Welche Gründe für die Stiftung nennt der Stiftungsbrief?

4. Welche Aufgaben wird das Spital übernehmen?

5. Welche Personen werden dort aufgenommen?

Bauern, Ritter, Mönche

Bisher war nur von etwa einem Zehntel der mittelalterlichen Bevölkerung die Rede, von den Stadtbewohnern. Neun Zehntel der Menschen wohnten jedoch auf dem Land. Wie in der Stadt gab es auch auf dem Land bestimmte durch Besitz, Rechte und Pflichten voneinander abgegrenzte Gruppen: die Stände. Die Menschen hielten dies für die gottgewollte Ordnung, jeder Mensch wurde in einen bestimmten Stand hineingeboren, zu dem er lebenslang gehörte. Der Versuch, aus seiner Schicht auszubrechen und aufzusteigen, erschien als Verstoß gegen Gottes Gebot.

Adel und Kirche besaßen das meiste Land. Dadurch waren sie sehr mächtig, und die Bauern mußten ihnen Abgaben leisten. Dafür waren die Herren zu ihrer Verteidigung verpflichtet, wenn es Krieg gab. Deshalb wurden die Adligen auch der „Wehrstand" genannt.

Die Kirche, deren Geistliche die Menschen lehren sollten, ein gottgefälliges Leben zu führen, hieß auch der „Lehrstand". Daneben gab es die Bauern, den sogenannten „Nährstand". Nur sie leisteten Arbeit auf dem Feld und im Haus, um die Menschen mit Nahrungsmitteln zu versorgen. Für den Lehrstand und den Wehrstand galt körperliche Arbeit als unehrenhaft.

Es gab einige freie Bauern, die eigenes Land bewirtschafteten und nur der Kirche den „Zehnten" abgaben. Die Zahl der freien Bauern wurde im Laufe des Mittelalters immer geringer. Viele Kriege brachten die Bauern dazu, sich unter den Schutz eines mächtigen Herrn zu stellen und ihm als Gegenleistung Abgaben oder bestimmte Dienste anzubieten.

Die größte Gruppe auf dem Land waren die unfreien Bauern. Sie bewirtschafteten einen Hof, der einem Grundherrn gehörte, lieferten ihm dafür einen Teil ihrer Ernte ab und leisteten bestimmte Arbeiten für ihn, sogenannte *Frondienste*.

Nicht nur die Arbeitskraft des Bauern gehörte weitgehend dem Grundherrn, sondern auch die der gesamten Bauernfamilie. Das Leben der unfreien Bauern war hart. Weder über das Land, das sie bewirtschafteten, noch über ihre eigene Arbeitskraft konnten sie verfügen. Viele von ihnen gehörten regelrecht zum Besitz eines Grundherren, sie konnten praktisch keine eigenen Entscheidungen über ihr Leben treffen. Aus diesem Grund flohen manche der Unfreien in eine Stadt, um dort die Freiheit zu erlangen (vgl. Seite 99).

Ständebild um 1500
Tu supplex ora = Du bete inständig!
Tu protege = Du schütze!
Tu(que) labora = Und du arbeite!

Auf dieser Seite seht ihr ein Ständebild. Welche Stände sind zu erkennen, durch welche Merkmale sind sie gekennzeichnet?

Die Landwirtschaft

Das Leben auf dem Land war sehr hart. Die Bauern bewirtschafteten ihr eigenes Land oder das des Grundherrn und bauten dort Getreide und andere Feldfrüchte an. Davon mußten sie meist hohe Abgaben zahlen. Neben der Flur, dem Land, das die Bauern bearbeiteten, gab es auch Wiesen und Wälder, die der Gemeinschaft gehörten. Sie wurden *Allmende* genannt. Dorthin trieb man Kühe zur Weide und Schweine zur Eichel- oder Bucheckernmast. Die Ernteerträge waren so niedrig, daß ein verregneter oder ein sehr trockener Sommer oft schon eine Hungersnot auslösten. Im 11. Jahrhundert gab es einige Veränderungen, durch die sich die Situation auf dem Land etwas besserte. Die Temperaturen stiegen an, und die Klimaverbesserung führte zu höheren Ernteerträgen. Außerdem setzten sich neue Techniken im Ackerbau durch: Mit dem neu entwickelten Räderpflug konnte man das Land besser bearbeiten und auch bisher nicht bewirtschaftetes Land erschließen. Eine neue Ackerbestellung, die *Dreifelderwirtschaft,* ermöglichte es, den Boden besser zu nutzen. Die gesamte Ackerfläche teilte man durch drei: Ein Drittel wurde mit Wintergetreide (Roggen) bestellt, ein Drittel mit Sommergetreide (Hafer, Weizen, Gerste), und ein Drittel lag brach, um sich zu erholen. Auf Wintergetreide folgte im Jahr darauf Sommergetreide und im dritten Jahr die Brache. So wurde der Boden geschont, hatte dadurch mehr Nährstoffe, und das Getreide wuchs besser.

Da die Erträge stiegen und dadurch mehr Mernschen ernährt werden konnten, stieg auch die Bevölkerungszahl, und es wurden neue Dörfer gegründet. Ortsnamen mit der Endung -rode, -rath oder -reuth deuten darauf hin, daß sie im späten Mittelalter durch Rodung geschaffen wurden.

1. *Auf dieser Seite seht ihr eine Liste der Abgaben, die ein Bauer seinem Grundherrn jedes Jahr abliefern mußte. Rechnet die Abgaben in kg um. Wieviel mußte der Bauer abgeben, wieviel blieb ihm und seiner Familie zum Leben?*

2. *Erklärt anhand der Karte mit eigenen Worten die Dreifelderwirtschaft.*

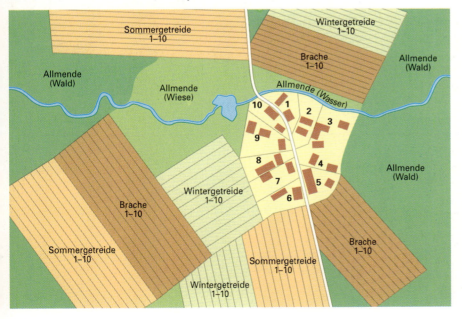

Dreifelderwirtschaft: Die gesamte Ackerfläche war in große Felder aufgeteilt, an deren Flächen die einzelnen Bauern (1 – 10) jeweils einen bestimmten Anteil hatten.

Der Kirchbauer aus Rohrbach hatte von dem Grundherrn Otting zu Tagmersheim als Lehen einen Hof mit 15 Hektar Acker, 3 Hektar ödliegenden Acker und 2 Hektar Wiesen.

Er mußte jährlich abliefern und leisten:
3 Gulden 24 Pfennig,
48 Metzen Korn,
48 Metzen Hafer,
4 Metzen Kerne (z. B. Hanfkerne),
4 Metzen Gerste,
100 Eier,
5 Herbsthühner,
1 Fastnachtshenne,
Spanndienste.

1 Metzen Getreide war durchschnittlich 40 l,
1 Liter wog durchschnittlich 0,7 kg.
Das bebaute Ackerland des Kirchbauern umfaßte 14,3 ha.
Von 1 ha erntete er 5½ dz Getreide.

Das waren die regelmäßigen Abgaben. Dazu kamen besondere Abgaben, z. B. mußte beim Tod des Kirchbauern das beste Pferd im Stall dem Grundherrn übergeben werden.

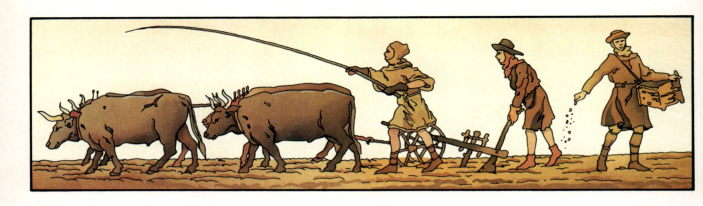

Der Alltag einer Bauernfamilie

Die bäuerliche Wirtschaft auf dem Land konnte nur funktionieren, wenn alle Familienmitglieder zusammenarbeiteten. Die Männer waren für die Arbeit auf dem Feld und im Wald zuständig. Für die Frauen gab es viele Arbeitsbereiche, ihnen unterstanden Küche und Keller, d. h., sie sorgten für die Zubereitung des Essens, sie mußten sich aber auch um die Vorräte kümmern. Lebensmittel wurden durch Dörren, Pökeln oder Säuern für die Wintermonate haltbar gemacht. Die Frauen arbeiteten im Garten und nutzten die Allmende. Die Kleintiere, die sie züchteten, trugen erheblich zum Familieneinkommen bei. Die Bauersfrauen verkauften sie an Markttagen in der nächstgelegenen Stadt und brachten auf diese Weise oft das einzige Bargeld ins Haus, über das die Familien verfügen konnten. Die Kinder arbeiteten im Haus oder auf den Feldern mit, oder sie waren als Hütekinder für die Tiere verantwortlich, die im Allmendewald oder auf der Wiese gemästet wurden. Eine Schule gab es für die Landkinder nicht, auch Erwachsene konnten nicht lesen und schreiben.

Im Sommer wurde überwiegend draußen gearbeitet. Im Winter dagegen war man im Haus, wo Stoffe für Kleidung und Schuhe hergestellt wurden.

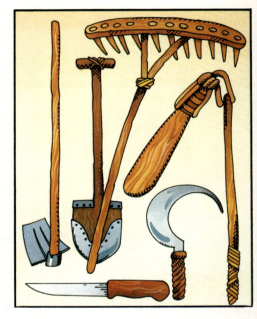

Bäuerliches Arbeitsgerät ▶

Form und Größe der Bauernhöfe waren in einzelnen Gegenden Deutschlands sehr unterschiedlich. In Norddeutschland hatte man meist ein einziges Haus für Menschen, Tiere und Vorräte. Die Häuser hatten nur eine Feuerstelle, die zum Kochen benutzt wurde und um die sich im Winter die ganze Familie versammelte.

In seinem Versroman „Meier Helmbrecht" erzählt der Dichter Wernher der Gartenaere um 1280 von dem Bauernsohn Helmbrecht, der gerne Ritter werden möchte. Gegen den Rat des Vaters verläßt er den Hof, schließt sich einem Raubritter an und wird schließlich nach vielem Rauben und Morden von seinem Vater verstoßen und von Bauern getötet. Im folgenden, gekürzten Textabschnitt klagt er über das Schicksal seiner Schwester Gotelind, die einen Bauern heiraten soll:

Gotelind, Gott möge dich schützen:
Dein Leben wird dir sauer.
Wenn dich nun ein Bauer
nimmt zu seiner rechtmäßigen Ehefrau,
so geschah noch nie einem Weibe so Leidvolles.
Bei dem mußt du nichts als
Flachs brechen, schwingen, schlagen
und auch noch die Rüben graben.[4]

Im Freilichtmuseum Cloppenburg könnt ihr gut sehen, wie die Menschen früher auf dem Dorf lebten. Dort werden alte Bauernhäuser wieder aufgebaut und so eingerichtet, wie sie früher waren.
Oben ist ein Heuerhaus aus Höhenbogen im Landkreis Vechta abgebildet, darunter seht ihr die Inneneinrichtung eines Hauses im Museumsdorf Cloppenburg.

◄ Windmühle im Freilichtmuseum Cloppenburg

1. Nehmt den Text und die Quelle zu Hilfe: Was wird über die Arbeiten der Bauersfrau im Mittelalter ausgesagt?

2. Betrachtet die Werkzeuge der Bauern. Durch welche Maschinen werden sie heute häufig ersetzt?

3. Plant einen Besuch in einem Heimatkundemuseum.

Und heute? – Wie sich Städte weiterentwickeln

In fünf Jahrhunderten, in der Zeit von etwa 1300 bis 1800, veränderten sich die meisten Städte nur wenig. Erst mit der beginnenden Industrialisierung und dem Bau der Eisenbahn im 19. Jahrhundert bekamen die Städte ein anderes Gesicht. Die sich entwickelnde Industrie bot viele Arbeitsplätze. Daher zogen viele Menschen vom Land in die Stadt, um dort zu arbeiten und zu wohnen. So wuchsen viele Kleinstädte stark an und wurden schließlich im 20. Jahrhundert, v. a. nach dem Zweiten Weltkrieg, zu Großstädten. Die Städte wuchsen, umliegende Dörfer wurden eingemeindet, freie Flächen wurden bebaut. Die niedersächsischen Großstädte wurden in den vergangenen 30 Jahren Zentren sogenannter „Verdichtungsräume". In Stadt und Landkreis Hannover, dem „Zweckverband Großraum Hannover", leben heute über eine Million Menschen. Viele Einwohner des Landkreises Hannover arbeiten in der Stadt Hannover und fahren als Pendler täglich in die Landeshauptstadt. Wohnstätte und Arbeitsplatz liegen meist weit auseinander.

Verteilung der Bevölkerung

Von 100 Menschen lebten damals

in der Stadt: 10-15

auf dem Land: 85-90

Deutschland im 14. Jahrh.

Von 100 Menschen leben heute

in Orten mit mehr als 20 000 Einwohnern: 40

in Orten bis zu 20 000 Einwohnern: 60

Bundesrepublik Deutschland

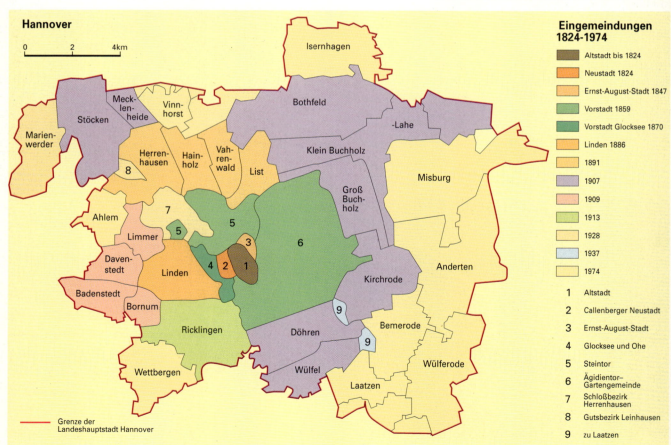

Hannover

0 2 4km

Eingemeindungen 1824-1974

- Altstadt bis 1824
- Neustadt 1824
- Ernst-August-Stadt 1847
- Vorstadt 1859
- Vorstadt Glocksee 1870
- Linden 1886
- 1891
- 1907
- 1909
- 1913
- 1928
- 1937
- 1974

1 Altstadt
2 Callenberger Neustadt
3 Ernst-August-Stadt
4 Glocksee und Ohe
5 Steintor
6 Ägidientor–Gartengemeinde
7 Schloßbezirk Herrenhausen
8 Gutsbezirk Leinhausen
9 zu Laatzen

— Grenze der Landeshauptstadt Hannover

Stadtgrößen in Niedersachsen

	um 1400	heute
Braunschweig	17 000	258 000
Hildesheim	8 000	105 000
Hannover	5 000	513 000
Göttingen	5 000	121 000
Emden	4 000	52 000
Celle	1 000	80 000

1. Schaut euch die Karte „Eingemeindungen der Stadt Hannover" an. In welcher Zeit wuchs Hannover am meisten? Welche Gründe gibt es hierfür?

2. Eine Stadt hat heute viele Aufgaben zu erfüllen. Auf den Fotos dieser Seite könnt ihr mehrere davon erkennen. Benennt sie. Welche weiteren Aufgaben kennt ihr?

3. In der Tabelle oben könnt ihr sehen, wie Städte in Niedersachsen gewachsen sind. Versucht, Zahlen für das Wachstum eures Ortes, eurer Stadt zu finden, und erstellt eine Tabelle.

List und Roderbruch –
zwei Wohnviertel in Hannover

Natürlich sieht eine Großstadt, die ja im Laufe eines langen Zeitraums gewachsen ist, nicht überall gleich aus. Im Laufe der Jahre haben sich verschiedene Viertel herausgebildet, die sich in Alter, Aussehen, Infrastruktur und Bevölkerung unterscheiden. Zwei Viertel von Hannover werden im folgenden vorgestellt.

List

Der Stadtteil List war bis zum Beginn des 19. Jahrhunderts ein reines Bauerndorf. Um die Mitte des Jahrhunderts entstanden am Dorfrand erste Industriebetriebe. Einige Unternehmer siedelten ihre Fabriken hier an, weil König Georg V. von Hannover, das damals noch ein selbständiges Königreich war, in seiner Residenzstadt keine qualmenden Schlote haben wollte. In das Dorf List zogen Arbeiterfamilien, die in den dortigen Industriebetrieben Arbeit fanden. Die Bedeutung der Landwirtschaft nahm immer mehr ab. 1891 wurde das Dorf in die Stadt Hannover eingemeindet. Seine günstige Lage zwischen Oststadt und dem Wald Eilenriede machte es zu einem beliebten Wohnviertel. Heute gibt es in List viele verschiedene Wohnmöglichkeiten: alte Unternehmervillen am Rand der Eilenriede, Beamtenwohnungen aus der Gründerzeit (der Zeit um 1870), ehemalige Arbeiterwohnanlagen, die von Genossenschaften um die Jahrhundertwende errichtet wurden, und viele Mietwohnungen, die nach dem Zweiten Weltkrieg entstanden sind.

Die „Lister Meile", eine mehrere Kilometer lange Fußgängerzone, die zu Beginn der siebziger Jahre entstand, ist besonders bei jüngeren Hannoveranern wegen ihrer vielen Geschäfte und Kneipen beliebt.

◄ *List: Häuser aus der Gründerzeit*

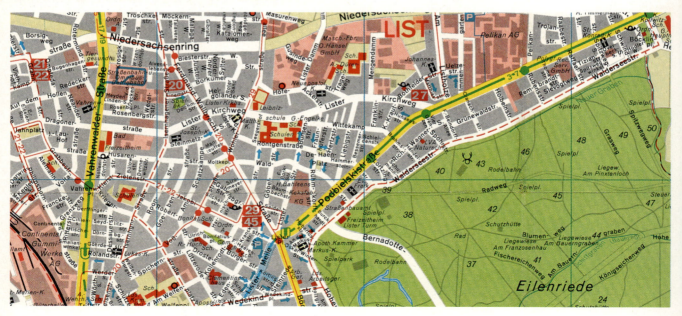

Roderbruch

Das Wohngebiet Roderbruch ist ein völliges neues Wohnviertel, das nicht gewachsen ist, sondern geplant wurde. Es entstand auf einem Gelände in der Nähe des alten Dorfes Buchholz am Rande Hannovers gegen Ende der sechziger und Anfang der siebziger Jahre dieses Jahrhunderts. Gebaut wurde überwiegend in Geschoßwohnungsbau, d. h., es entstanden Hochhäuser mit vielen Wohnungen, weil man damals dringend Wohnraum benötigte. Im Laufe der siebziger Jahre kam die „Infrastruktur": ein Einkaufszentrum, eine Gesamtschule, eine Berufsschule, Kindergärten, Sportanlagen, Stadtbahnanschluß, Bücherei, Jugendzentrum, Arztpraxen, Cafés, Restaurants, Kirchen, Spielplätze und vieles mehr.

Hier ist alles vorhanden, was man zum täglichen Leben benötigt, man braucht keine weiten Wege zu machen. Aber die Menschen, die hier wohnen, kennen sich kaum, obwohl sie nahe beieinander wohnen. Diese Anonymität wird von vielen beklagt.

Roderbruch: moderne Hochhaussiedlung

1. Sucht die beiden Stadtviertel auf einer Karte von Hannover. Wie ist ihre Lage zum Zentrum der Stadt, zu anderen Stadtvierteln? Vergleicht die Verkehrsverbindungen zum Zentrum, zum Umland. Welche Vor- und Nachteile können sich jeweils ergeben?

2. Plant eine Stadtrundfahrt in eurer oder der nächstgelegenen Stadt, bei der ihr durch verschiedene Viertel kommt. Wie unterscheiden sie sich? Welche typischen Bauten seht ihr? Aus welcher Zeit stammen sie? Sucht weitere Kennzeichen.

nahegelegenen Kreiskrankenhaus behandelt werden; Theaterabende, Vorträge oder Tanzveranstaltungen in Dorfgemeinschaftshäusern machen das Leben abwechslungsreicher.

Als besonders schön oder anheimelnd empfinden wir viele Dörfer heute allerdings nicht mehr. Zahlreiche Bauerndörfer mit unverwechselbaren Eigenarten sind zu großzügig angelegten Ortschaften geworden, die uns glatt und gleichförmig erscheinen. Eine Rückkehr zum alten Dorf wird seit einigen Jahren mit viel Aufwand wieder versucht. Vielleicht läßt sich manches Eigentümliche doch noch bewahren: durch erhaltende Baumaßnahmen, durch Verkehrsberuhigung und Begrünung der Straßen oder durch anschauliche Erzählungen von früher.

Das Dorf wird zur Ortschaft

Auch in den Dörfern, die nicht im Einzugsbereich einer Großstadt liegen, hat sich vieles verändert. Die Zahl der Bauernhöfe ging seit dem Ende des Zweiten Weltkriegs erheblich zurück, die Bauernfamilien kommen heute meist ohne fremde Arbeitskräfte aus, weil menschliche Arbeitskraft durch Maschinen ersetzt werden kann. Nur für wenige Menschen liegen Wohn- und Arbeitsstätte noch zusammen. Die meisten Dorfbewohner mußten sich eine Arbeit in der Stadt suchen und legen nun täglich lange Wege zwischen Arbeitsplatz und Wohnort zurück.

Auch das Dorf selbst hat sich verändert: Aus ehemaligen Bauernhöfen wurden Lagerhallen oder Garagen, Wohngebiete wurden errichtet, weil die Grundstücke auf dem Land billiger waren und sich hier viele Familien den Traum vom eigenen Haus im Grünen erfüllen konnten.

Die Menschen auf dem Land wollten nicht mehr als rückständig gelten, auch die Dörfer bekamen glatte Asphaltstraßen, Bürgersteige, gepflegte Grünanlagen und elektrische Straßenbeleuchtungen. Sogenannte „regionale Raumordnungsprogramme" wiesen jeder Kleinstadt und jedem Dorf in den Landkreisen bestimmte Aufgaben und Funktionen als Mittel- oder Unterzentren zu. Auf diese Weise sollten die Lebensverhältnisse in Stadt und Land einander angeglichen werden. In vielen Bereichen ist dies tatsächlich gelungen: Auch Landkinder besuchen heute Orientierungsstufen, Realschulen, Gymnasien oder Gesamtschulen in ihrem Wohnort; wer krank wird, kann im

1. *Besorgt euch bei der Kreisbehörde den Raumordnungsplan des Landkreises. Welche Orte sind Ober-, Mittel-, Unterzentren?*

2. *Erkundigt euch: Welche Aufgaben haben die verschiedenen Zentren?*

3. *Was für eine Art von Zentrum ist euer Schulort? Welche Aufgaben werden hier wahrgenommen?*

Alte Postkarte von Hildesheim

Hildesheim heute

Unser Dorf / unsere Stadt im Wandel

Auch euer Dorf oder eure Stadt hat sich im Lauf der Zeit stark verändert. Untersucht diese Veränderungen. Die folgenden Aufgaben sollen als Anregung dienen. Gestaltet mit euren Ergebnissen ein Heft, und kopiert es für die Klasse. Titel: Unser Dorf / unsere Stadt im Wandel.

1. *Sucht Bilder (Postkarten, Gemälde, Stiche o. ä.) eures Ortes aus früheren Zeiten. Wie sehen die abgebildeten Ansichten heute aus? Macht Fotos davon, und stellt die Bilder einander gegenüber wie auf dieser Seite.*

2. *Macht Interviews mit Leuten, die schon lange in eurem Ort wohnen, über das Leben in früheren Zeiten. Wohin gingen sie zur Schule? Wo haben sie gearbeitet? Wie verbrachten sie ihre Freizeit?*

3. *Welche Berufe hatten die Leute im Ort? Welche Handwerksbetriebe gab es? Und heute?*

4. *Welche Geschäfte, Ämter, soziale und kulturelle Einrichtungen gab es im Ort? Welche gibt es heute?*

5. *Welche Verkehrsverbindungen gibt es? Seit wann gibt es sie? Wie waren die Verbindungen früher?*

Petkum früher

Petkum heute

Die Nordseeküste – früher und heute

Viele Menschen kennen die Nordsee als freundliches Meer, an dessen Stränden sie gerne ihren Urlaub verbringen. Doch wenn die Herbst- und Winterstürme toben, entwickelt die Nordsee zerstörerische Kräfte. Sturmfluten bedrohen die Menschen und ihr Hab und Gut. In diesem Kapitel wird vom Lebensraum Küste erzählt.

1. *Einige von euch haben vielleicht schon einmal eine Sturmflut hautnah erlebt. Erzählt von euren Erlebnissen.*

2. *Wie schützen sich die Menschen gegen die Sturmfluten? Was wißt ihr darüber?*

Als die Nordsee zur Mordsee wurde

Die Sturmflutkatastrophe vom 16./17. 2. 1962

dpa Hamburg. Die schwerste Sturmflut seit 1825 brach am Wochenende über Nordwestdeutschland herein. Die von einem Orkan gepeitschten Wellen zerrissen Deiche vom Emsland bis hinaus zu den nordfriesischen Inseln und überraschten die Menschen in den Städten und Dörfern an der Küste oft im Schlaf. Die große Februar-Flut des Jahres 1962 fraß sich in fruchtbares Ackerland, das die Bauern dem Meer mühsam abgerungen hatten, und zerstörte ganze Wohnsiedlungen. Sie vernichtete 343 Menschenleben und machte 40000 obdachlos.

„Vincinette", die Siegreiche, hatten die Meteorologen am 15. Februar den Sturm bei Island genannt, der aus dem Zusammenprall des warmen Azorenhochs mit dem kalten Labradorhoch entstanden war. Als Sturm zog „Vincinette" in die Deutsche Bucht, als Orkan erreichte sie nahezu zeitgleich mit dem höchsten Wasserstand in der Nacht zum 17. Februar den weiten Trichter der Elbmündung. Mit Spitzengeschwindigkeiten von 44 Metern in der Sekunde preßte der Orkan die Hochflut in das Flußbett.

Um 19 Uhr wurde am 16. Februar in Cuxhaven an der Elbmündung ein Wasserstand von 7,30 Metern über Null gemessen. 20 Minuten später waren es 7,60 Meter, und die Flut stieg weiter. Um 0.30 Uhr war das Pegelmaß überflutet, stand das Wasser zehn Meter über Null. Gegen 3 Uhr in dieser Nacht brachen in Hamburg die Deiche. 220 Millionen Kubikmeter Wasser ergossen sich durch 60 klaffende Löcher in dem Schutzwehr und überschwemmten ein Sechstel des Hamburger Stadtgebiets. 42 massive Häuser und 6200 Behelfsheime wurden von der Flut zerstört . . .

Binnen weniger Minuten barsten unter dem Aufprall der Wassermassen die vielfach bewohnten Holzhäuser der zahlreichen Kleingartenkolonien. Zwischen Erwachen und Sterben blieb vielen Bewohnern keine Zeit, um das Leben zu kämpfen. Menschen starben unter den Trümmern ihrer Häuser, starben in ihren Häusern, wenn das Wasser die Zimmerdecken erreichte, starben auf den Dächern ihrer Häuser vor Kälte und Erschöpfung.

Hamburgs Deiche waren auf einen Wasserstand von 5,70 Metern über Normal Null ausgerichtet, in dieser Nacht stieg die Elbe aber auf 5,78 Meter. Hamburgs Behörden versuchten zwar noch in der Nacht, die Menschen zu alarmieren, einen Katastrophenplan jedoch, der die schnelle Organisation von Hilfsmaßnahmen regelte, gab es in der Hansestadt nicht. Erst nach dem Unglück liefen die Rettungsarbeiten an, für Tausende noch zur rechten Zeit, für Hunderte aber zu spät.

Wenn von dieser Jahrhundertflut auch Hamburg am schwersten getroffen wurde, so hinterließ „Vincinette" auch in Schleswig-Holstein und Niedersachsen ihre Spuren. An zwölf Stellen durchbrach die Flut an der schleswig-holsteinischen Westküste die Deiche. Tote gab es hier nicht. Auf den Inseln in der Nordsee und hinter den Deichen an der langen Küstenlinie war den Menschen die Gewalt von Sturm und Flut bewußt. Sie brachten sich rechtzeitig in Sicherheit.

An der Küste Ostfrieslands wütete die Naturgewalt nicht minder. Auch hier brachen Deiche, wurden Häuser eingeschlossen, doch hier erwies sich die Erfahrung der Menschen mit dem Meer ebenfalls als lebensrettend. Tiefer im Binnenland jedoch starben auch in Niedersachsen Menschen.

25000 Helfer – Soldaten, Polizisten, Grenzschützer, Feuerwehrmänner, das DRK, das Technische Hilfswerk und viele Freiwillige – nahmen den Kampf gegen das Wasser auf. Nothospitäler und Verpflegungslager wurden ebenso eingerichtet wie Start- und Landeplätze für die 165 Hubschrauber, die in ununterbrochenen Flügen Brot, Trinkwasser, Säuglingsnahrung, Medikamente und Wolldecken zu den von den Wassermassen eingeschlossenen Menschen brachten.

Inzwischen sind Deiche und Schutzwehren längst dicht, mit Milliardenaufwand erhöht und verstärkt worden und haben weiteren, zum Teil sogar höheren Fluten standgehalten – bei den Menschen in Norddeutschland haben die Schrecken der Sturmnacht jedoch Spuren hinterlassen: Die ständige Gefahr durch die bei allem technischen Fortschritt unbeherrschbare Natur hat sich tief in ihr Bewußtsein eingeprägt.[1]

Ostfriesenzeitung vor 19.2.1962

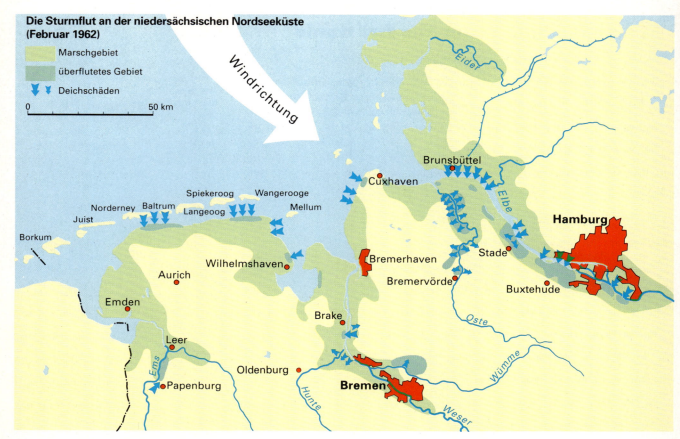

Die Sturmflut an der niedersächsischen Nordseeküste
(Februar 1962)

- Marschgebiet
- überflutetes Gebiet
- Deichschäden

0 _____ 50 km

Windrichtung

Eider
Brunsbüttel
Cuxhaven
Elbe
Hamburg
Stade
Bremerhaven
Bremervörde
Buxtehude
Oste
Spiekeroog
Wangerooge
Norderney Baltrum Langeoog Mellum
Juist
Borkum
Wilhelmshaven
Aurich
Brake
Emden
Wümme
Leer
Oldenburg
Bremen
Papenburg
Ems
Hunte
Weser

◄ Sturmflut und Hochwasser in Hamburg im Januar 1993

1. Beschreibe mit Hilfe des Textes und der Skizze Wetterlage, Wasserstände und Zugbahn des Sturmtiefs!

2. Fasse zusammen: Ursachen, Ablauf, Erscheinungsbild und Folgen der Sturmflutkatastrophe von 1962!

3. Welche Hilfsmaßnahmen wurden kurzfristig eingeleitet?

4. Welche Konsequenzen hinsichtlich eines langfristigen Küstenschutzes mußten getroffen werden?

Die Angst vor dem nächsten Orkan

Seit Jahrhunderten bedrohen Sturmfluten die Menschen an der deutschen Nordsee:

○ 16. Januar 1362: Marcellusflut

Fast alle Deiche brechen, unzählige Menschen ertrinken, große Landflächen gehen verloren.

○ 31. Oktober 1570: Allerheiligenflut

○ 11. Oktober 1634: Zweite Manndränke

Fast 15 000 Menschen und 50 000 Stück Vieh ertrinken; 13 000 Häuser werden zerstört.

○ 24. Dezember 1717: Weihnachtsflut

15 000 Menschen kommen um, 100 000 Stück Vieh gehen verloren, 5000 Häuser werden zerstört.

○ 3./4. Februar 1826: Februarflut

8000 Todesopfer sind zu beklagen.

○ 1. Februar 1953: Sturmflut in den Niederlanden

1800 Menschen ertrinken; insgesamt werden fast 300 000 Menschen obdachlos, 32 000 Stück Vieh kommen um.

Die Wahrscheinlichkeit, daß sich eine Land und Menschen verschlingende Flut wie 1962 wieder ereignet, hat sich stark erhöht. Die folgenden Meldungen geben Hinweise darauf, mögliche Gründe werden genannt. Welche?

○ 3. Januar 1976:

Höchste Sturmflut an der Nordseeküste; obwohl mehrere Deiche brechen, kommt kein Anwohner ums Leben.

○ 24. 11. 1981:

Auf den dänischen Inseln Rømø und Mandø brechen Deiche. Schwere Schäden auf Sylt und am Hindenburgdamm. Insgesamt werden rund zwei Millionen Kubikmeter Sand von der Insel weggeschwemmt.

○ 1982/83:

Die Zahl „37" ist es, die nicht nur dem Bauamt für Küstenschutz in Norden Sorgen bereitet. 37mal nämlich werden sehr schwere Sturmfluten verzeichnet, und das in einer Zeit vom 1. November 1982 bis 31. März 1983.

○ Januar 1990:

Im Januar tobt Orkan um Orkan über Europa. Wälder werden verwüstet, an der Nordsee verschwinden Dünen und Strände, fast 200 Menschen sterben. Die deutsche Ferieninsel Sylt zerbricht. Die vom Sturm gegen die Insel gepeitschte See reißt sechs bis zehn Meter der Westküste und 15 000 Quadratmeter von der Hörnum-Odde, der Südspitze Sylts, fort. Die mit Millionenaufwand vorgenommenen Sandaufspülungen der letzten Jahre zum Schutz der Insel schwemmt die See fort.

○ November 1992:

Schwere Stürme ziehen über West- und Norddeutschland hinweg und richten Schäden in Millionenhöhe an; sie könnten in Zukunft weit häufiger auftreten als bisher und gefährliche Situationen vor allem für die Küsten heraufbeschwören.

In den letzten Jahrzehnten sind zwar die Deiche an den besonders gefährdeten westeuropäischen Küsten erhöht worden, Flutsperrwerke wurden gebaut – aber die See hält mit: Der Meeresspiegel steigt langsam zwar, aber stetig, in diesem Jahrhundert um 15 cm. Warum, weiß niemand genau. Die Häufigkeit und Heftigkeit der Sturmfluten wuchs von 1962 bis 1992 um rund 50 Prozent. Die Höhe und damit die Energie der Wellen nahmen infolgedessen zu. Wellen, die bei Sturm entstehen, laufen nun um etwa zehn Prozent höher auf als noch in den sechziger Jahren.
Zukünftige Stürme werden England, Frankreich, die Niederlande und die deutschen Küsten öfter mit größerer Wucht treffen. Länder, die an die Nordsee grenzen, sind nach Ansicht von Wissenschaftlern in besonderem Maße bedroht.
Das Wattenmeer an der nordfriesischen Küste in Schleswig-Holstein wird ständig schmaler. Jedes Jahr dringt die Nordsee um fünf Meter weiter in Richtung der Festlanddeiche vor. Die Ostverlagerung der sogenannten Tiefenlinien der Nordsee scheint immer schneller voranzugehen.

1. In welchen Jahreszeiten treten Sturmfluten meistens auf?

2. Womit haben die Küstenbewohner in Zukunft zu rechnen?

3. Was bedeutet dies für den Küstenschutz?

Kein Deich – kein Land – kein Leben

Das Leben der Menschen an der deutschen Nordseeküste ist seit den Anfängen der Besiedlung durch den ständigen Kampf gegen das Vordringen des Meeres geprägt. Seit der letzten Eiszeit vor rund 10 000 Jahren ist der Meeresspiegel um rund 40 m angestiegen. Nach einer ruhigeren Phase zwischen 800 v. Chr. bis kurz nach Christi Geburt begann der Meeresspiegel wieder stärker anzusteigen. Die Siedler sahen sich gezwungen, für ihre Behausungen Erdhügel *(Warften* oder *Wurten)* aufzuschütten, die schließlich eine Höhe bis zu 5 m erreichten. Dadurch konnten die Küstenbewohner zwar sich selbst und ihr Vieh vor Überflutungen schützen, doch nicht die so lebenswichtigen Ländereien, von deren Erträgen sie auch leben mußten. Es mußten deshalb Deiche gebaut werden. So entstanden um 1000 n. Chr. die ersten Ringdeiche, die ein bis mehrere Dörfer schützen sollten. Sie mußten in Handarbeit aufgeworfen werden und waren verhältnismäßig niedrig. Erst später ging man dazu über, neues Land aus dem Meer zu gewinnen. Dies geschah auch aus der Erkenntnis heraus, daß mit dem Landgewinn eine Vermehrung des Reichtums der Landbevölkerung an wertvollem Boden erfolgte. Außerdem stellte das gewonnene Vorland einen zusätzlichen Schutz des Hinterlandes dar.

Die aufwendigen Deichbaumaßnahmen konnten nur in Gemeinschaftsarbeit durchgeführt werden. Die Küstenbewohner regelten den Deichbau organisiert und genossenschaftlich. Jeder Grundbesitzer, meistens Bauern, war für einen bestimmten Deichabschnitt verantwortlich. Er übernahm Pflege und Nutzung dieser „Pfänder" genannten Deichstücke. Sogenannte *Deichachten* betreuten bestimmte Teile der Deichlinie. An ihrer Spitze standen die *Deichrichter.* Sie waren verantwortlich für Planung und Leitung aller Deichbaumaßnahmen. Sie übten die sogenannte Deichgerechtigkeit aus, d. h., sie konnten jede Person einer Deichacht zum „Deichen" verpflichten. Gegen nachlässige Deicharbeiter wurden harte Strafen verhängt. Wegen vorsätzlichen Deichdurchstichs konnten die Täter sogar zum Tode verurteilt werden. War ein Deichpflichtiger nicht mehr imstande, sein Deichstück zu unterhalten, so mußte er zum Zeichen dafür seinen Spaten in den Deich stechen. Damit gab er nicht nur die Deichunterhaltung, sondern auch sein Eigentum hinter dem Deich auf. Wer den Spaten aus dem Boden zog, übernahm damit die Pflicht der Deichunterhaltung und den Besitz seines Vorgängers. Diesem sogenannten Spatenrecht entspricht die bekannte Forderung: „De net will dieken, mut wieken."

Deichachten und Deichrichter gibt es heute immer noch. Nur hat die Regierung des Landes Niedersachsen jetzt die Oberaufsicht über den Deichbau und sonstige Küstenschutzmaßnahmen. Der Deichrichter wird für 10 Jahre gewählt und ist dem Staat für die Instandhaltung, den Neubau und die Erhöhung von Deichen verantwortlich. Die Beiträge werden von den meisten Deichachten nach der Grundstücksgröße erhoben.

Durch den Deichbau wurde die natürliche Entwässerung der Küstenregion abgeschnitten. Überschwemmungen waren die Folge. Deshalb mußten die bestehenden Wasserläufe mittels verschließbarer Öffnungen durch den Deich hindurchgeführt werden. Diese nennt man *Siele* (s. Abb. rechts oben). Ihre Fluttore schließen sich selbsttätig durch Wasserüberdruck von außen. Durch zusätzliche Ebbetore läßt sich auch der Binnenwasserspiegel regeln.

Aus Gründen der Binnenentwässerung und auch des Küstenschutzes wurden in diesem Jahrhundert fast alle alten Siele durch größere ersetzt und leistungsfähige Schöpfwerke gebaut.

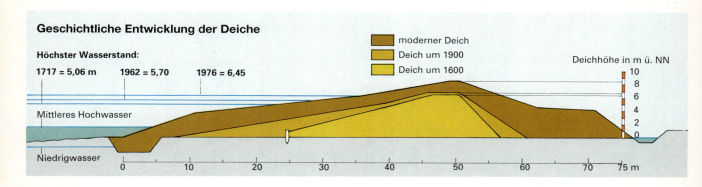

Geschichtliche Entwicklung der Deiche

moderner Deich
Deich um 1900
Deich um 1600

Höchster Wasserstand:

1717 = 5,06 m   1962 = 5,70   1976 = 6,45

Deichhöhe in m ü. NN

Mittleres Hochwasser

Niedrigwasser

Sieltore bei Ebbe und bei Flut

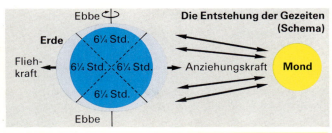

Ebbe

Erde

Flieh-
kraft

6¼ Std.

6¼ Std. 6¼ Std.

6¼ Std.

Ebbe

**Die Entstehung der Gezeiten
(Schema)**

Anziehungskraft

Mond

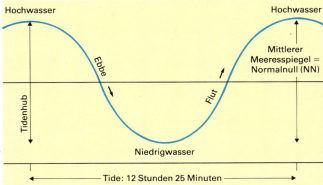

Hochwasser

Hochwasser

Ebbe

Flut

Mittlerer
Meeresspiegel =
Normalnull (NN)

Tidenhub

Niedrigwasser

Tide: 12 Stunden 25 Minuten

---

1. *Warum konnten die Küstenbewohner den Kampf gegen das Meer in der Vergangenheit nur in Gemeinschaftsarbeit gewinnen?*

2. *Beschreibt und begründet die Entwicklung vom Warftenbau bis zum modernen Deich.*

3. *Küstenschutz ist eine Gemeinschaftsaufgabe. Gilt diese Aussage auch heute noch? Informiert euch über heutige Küstenschutzprogramme.*

Wie kommt es überhaupt zu Ebbe und Flut – oder zu einer Sturmflut?

An allen Küsten wird die Kraft von Ebbe und Flut sichtbar: Die Wasseroberfläche der Meere steigt alle 12 Stunden und 25 Minuten um mehrere Meter an. Der Zeitraum, den eine Flut und eine Ebbe zusammen einnehmen, wird mit *Tide* bezeichnet. Der Höhenunterschied zwischen diesen beiden Wasserständen, der *Tidenhub*, beträgt z. B. in Wilhelmshaven 3,60 m, bei St. Malo vor Nordfrankreich 14 m. Diese *Gezeiten*, wie man den Wechsel zwischen Hoch- und Niedrigwasser nennt, werden hauptsächlich durch den Mond verursacht. Der Mond übt bei seinem Lauf um die

Erde eine Anziehungskraft aus, die das Wasser der Meere deutlich sichtbar anhebt. Aber auch auf der mondabgewandten Seite der Erde herrscht durch die Kräfte, die bei der Umdrehung der Erde entstehen (Fliehkräfte), Flut. Die Höhe der Flut hängt von der Größe des Meeres, der Windrichtung und der Form der Küste ab.

Einfluß auf den Meeresspiegel hat jedoch auch die Sonne. Wirken ihre Anziehungskräfte zugleich mit den stärkeren des Mondes auf das Wasser der Meere, so verstärkt sich der Tidenhub. Dies ist bei Neumond und Vollmond der Fall. Wir haben dann *Springtide*. Herrscht während der Springtide gleichzeitig noch Sturm, kann es zu den gefährlichen Sturmfluten kommen. Bei Halbmond stehen Sonne, Mond und Erde so zueinander, daß die Anziehungskräfte der Sonne einen Teil der Mondanziehungskräfte aufheben. Der Tidenhub an der deutschen Nordseeküste verringert sich dabei um 1 bis 2 m, und wir haben *Nipptide*.

---

4. *Erläutere mit Hilfe des Textes die beiden Skizzen zur Entstehung und dem Verlauf der Gezeiten.*

5. *Welchen Einfluß haben die Gezeiten auf die Gestaltung und den Aufbau des Küstensaumes?*

Die Nordseeküste verändert ihr Aussehen: Landverluste – Landgewinne

Als vor etwa 10000 Jahren die Gletscher der letzten Eiszeit schmolzen, stieg weltweit der Meeresspiegel an. Verursacht durch das damit verbundene Vordringen der Nordsee nach Süden (s. rechts), bildete sich auf dem eiszeitlichen Festland zwischen Geest und Küstenvorfeld eine Übergangszone aus Watten und Marschen. Überflutungen des Festlands und Senkungen des Meeresspiegels lösten sich im Laufe der Jahrtausende ab. Flüsse und Gezeitenströmungen lagerten Schlick und Sand ab. In Zeiten des Meeresrückgangs bildeten sich entlang der höher gelegenen Geest Marschen und Moore. Unter dem Einfluß der Tiden wurden aus Sandbänken nach und nach die heutigen Düneninseln. Die Watten zwischen Inseln und Festland entstanden ebenfalls durch das Wechselspiel von Ebbe und Flut. Für den Schutz der Küste sind Inseln und Watt als natürliche Hindernisse von größter Bedeutung.

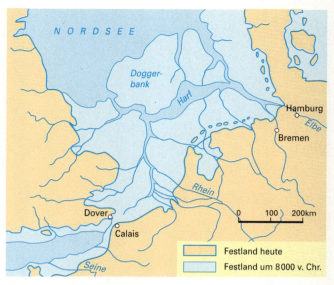

Nordseeküstenraum am Ende der letzten Eiszeit um 8000 v. Chr.

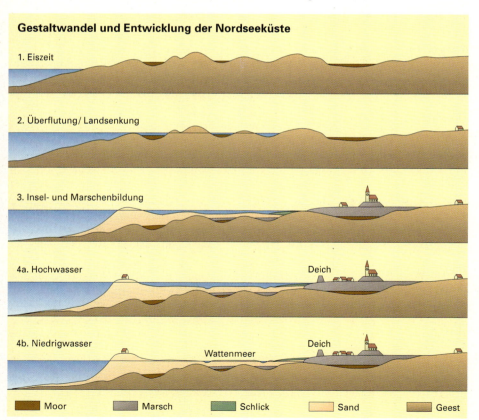

Gestaltwandel und Entwicklung der Nordseeküste

1. Eiszeit
2. Überflutung / Landsenkung
3. Insel- und Marschenbildung
4a. Hochwasser — Deich
4b. Niedrigwasser — Wattenmeer — Deich

Moor   Marsch   Schlick   Sand   Geest

◄ *Gestaltwandel und Entwicklung der Nordseeküste*

1. Vergleicht den früheren mit dem heutigen Küstenverlauf.

2. Beschreibe die dargestellte Entwicklung.

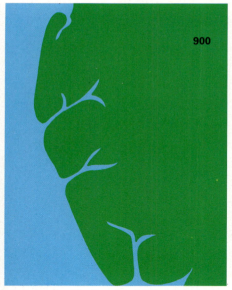

900

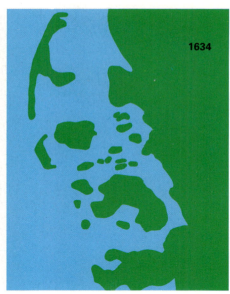

1634

heute

Damm

0   10   20   30 km

Küstenverlauf im Bereich der Nordfriesischen Inseln

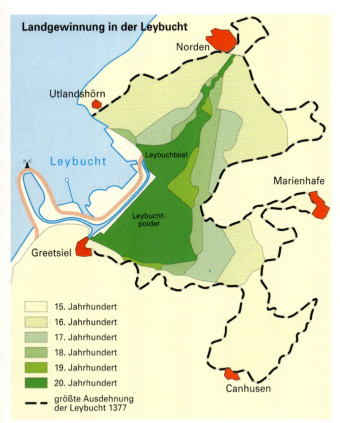

Landgewinnung in der Leybucht

Norden

Utlandshörn

Leybucht

Leybuchtsiel

Marienhafe

Leybucht-polder

Greetsiel

Canhusen

	15. Jahrhundert
	16. Jahrhundert
	17. Jahrhundert
	18. Jahrhundert
	19. Jahrhundert
	20. Jahrhundert
---	größte Ausdehnung der Leybucht 1377

Nach der Sturmflutkatastrophe von 1962 (s. S. 115) beschloß das Land Niedersachsen die vollständige Eindeichung der im Mittelalter durch Meereseinbrüche entstandenen Leybucht. Nach Protesten von Naturschützern verzichtete man auf ihre Volleindeichung. Zwar wurde ein neuer Hauptdeich gebaut, doch der größte Teil der Leybucht verblieb in der Ruhezone des Nationalparks Niedersächsisches Wattenmeer (s. S. 125).

Während früher Deiche zum Zwecke der Landgewinnung und des Küstenschutzes gebaut wurden, spielt heute der Küstenschutz die wichtigste Rolle. Entsprechendes gilt für die Vorlandgewinnung durch Buhnen und Lahnungen. Das Beispiel Leybucht zeigt, daß ein weites Vorland ein idealer Wellenbrecher ist und den Hauptdeich entlastet.

3. *Erkläre, wie sich im Laufe der Jahrhunderte der Küstenverlauf im Bereich der Nordfriesischen Inseln verändert hat (s. Karten oben).*

4. *Wann hatte die Leybucht ihre größte Ausdehnung?*

5. *Begründet die gegensätzlichen Interessen von Natur- und Küstenschutz am Beispiel der Leybucht!*

6. *Klaus Störtebeker, ein Seeräuber des Mittelalters, hatte als Stützpunkt Marienhafe. Wie war das möglich?*

Hallig Hooge bei normalem Hochwasser

Die Halligen – Wächter im Watt

Die Halligen sind kleine Inseln im Wattenmeer vor der Westküste Schleswig-Holsteins. Sie sind Reste des Marschlandes, das durch die großen Sturmfluten der letzten Jahrhunderte zerstört wurde. Wenn wir uns der Hallig Hooge mit der Fähre nähern, erblicken wir von weitem nur die Warften mit den Häusern der Halligbewohner. Erst wenn wir näherkommen, wird darunter das Land als schmaler Streifen sichtbar.

Die Hallig Hooge war früher viel größer als heute. Die Meereswellen haben ihre Ränder über die Jahrhunderte hinweg Stück für Stück abgetragen. Oft wurde die Ufer-

Küstenschutz auf einer Hallig

kante der Hallig bei einer einzigen Sturmflut um mehrere Meter zurückverlegt. Dafür wuchs sie auf der dem Festland zugewandten Seite ein wenig, weil Sand und Schlick angespült wurden *(Anlandung)*. So wanderte die Hallig Hooge langsam von Westen nach Osten.

Als man merkte, wie wichtig die Halligen als natürliche „Wellenbrecher" für die Küste des Festlandes sind, wurden sie in die Küstenschutzmaßnahmen einbezogen. Die gefährdeten Westufer der Halligen wurden durch Steinböschungen gegen weiteren Abbruch gesichert. Aber auch für die Halligbewohner wurde viel getan.

Das ebene grüne Land, das die Warft umgibt, kann nur als Viehweide genutzt werden, da das Salzwasser Äcker verderben würde. Zu den Rindern und Schafen des Halligbauern werden im Sommer noch Tiere vom Festland zum „Fettgräsen" herübergebracht.

Mehrere Male im Jahr – in manchen Jahren bis zu 40mal – melden die Halligbewohner von Hooge: „Landunter!" Meist geschieht dies im Winter und ist für die Bewohner der Halligen ungefährlich, da die Warften so hoch aufgeschüttet sind, daß normale Sturmfluten sie nicht überschwemmen. Schlimmer kann es im Sommer werden, wenn eine plötzliche Sturmflut das Vieh auf den Weiden überrascht oder das kostbare Heu weggeschwemmt wird. Den einzigen Schutz bei schweren Sturmfluten bietet allein die Warft. Der Dachstuhl der Hallighäuser ruht auf starken Eichenstämmen, die tief im Klei stecken und auch dann noch stehenbleiben, wenn das Wasser die Mauern wegge-

Hallig Hooge bei Sturmflut

rissen hat. Während der gewaltigen Sturmfluten von 1825 und 1962 war der Dachboden oder sogar das Dach die letzte Zuflucht für viele Halligbewohner, nachdem das Wasser in die Häuser eingedrungen war und die Mauern von den Brandungswellen zerschlagen worden waren.
Nach den Sturmfluten von 1962 hat man Warften erhöht und viele Häuser neu gebaut. In den neuen Hallighäusern wurde ein Schutzraum aus Beton gebaut, der auf Betonpfählen ruht (s. Abb. unten rechts). Man errichtete Schiffsanlegestellen, die Häuser werden nun vom Festland aus mit Strom und Trinkwasser versorgt.

1. Die Hallig Hooge wurde zu unterschiedlichen Zeitpunkten fotografiert. Was stellst du bei dem Vergleich der Fotos fest?
2. Zeichne einen Querschnitt durch eine Hallig. Die Fotos auf dieser Doppelseite helfen dir dabei.
3. Das Leben auf der Hallig ist beschwerlich und oft gefährlich. Welche Gründe mögen die Menschen haben, trotzdem dort zu wohnen?

Alte Häuser werden vom Hochwasser oft stark beschädigt.

Ein neues Betonhaus mit Schutzraum wird gebaut.

Lebensraum Wattenmeer

Sechs Stunden Land – sechs Stunden Meer, der Lebensraum Wattenmeer ist einzigartig auf der Welt.

In dem nur zur Flut von Wasser bedeckten Gebiet zwischen Festland und Inseln leben über 2500 verschiedene Tier- und Pflanzenarten. Die meisten von ihnen sind mikroskopisch klein, und der Wanderer übersieht sie. Doch auf diesen Kleinstlebewesen beruht die Existenz der größeren Arten als Endglieder einer komplizierten Nahrungskette.

Die obige Grafik stellt die häufigsten Tierarten im Watt dar. Das Wattenmeer gilt als die „Kinderstube" des Meeres. Seine Unversehrtheit ist unter anderem die Voraussetzung für den Fischfang in der Nordsee. Gleichzeitig ist das Wattenmeer das beste natürliche Bollwerk gegen Sturmfluten. In dem von Tausenden von Wasserrinnen (Prielen) durchzogenen Sand- und Schlickgebiet verliert die See ihre Kraft.

Die Gezeiten sind die gestaltenden Kräfte im Wattenmeer. Weite Flächen des Meeresbodens werden zweimal am Tag für jeweils etwas mehr als sechs Stunden vom Meer freigegeben und anschließend wieder überflutet.

Feinmaterial wie Schlick und Sand werden durch die Flüsse und aus der Nordsee antransportiert und im Wattenmeer abgelagert.

In den Prielen sammelt sich das letzte abfließende Ebbwasser. In ihnen dringt aber auch das erste Wasser der *Flut* ins Watt zurück. Zentimeter um Zentimeter steigt das Wasser, deckt die Schlickflächen zu und macht sie für Stunden wieder zum Meer.

Mit einer Ausdehnung von fast 10 000 km² stellt das Wattenmeer einen der letzten großen Naturräume dar. Zahlreiche Pflanzen- und Tierarten können nur dort existieren. Mit seinen unterschiedlichen Zonen wie Salzwiese und Strand, dem eigentlichen Watt und dem Unterwasserbereich zählt es zu den vielfältigsten Lebensräumen der Erde. Fünf Millionen Watt- und Wasservögel brüten, rasten und überwintern im Watt, für etwa 1500 Tierarten ist der Lebensraum zwischen Land und Wasser unersetzlich.

1. *Wie ist das Wattenmeer entstanden?*
2. *Beschreibe seine Lage mit Hilfe der Skizze „Nationalpark Niedersächsisches Wattenmeer".*
3. *Welche Teillebensräume gehören zum Nationalpark? Welche Bedeutung hat das Watt für Natur (Tierwelt!) und Mensch?*

Um die besondere Eigenart der Landschaft zu erhalten, wurden 1985 und 1986 die *Nationalparks* „Schleswig-Holsteinisches Wattenmeer" und „Niedersächsisches Wattenmeer" eingerichtet, 1990 der Nationalpark „Hamburgisches Wattenmeer". Die Grenze des niedersächsischen Nationalparks zur Landseite hin ist der Außendeichfuß, zur Seeseite hin die −6,25-MTHW-Linie (mittleres Tide-Hochwasser). Der Zwischenraum ist in drei unterschiedliche Zonen gegliedert.

Für die *Ruhezone*, im Niedersächsischen Wattenmeer mehr als die Hälfte der Fläche, gelten die strengsten Schutzmaßnahmen. Diese Zone ist ausschließlich der Natur vorbehalten. Hier befinden sich die wertvollsten und empfindlichsten Landschaftsteile, Pflanzen- und Tierarten der Nationalparkgebiete.

In der *Zwischenzone* darf die Natur des Wattenraumes nicht verändert werden. Während der Brut- und Aufzuchtzeit der Vögel werden Teile dieser Zone gesperrt.

Die *Erholungszone* darf nur als Badestrand und für Kureinrichtungen genutzt werden. Der Neubau von Gebäuden muß von der Nationalparkverwaltung genehmigt werden. Das Wattenmeer ist aber nicht nur ein schützenswerter Naturraum, sondern ein Gebiet mit Nutzungsansprüchen und damit verbundenen Nutzungskonflikten, wie man sie sich gegensätzlicher kaum vorstellen kann. Die verschiedenen Gruppen melden ihr Interesse am Watt an.

4. Nenne einige der gegensätzlichen Interessen und ihre Beweggründe!

5. Sind diese verschiedenen Ansprüche überhaupt in Einklang zu bringen?

6. Beschreibe die Wirkungen dieser Eingriffe auf das Ökosystem „Wattenmeer".

Nationalpark Niedersächsisches Wattenmeer

- ········· Grenze des Nationalparks
- ‖‖‖‖ Ruhezone
- Zwischenzone
- Erholungszone

0   10   20 km

Cuxhaven
Wangerooge
Spiekeroog
Langeoog
Norderney
Baltrum
Juist
Borkum
Norden
Dornumersiel
Wilhelmshaven
Weser
Greetsiel
Emden
Ems
NIEDERLANDE
Leer
Oldenburg

Der Nordsee geht es dreckig

Müllkippe Nordsee

Giftgas am Meeresgrund.

Quecksilbrige Nordsee

Wattenjagd ist kein Naturschutz

Abkommen für Nordsee läßt Löcher für Atommüll

Erdgas-Suche im Wattenmeer erlaubt

Bohrinsel in der Naturschutzzone

Großfeuer auf Bohrinsel

Wattenjagd ist Vogelmord

Ölpest läßt Tausende von Vögeln sterben

Sorge um das Wattenmeer

Schießstand Wattenmeer

320 000 Seevögel verendeten in wenigen Monaten im Nordsee-Öl

Ostfriesland / Küstenschutz

Bootverkehr gefährdet Natur im Wattenmeer

Tourismus-Industrie führt zu Umweltbelastungen

Seehunde sind Leidtragende des halbherzigen Naturschutzes im Wattenmeer.

Gas durchs Watt

Haushalt blank - Nordsee krank

Segler contra Naturschützer

Giftfackeln auf Hoher See

Nordsee: Bohrinseln verdrecken das Meer

Schwarze Flecken im Watt beunruhigen Biologen

Opfer des Robbensterbens

Opfer der „Ölpest"

Die Nordsee „geht baden"

Seit Jahrzehnten wird die Nordsee als gebührenfreie europäische Müllkippe mißbraucht. Bis heute weiß niemand genau, wieviel Unrat und Gift in das geplagte Meer geleitet werden. Die Zahlen über Giftfrachtmengen gehen oft weit auseinander, sie reichen aber aus, uns das Gruseln zu lehren. Jährlich werden in die Nordsee eingeleitet:

- 4000 Millionen m³ ungeklärte Abwässer,
- 75 Millionen Tonnen Bauschutt,
- 65 Millionen Tonnen Baggergut,
- 7 Millionen giftiger Industriemüll in fester oder flüssiger Form,
- 5 Millionen Tonnen mit Giften durchsetzter Klärschlamm,
- 1,5 Millionen Tonnen Stickstoffverbindungen

Algenschaum am Badestrand

- 200 000 Tonnen Öl,
- 200 000 Tonnen Phosphate,
- einige Tausend Tonnen Chemiegifte (Insektenvertilgungsmittel und andere Pestizide, Lösemittel und Abfallprodukte),
- Schwermetalle:
  11 000 Tonnen Blei, 350 Tonnen Cadmium und 100 Tonnen Quecksilber.

Dazu kommen radioaktive Stoffe aus der englischen Atomfabrik Sellafield und der französischen Wiederaufarbeitungsanlage La Hague.
Zwar soll der Eintrag gefährlicher Stoffe in die Nordsee bis 1995 um die Hälfte verringert werden, doch ob das gelingen wird, ist sehr zweifelhaft. Niemand weiß beispielsweise, welche Mengen an Schmutz viele Flüsse in die Nordsee transportieren.
Was an festem Abfall so alles im Meer landet, kam in Helgoland ans Licht: An einem 60 Meter langen Strandabschnitt sammelte man in einem Jahr 8473 Teile Treibgut mit 1300 kg Gewicht.

WATT IN GEFAHR

Redt de kust • Rettet die Küste • Værn Vadehavet

1. Schreibe auf, welche Belastungen es gibt, und erläutere, für welche Belastungserscheinungen sie verantwortlich sind.

2. Wie gelangt immer wieder Öl in die Nordsee? Nenne die Verursacher und begründe, warum eine Verölung der Nordsee immer auch eine Bedrohung des Wattenmeeres darstellt.

3. Warum gibt es soviel Kritik an der Erdöl- und Erdgassuche im Wattenmeer?

4. Warum nennt man die Nordsee auch die „Müllkippe" Europas?

5. Durch welche Schadstoffe wird die Nordsee besonders belastet? Nenne Beispiele und die Hauptverursacher.

6. Welche Rolle spielen die in die Nordsee mündenden Flüsse für die Verschmutzung von Nordsee und Wattenmeer?

7. Zur Zeit wird überlegt, das richtige Verhalten von Menschen im niedersächsischen Wattenmeer durch junge Leute, sog. „Ranger" zu kontrollieren.
   Überlegt einmal, welche Eigenschaften und Fähigkeiten ein(e) Bewerber(in) für einen solchen Posten mitbringen muß?

Arbeitsplatz Nordsee

Die Nordsee gehört zu den meistbefahrenen Gewässern unserer Erde. Tag für Tag verkehren Hunderte von Tankern, Frachtern, Autotransportern und Passagierschiffen auf der Nordsee. Vor den Küsten der sieben Anliegerstaaten fischt eine Armada von Kuttern, und Tausende von Wassersportlern mit ihren Motorschiffen, Jachten und Segelbooten suchen auf der Nordsee Erholung.

Zwischen all diesen Schiffen stehen über 200 Ölplattformen und Bohrinseln, die wiederum von einer Vielzahl von Versorgungsschiffen angelaufen werden. Dieser rege Betrieb bringt viele Gefahren mit sich.

Eine – wenn auch unvollständige – Liste von Vorkommnissen, die sich innerhalb von nur 10 Tagen ereigneten, weist in diesem Zusammenhang auf ein spezielles Problem hin:

29.11.1986, 0.00 Uhr. In der britischen Piper-Flotta-Pipeline wird ein Leck entdeckt. An die 2000 Tonnen Öl sind ausgelaufen. Die Ölverschmutzung 200 Kilometer nordöstlich der schottischen Stadt Aberdeen bedeckt eine Fläche von 34 Quadratkilometern. Um einen weiteren Ölaustritt zu verhindern, ist auf drei Ölplattformen die Produktion eingestellt worden.

29.11. Von einer britischen Ölplattform östlich der Orkney-Inseln wird eine Ölverschmutzung gesichtet. Das Öl soll nicht von der Plattform stammen.

30.11. Das Motorschiff Stenfoss läuft in den Küstengewässern bei der norwegischen Stadt Stavanger auf Grund. Öl läuft aus. Ein Schlepper zieht das Schiff frei.

30.11., 10.31 Uhr. Die norwegische Ölplattform meldet eine großangelegte Evakuierungsübung.

2.12. Auf dem Fährschiff Belinda reißt sich auf der Reise von England nach Dänemark in stürmischer See ein Tanklastwagen im Laderaum los und kippt auf die Seite. Dem Tank entweicht Argon-Gas, das mit minus 196 Grad die Umgebung vereist, was zahlreiche Risse im Schiffsrumpf hervorruft. Das Schiff erreicht Esbjerg mit eigener Kraft.

2.12., 11.52 Uhr. Westlich der holländischen Insel Texel wird eine fünf Kilometer lange und 500 Meter breite Ölverschmutzung entdeckt, die Menge des Öls auf etwa 0,8 Tonnen geschätzt. Der Verursacher, ein Schiff, wird festgestellt.

3.12. Die Ölverschmutzung vom 29.11., hervorgerufen durch ein Leck in der Piper-Flotta-Pipeline, treibt auf die norwegische Küste zu. Der ursprünglich 34 Quadratkilometer große zusammenhängende Ölteppich hat sich in drei Lachen geteilt. Drei Spezialschiffe werden beauftragt, die Ölpest zu bekämpfen.

3.12., 12.15 Uhr. Das Zollboot Rheiderland meldet eine Ölverschmutzung in der Ems-Mündung. Der Verursacher ist unbekannt.

4.12. Die große Ölverschmutzung, entstanden durch ein Leck in der Piper-Flotta-Pipeline ist nur noch 90 Kilometer von der norwegischen Küste entfernt. Hohe See und stürmische Winde verhindern, daß die Ölpest von Spezialschiffen bekämpft werden kann.

4.12., 7.50 Uhr. Der Tanker Odysseus läuft mit 81 000 Tonnen Öl in der Humber-Mündung auf Grund. Acht Schlepper ziehen ihn frei.

5.12., 2.44 Uhr. Der Chemikalientanker Titan läuft in der Außenweser auf Grund. Der Tanker ist mit 1290 Tonnen Dünnsäure beladen, die in der Nähe von Helgoland verklappt werden soll. Um 3.10 Uhr kommt der Tanker mit eigener Kraft wieder frei und setzt, da kein Schaden feststellbar ist, seine Reise zum Verklappungsgebiet fort.

5.12., 11.30 Uhr. Bei einem Transfer von Dieselöl von einem Versorgungsschiff zu einer Ölplattform in der Nähe der holländischen Küste entsteht eine geringfügige Ölverschmutzung.

5.12., 13.34 Uhr. Wegen aufkommender Flut können drei Jungen ein in der Themse-Mündung ankerndes Boot nicht wieder verlassen. Ein Rettungskreuzer birgt sie.

5.12., 15.35 Uhr. In der Nähe des holländischen Ameland-Gasfelds wird eine kleinere Ölverschmutzung festgestellt. Sie stammt von einer Plattform.

6.12., 14.20 Uhr. Nördlich der holländischen Insel Terschelling wird ein fünf Kilometer langer und drei Kilometer breiter Ölteppich gesichtet. Der Verursacher kann nicht ermittelt werden.

6.12., 15.16 Uhr. Westlich von Den Helder wird eine 30 Kilometer lange und einen Kilometer breite Ölverschmutzung gesichtet. Die Menge des Öls beträgt ungefähr drei Tonnen. Der Verursacher kann nicht ermittelt werden.

7.12., 11.35 Uhr. Der Flüssiggastanker Staffordshire verursacht eine Ölverschmutzung. Durch ein Leck im Boden entweichen 65 Tonnen Öl westlich von Zeeland. Der Boden des Tankers war bei einer zurückliegenden Grundberührung beschädigt und vor der Weiterfahrt nicht repariert worden.

8.12. Bei der norwegischen Insel Finnøy wird eine Ölverschmutzung gesichtet. Als Verursacher wird ein Schiff ermittelt.

8.12., 8.34 Uhr. Westlich von Katwij aan Zee wird eine kleinere Ölverschmutzung gesichtet. Der Verursacher ist unbekannt.

8.12., 8.45 Uhr. Westlich von Hoek van Holland wird eine kleinere Ölverschmutzung gesichtet. Ein Verursacher kann nicht ermittelt werden.

8.12. Auf einer britischen Ölplattform östlich von Aberdeen versagt ein Gasregler. Ölhaltige Abwasser fließen in die See. Die Ölverschmutzung wird mit 0,08 Tonnen angegeben.

8.12. Durch einen Riß in einer ölführenden Leitung auf einer britischen Ölplattform östlich der Shetland-Inseln entsteht eine Ölverschmutzung, die mit 0,32 Tonnen angegeben wird.

8.12. Von einer britischen Ölplattform nordöstlich der Shetland-Inseln wird eine geringfügige Ölverschmutzung gesichtet. Das Öl soll nicht von der Plattform stammen.[2]

1. Welche wirtschaftliche Bedeutung hat die Nordsee? Wie wird die Nordsee genutzt?

2. Um welches „spezielle Problem" geht es in den Aufzeichnungen vom 29.11. bis 8.12.1986?

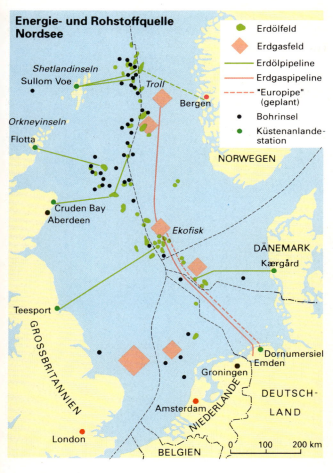

Energie- und Rohstoffquelle Nordsee

- ● Erdölfeld
- ◆ Erdgasfeld
- —— Erdölpipeline
- —— Erdgaspipeline
- - - - "Europipe" (geplant)
- ● Bohrinsel
- ● Küstenanlande-station

Shetlandinseln
Sullom Voe
Troll
Bergen
Orkneyinseln
Flotta
NORWEGEN
Cruden Bay
Aberdeen
Ekofisk
DÄNEMARK
Kærgård
GROSSBRITANNIEN
Teesport
Dornumersiel
Emden
Groningen
DEUTSCH-LAND
Amsterdam
NIEDERLANDE
London
BELGIEN
0   100   200 km

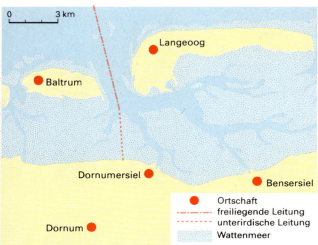

0   3 km
Langeoog
Baltrum
Dornumersiel
Bensersiel
Dornum

- ● Ortschaft
- —·—· freiliegende Leitung
- ········· unterirdische Leitung
- ░ Wattenmeer

Nahezu die gesamte westeuropäische Erdöl- und Erdgas-förderung findet in der Nordsee statt. Dort liegen die größ-ten Erdöl- und Erdgaslagerstätten Westeuropas. Die Nord-see spielt deshalb eine große Rolle als Rohöl- und Erdgas-lieferant. Der Transport von Erdgas erfolgt mittels Pipeli-nes zum Festland. Eine davon führt vom Ekofisk-Feld nach Emden, wo das Gas gereinigt und anschließend über ganz Westeuropa verteilt wird. Für 1993 plant eine norwegische Firma den Bau einer weiteren Erdgaspipeline ("Europipe") aus der Nordsee über Dornumersiel nach Emden. Wie die Karte links unten zeigt, muß das letzte Stück durch das Wattenmeer verlegt werden. Bis 1995 sollen die Arbeiten erledigt sein.

Bohrinsel

3. Wie heißen die Anliegerstaaten der Nordsee?

4. Aus welchem Land (Schelfgebiet) beziehen wir Erd-gas?

5. Mit welchen Problemen und Widerständen werden sich die Planer der „Europipe" wohl auseinandersetzen müssen, bevor mit dem Bau begonnen werden kann?

● Streit um die „Europipe" – ein Rollenspiel

Die folgenden Zeitungsartikel enthalten wesentliche Aussagen verschiedener Gruppen zum Bau einer Erdgaspipeline („Europipe") durch das niedersächsische Wattenmeer (s. Grafik S. 129).

Statoil (norwegischer Staatskonzern):

„Erdgas ist wegen seiner Umweltverträglichkeit und seiner langfristigen Verfügbarkeit eine der wichtigsten Energiequellen der Zukunft. Der Einsatz moderner Verbrennungstechniken garantiert jedoch, daß die Emissionen weit unter den in der „Technischen Anleitung Luft" gesetzlich erlaubten Grenzwerten liegen. Der Kohlenmonoxid-Ausstoß entspricht in etwa dem von 20 modernen Autos mit Katalysator. Bei Schwefeldioxid und Stickstoff liegen die Emissionen weit unter den erlaubten Werten für Luftkurorte und Heilbäder. Während der Bauarbeiten an der Empfangsanlage wird die Lärmbelästigung innerhalb der von Behörden genehmigten Grenzen liegen. Der Anteil von Erdgas am gesamten Energieverbrauch in Deutschland wird deutlich steigen. Dafür wird Erdgas aus dem norwegischen Nordseegebiet benötigt. Hierfür reichen die bestehenden Transportkapazitäten der Nordpipe nicht mehr aus. Mit dem Bau der Europipe trägt Statoil der wachsenden Nachfrage in Deutschland und Europa Rechnung und garantiert so eine sichere Energieversorgung."

Wattführer Eisbau:

„Die Entscheidung der Statoil ist die schädlichste Lösung für das Leben im Watt und für alle, deren Existenz von einer noch ein bißchen funktionierenden Restnatur abhängt."

Urlauber:

„Ich komme seit Jahren, bedingt durch mein Asthma, zur Regeneration meiner Atemwege an die Küste. Wenn die Europipe gebaut wird, gibt es im Fremdenverkehr mit Sicherheit sehr große Einbußen."

„Und verbrannt wird das Gas ganz in der Nähe einer Feriensiedlung mit Campingplatz."

Einheimische:

„Auch den Dornumern geht es um geschäftliche Interessen. Sie fürchten um den Fremdenverkehr."

„Erholung und Landwirtschaft – das werden uns die Emissionen der ‚Europipe' gründlich verderben."

„Die vorherrschenden Westwinde werden Dornum mit Schadstoffemissionen eindecken. Für uns Dornumer gibt es da nur eins: tief durchatmen."

Politiker:

„Wegen der Emissionen zweifelt die Bezirksregierung auch nicht mehr. ‚Selbst wenn Dornum einmal Nordseeheilbad werden will, werden die zulässigen Grenzwerte nicht überschritten.'"

Umweltschützer:

„Bereits die Nationalparkverordnung verbietet die Verlegung von Rohrleitungen sogar in der weniger streng geschützten Zwischenzone."

„Das international bedeutsame Feuchtgebiet Wattenmeer werde durch die ‚Europipe' nachhaltig beeinträchtigt."

Fischer:

„Durch die tiefgehenden Baggerungen im Watt könnte die Insel Langeoog auf Dauer geschädigt werden. Die Zerstörung des festen Inselsockels könne nicht nur Auswirkungen auf den Inselschutz, sondern auch auf die Deichsicherheit des Festlands haben."

„In den Fanggründen der Dornumersieler Fischer will der norwegische Konzern rund 3,5 Millionen Kubikmeter Sediment bewegen."

„Der Bau der Europipe im Nationalpark sei nicht nur verboten, sondern würde dort auch erhebliche Naturzerstörungen nach sich ziehen. Die Dornumersieler Krabbenfischer seien dadurch vom Verlust ihrer Fanggründe betroffen."

„Fischer Dirk Sander etwa sah durch die Planung die Existenz der Fischerei ‚innerhalb von drei Jahren' vernichtet."

Bürger:

„Man soll ehrlich sein und zugeben, daß durch den Tourismus auch die Umwelt zerstört wird."

„Zudem ist Erdgas noch immer die sauberste Energie."

Unternehmer:

„Ostfriesland soll von Europipe profitieren."

„Unternehmen aus Ostfriesland sollen vor allem bei der Vergabe von Aufträgen zur Verlegung der Erdgas-Pipeline ‚Europipe' berücksichtigt werden."

„Wirtschaftsstandort Ostfriesland als Energiedrehscheibe!"

Behörden:

„In der Stellungnahme der Wasserwirtschaftsbehörde heißt es, die stabile Lage und die perma-

Verlegung einer Erdgaspipeline in der Nordsee

„Landesregierung braucht Gaslieferungen für den angepeilten Ausstieg aus der Atomenergie."

Ärzte:

„Die saubere Luft ist unser wichtigstes Kapital."

„Der Dornumersieler Mediziner Dieter Wermich sprach angesichts des Schadstoffausstoßes der Gas-Empfangsstation von einer absoluten Gefährdung der Asthma-, Bronchitis- und Pseudo-Krupp-Kranken, die im Nordseeklima Linderung suchten."

„So entstehe etwa das gefährliche Dioxid, aus dem sich gerade an heißen Tagen Ozon entwickelt. Das hätte gerade für Kurgäste fatale Folgen, denen das Reizklima an der Küste in erster Linie bei Asthma und Bronchitis hilft."

„Aufgrund der Berichterstattung der Medien über das Europipe-Projekt hätten schon kurwillige Patienten abgesagt. In nordrheinwestfälischen Zeitungen sei von ‚Petro-Siel' geschrieben worden."

„Allerdings verwies der Berumer Chemiker Andreas Behrens-Griesenbach auch auf die Emissionen, die aufgrund des Fremdenverkehrs entstehen."

---

nente Überdeckung der sogenannten Europipe würden bei einer Verlegung durch Seegatten und Fahrrinnen beeinträchtigt. Insbesondere die Klimaveränderung, der Meeresspiegelanstieg und daraus resultierende Vergrößerungen des Tidevolumens und der Strömungsgeschwindigkeiten würden sich negativ auf diese Trassen auswirken. Als Folge seien erhebliche Erosionen zu befürchten."

„Das Landesamt für Bodenforschung rechnet sogar mit Freispülungen der Leitung in diesem Bereich."

Gemeinde:

„Die Gemeinde lehnt eine Anlandung der Leitung auf ihrem Gebiet entschieden ab, weil sie eine ‚erhebliche Beeinträchtigung des Fremdenverkehrs' befürchten müsse."

„Die Naturlandschaft darf in der Gemeinde Dornum nicht verschandelt und die saubere Luft, um deretwillen die Urlauber unsere Gemeinde besuchen, nicht verpestet werden."

„Kein Gast wird mehr nach Dornumersiel und Umgebung kommen, wenn das Gasabfackeln Tatsache wird."

„Beim Bau der Europipe-Landstation würden täglich 40- bis 50mal Schwerlastfahrzeuge eingesetzt."

„Zwischen Spätsommer 1993 und Winter 1994/95 würde der gesamte Fremdenverkehr ‚in Mitleidenschaft gezogen'. Dornumersiel sei seit 1990 als Nordseebad anerkannt. Durch den Betrieb einer Regelstation würden erhebliche Schadstoffe freigesetzt. Das könne dazu führen, daß dem Ort Dornumersiel der Titel ‚Nordseebad' aberkannt würde."

1. Wie ihr sicher festgestellt habt, gibt es sehr unterschiedliche Meinungen zum Bau der „Europipe".
Faßt bitte in einer Übersicht (Tabelle) Befürworter, Gegner und deren Argumente zusammen: Pro und Contra!

2. Bildet Arbeitsgruppen, die die unterschiedlichen Interessen vertreten!

3. In einem Streitgespräch sollt ihr anschließend die gegensätzlichen Positionen diskutieren. Euer Wissen um das Wattenmeer wird euch sicher helfen.

4. Im Anschluß an das Streitgespräch soll jeder von euch eine Entscheidung für oder gegen die „Europipe" treffen und begründen.

PS: Eine Entscheidung der Bezirksregierung Weser-Ems fiel Anfang November 1992: Die „Europipe" wird gebaut. Sie soll 1995 ihren Betrieb aufnehmen!

Die Zeitungsausschnitte stammen alle aus der „Emder Zeitung" und der „Ostfriesen-Zeitung" vom September/Oktober 1992.

4 Menschen verschiedener Kulturkreise leben zusammen

Römer und Germanen am Limes

Vor etwa 2000 Jahren war das Römische Reich eine Weltmacht, es beherrschte die Gebiete rund um das Mittelmeer. Der römische Kaiser Augustus, der von 30 v. Chr. bis 14 n. Chr. regierte, versuchte, auch die Gebiete zwischen Rhein und Elbe zu unterwerfen. Die Germanen, die in diesem Raum siedelten, wehrten sich erfolgreich gegen die römischen Angriffe. So blieben Rhein und Donau für mehr als 200 Jahre die Grenze zwischen Germanien und dem Römischen Reich. Die Römer befestigten diese Grenze mit Erdwällen, Palisaden, Türmen und Mauern. Sie nannten diese Anlage *Limes*. Trotz dieser Grenze gab es zwischen Römern und Germanen vielfältige Beziehungen, friedliche und kriegerische.

1. *Was wißt ihr über die Germanen? Was wißt ihr über die Römer? Was wißt ihr über den Limes? Schreibt Stichworte zu diesen drei Themen in Form einer Tabelle an die Tafel.*

2. *Besorgt euch in der Schulbibliothek oder in der Stadt-/Gemeindebibliothek Bücher, die etwas über Römer und über Germanen erzählen.*

134

Woher kamen die Germanen?

Über die Herkunft der Germanen wissen die Wissenschaftler noch nicht genau Bescheid. Viele Anzeichen deuten darauf hin, daß die Germanen eine Mischbevölkerung sind.

Vor mehr als 4000 Jahren brachen in den Steppen Zentralasiens zahlreiche Stämme auf und wanderten in alle Himmelsrichtungen, um neue Siedlungsgebiete zu finden. Weil einige von ihnen bis nach Indien, andere bis nach Europa gelangt sind, nennt man diese Stämme *Indo-Europäer*. Überall, wo sich die Indo-Europäer niederließen, vermischten sie sich mit der einheimischen Bevölkerung. So entstanden langsam neue Stämme und Völker. Das Volk der Indo-Europäer ging in diesen Völkern auf.

Um 2000 v. Chr. erreichten Indo-Europäer den Ostseeraum. Sie siedelten im südlichen Skandinavien und an den Küsten von Nord- und Ostsee. Dort trafen sie auf eine einheimische Bevölkerung, die sich einige tausend Jahre zuvor, nach der letzten Eiszeit, als Sammler und Jäger niedergelassen hatte. Mittlerweile waren aus ihnen Akkerbauern geworden. Ihre Toten bestatteten sie in riesigen *Megalithgräbern,* die wir heute auch Hünengräber nennen. Im Verlauf der folgenden Jahrhunderte vermischten sich beide Bevölkerungsgruppen, und es entstand die Kultur der *Germanen*. Sie besaßen eine eigene Sprache und eigene religiöse Bräuche.

Um 800 v. Chr. begann das Klima in Skandinavien rauher zu werden. Die Germanen wanderten deshalb nach Süden. Sie besiedelten den Raum zwischen Weichsel und Elbe und erreichten um 400 v. Chr. das Gebiet des heutigen Niedersachsen. Im 1. Jahrhundert v. Chr. bildete der Rhein die westliche, die Donau die südliche Siedlungsgrenze der Germanen. Dort kamen sie mit den Römern in Berührung.

Die Bezeichnung Germanen wurde von dem römischen Feldherrn Julius Caesar in Umlauf gebracht – so nannte er die Bevölkerung, die östlich des Rheins und nördlich der Donau siedelte. Die Germanen selbst nannten sich Cherusker, Langobarden, Ubier, Friesen usw. – je nachdem, welchem Stamm sie angehörten. Die Karte rechts oben zeigt die Siedlungsgebiete der wichtigsten germanischen Stämme im Gebiet des heutigen Deutschland.

Germanen, Römer und Kelten im Gebiet des heutigen Deutschland

Legende:
- Germanen
- Römer
- Kelten
- römische Feldzüge zur Eroberung Germaniens
- Angeln — germanische Stämme

1. Nehmt einen Atlas zur Hand, und verfolgt die Wanderungen der Indo-Europäer und die Ausbreitung der Germanen.

2. Unser Wissen über die Germanen stammt entweder von den Römern oder von Ausgrabungen, die in den letzten Jahrzehnten gemacht wurden. Von den Germanen selbst gibt es keine schriftlichen Überlieferungen. Denkt einmal nach, welchen Grund es hierfür geben kann.

Alltag bei den Germanen

Zur Zeit von Christi Geburt war der größte Teil Germaniens unberührte Natur. Wälder, Heideflächen und Moore prägten die Landschaft. Es gab noch keine ausgebauten Wege, und wo die Germanen eine Siedlung errichten wollten, mußten sie zuerst roden.

Die Germanen lebten in Dörfern, die bis zu 50 Häuser zählten. Jedes Haus war von einem Holzzaun oder einer Mauer umgeben. Auch um das ganze Dorf errichteten die Bewohner einen Zaun, der vor Tieren und umherziehenden Räubern schützen sollte.

Die Häuser der Germanen waren bis zu 10 m lang. Die Wände bestanden aus Flechtwerk, das mit Lehm verschmiert wurde, das Dach war mit Reet gedeckt. Im Haus befanden sich eine Herdstelle, ein Backofen und ein Webstuhl. Im hinteren Teil des Hauses waren die Tiere untergebracht: Schafe, Ziegen, Schweine und Rinder.

Etwa ein Dutzend Menschen lebte in einem solchen Haus. Sie trieben Ackerbau und Viehzucht, einige versuchten sich als Handwerker. Man weiß, daß es den Beruf des Schmieds, des Töpfers und des Tischlers bei den Germanen gegeben hat.

Die Germanen ernährten sich vor allem von den Erträgen ihrer Feldarbeit. Gepflügt wurde mit einem Hakenpflug. Dieser Pflug hatte bei weitem nicht die Wirkung wie eine moderne Pflugschar, der Boden wurde nur an der Oberfläche gelockert, aber nicht gewendet. So erzielten die germanischen Bauern Erträge, die weit niedriger waren als heute. Aus Grabungsbefunden wissen wir, daß die Germanen ihre Felder mit Mist düngten. In einigen Dörfern fanden Archäologen Misthaufen, die den Bewohnern als Düngerreserve dienten.

Die Jagd war anstrengend und oft auch gefährlich. Damals lebten noch Bären, Wölfe und Luchse in den Wäldern – Raubtiere, die heute bei uns ausgestorben sind. Aber auch Auerochsen, Hirsche, Elche und Wildschweine wurden gejagt. Für die jungen Germanen war die Jagd oft zugleich eine Mutprobe, bei der sie Anerkennung und Ansehen erwerben konnten.

Die Germanen kleideten sich einfach. Die Männer trugen eine Hose und einen Mantel, der aus einer ca. 2,50 m langen Stoffbahn gearbeitet war. Die Frauen trugen ein Hemdkleid mit einem Gürtel. Die Stoffe waren aus Wolle oder Leinen gewebt und mit natürlichen Farben gefärbt. Gegen die Kälte des Winters schützten gegerbte Felle.

1. Eine Familie lebte mit den Haustieren, etwa 10–15 Rindern, unter einem Dach.
   Woher ist euch diese Hausform bekannt?

2. Erklärt das Bild anhand der betreffenden Stelle des Tacitus-Textes.

Rekonstruktion eines germanischen Gehöfts
(Westfälisches Museum für Archäologie, Münster)

Tacitus über die Germanen

[Äußeres:] 4. ... die äußere Erscheinung ist bei allen dieselbe: wild blickende blaue Augen, rötliches Haar und große Gestalten, die allerdings nur zum Angriff taugen. Für Strapazen und Mühen bringen sie nicht dieselbe Ausdauer auf, und am wenigsten ertragen sie Durst und Hitze; wohl aber sind sie durch Klima und Bodenbeschaffenheit gegen Kälte und Hunger abgehärtet.

[Landschaft:] 5. Das Land zeigt zwar im einzelnen einige Unterschiede; doch im ganzen macht es mit seinen Wäldern einen schaurigen, mit seinen Sümpfen einen widerwärtigen Eindruck... Getreide gedeiht, Obst hingegen nicht. Vieh gibt es reichlich, doch zumeist ist es unansehnlich... Die Menge macht den Leuten Freude, und die Herden sind ihr einziger und liebster Besitz...

[Regierung:] 7. Könige wählen sie nach Maßgabe des Adels, Heerführer nach der Tapferkeit. Selbst die Könige haben keine unbeschränkte oder freie Herrschergewalt, und die Heerführer erreichen mehr durch ihr Beispiel als durch Befehle...
11. Über geringere Angelegenheiten entscheiden die Stammeshäupter, über wichtigere die Gesamtheit; ... Man versammelt sich ... an bestimmten Tagen, bei Neumond oder Vollmond; dies sei, glauben sie, für Unternehmungen der gedeihlichste Anfang... Sobald es der Menge beliebt, nimmt man Platz, und zwar in Waffen. Ruhe gebieten die Priester; sie haben jetzt auch das Recht zu strafen. Dann hört man den König an oder die Stammeshäupter, jeweils nach dem Alter, nach dem Kriegsruhm, nach der Redegabe... Mißfällt ein Vorschlag, so weist man ihn durch Murren ab; findet er jedoch Beifall, so schlägt man die Framen (Speere) aneinander. Das Lob mit den Waffen ist die ehrenvollste Art der Zustimmung.

[Siedlung:] 16. Daß die Völkerschaften der Germanen keine Städte bewohnen, ist hinreichend bekannt... Sie hausen einzeln und gesondert, gerade wie ein Quell, eine Fläche, ein Gehölz ihnen zusagt. Ihre Dörfer legen sie nicht in unserer Weise an, daß die Gebäude verbunden sind und aneinanderstoßen: jeder umgibt sein Haus mit freiem Raum... Nicht einmal Bruchsteine oder Ziegel sind bei ihnen im Gebrauch; zu allem verwenden sie unbehauenes Holz...

[Sitten:] 18. Die Germanen halten auf strenge Ehezucht, und in keinem Punkte verdienen ihre Sitten größeres Lob...
19. So leben die Frauen in wohlbehüteter Sittsamkeit, nicht durch lüsterne Schauspiele, nicht durch aufreizende Gelage verführt. Heimliche Briefe sind den Männern ebenso unbekannt wie den Frauen. Überaus selten ist trotz der so zahlreichen Bevölkerung ein Ehebruch... Die Zahl der Kinder zu beschränken oder ein Nachgeborenes zu töten, gilt für schändlich, und mehr vermögen dort gute Sitten als anderswo gute Gesetze.

[Ernährung:] 23. Als Getränk dient ein Saft aus Gerste oder Weizen, der durch Gärung eine gewisse Ähnlichkeit mit Wein erhält; die Anwohner von Rhein und Donau kaufen auch Wein. Die Kost ist einfach: wildes Obst, frisches Wildbret oder geronnene Milch. Ohne feine Zubereitung, ohne Gewürze vertreiben sie den Hunger. Dem Durst gegenüber herrscht nicht dieselbe Mäßigung...[1]

Kleid einer germanischen Frau, das in einem dänischen Moor gefunden wurde. Das Moor hat die Gewebe in allen Einzelheiten konserviert.

3. Sammelt anhand des nebenstehenden Textauszuges Informationen zur Lebensweise der Germanen.

4. Welche Eigenheiten von Land und Leuten fallen euch auf? Begründet!

5. Tacitus wollte seinen Zeitgenossen in Rom die Germanen auch als ein unverdorbenes Naturvolk vorstellen. An welcher Stelle wird das deutlich?

Religiöse Feiern im Moor

Auf den vorangegangenen Seiten wurden Einzelheiten aus dem Leben der Germanen erzählt – woher aber haben wir diese Kenntnisse? Das meiste Wissen über die Germanen verdanken wir den Archäologen. Sie haben nicht nur germanische Siedlungen (wie z. B. in Feddersen Wierde im Landkreis Cuxhaven) ausgegraben. Die faszinierendsten Funde konnten sie in den Mooren Norddeutschlands und Dänemarks bergen. So wie den Tollund-Mann:
Im Mai 1950 fanden zwei Arbeiter beim Torfstechen einen Leichnam im Moor bei Tollund in Dänemark. Zunächst dachten sie, einen Mord aufgedeckt zu haben, und benachrichtigten die Polizei. In einer Torfgrube lag ein Mann auf der Seite und schien zu schlafen. Auf dem Kopf trug er eine Mütze aus Leder, um den Hals eine doppelt geflochtene Schnur, deren Schlinge sich um den Kehlkopf zog, und um seinen Leib war ein Ledergürtel geschlungen.

Es kostete einige Mühe, diesen Fund zu bergen. In Kopenhagen wurde er schließlich eingehend untersucht. Seine Organe waren gut erhalten, und eine Auswertung des Magens und des Darmes ergab, daß er einige Stunden vor seinem Tod einen Brei aus Getreide und allerlei Kräutern gegessen hatte. Die Wissenschaftler ermittelten, daß der Mann im ersten Jahrhundert v. Chr. gelebt hatte. Wie kann es geschehen, daß er nach zweitausend Jahren noch so gut erhalten ist? Hochmoore enthalten eine hohe Konzentration von Huminsäuren. Diese verhindern, daß die Mikroorganismen einen Leichnam auffressen. Die Sauerstoffarmut der Hochmoore wirkt zudem konservierend (erhaltend): Ohne Sauerstoff wird der Zerfall toter Lebewesen stark verzögert. Haare, Fingernägel, Haut, Knochen – alles bleibt erhalten. Dank dieser Eigenschaft der Moore haben Archäologen bis heute mehrere hundert Moorleichen gefunden – und fast alle sahen so aus wie zum Zeitpunkt ihres Todes.

Eine Begegnung mit dem Tollund-Mann

„Es ist das Gesicht eines schlafenden Menschen, eines Menschen, der soeben die Augen geschlossen hat und einen Moment schlummert... Wir glauben nicht an seinen Tod. Noch steckt lebendiges Menschsein hinter dem warmen, feinen Humor des Gesichts. Nach einem Weilchen wird er aufwachen. Er hat nur geschlafen. 2000 Jahre lang... Die Archäologie steht hier einmal still. Nicht aus falscher Pietät (Ehrerbietung) und nicht aus Ungewißheit über Art und Charakter des Fundes, aus Gewißheit vielmehr: Dies ist nicht nur ein Fund, ein Museumsgegenstand... – es ist ein Mensch."

Palle Lauring[2]

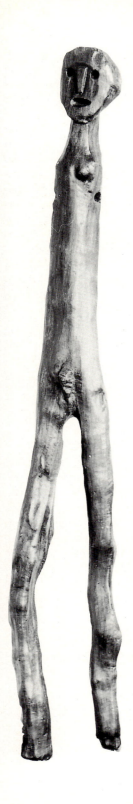

Was die Wissenschaftler vor allem interessierte, war die Frage, wie der Tollund-Mann zu Tode gekommen war.

Der Strick um den Hals schien auf einen gewaltsamen Tod hinzuweisen. Doch man fand keine Spuren am Körper des Toten, die diese Vermutung rechtfertigten. Möglicherweise war er ein Menschenopfer. Die große Zahl von Moorleichen aus germanischer Zeit zeigt, daß die Menschen eine besondere Beziehung zu dieser Landschaft hatten. Im Moor fühlten sich die Germanen den Göttern nahe. Dort brachten sie ihnen Opfer dar: Kleidung, Schmuck, Schiffe, Wagen, Nahrung, Pferde – und Menschen. Tacitus berichtet von einem solchen Opfergang bei den Semnonen: *„Zu einem feststehenden und regelmäßig wiederkehrenden Zeitpunkt versammeln sich die Abgesandten aller blutsverwandten Völker in einem Walde, der nach den Wahrnehmungen der Vorfahren und durch die aus alter Zeit überkommene fromme Scheu als geheiligt gilt. Dort feiern sie ein grausiges und unheimliches Götterfest, das sie im Namen der Gesamtheit mit einem Menschenopfer einleiten."*[3]

Über die Religion der Germanen gibt es nur wenig gesichertes Wissen. Sie besaßen keine Tempel, sondern feierten ihre religiösen Feste im Freien, in den Mooren und Wäldern. Ob alle germanischen Stämme die gleichen Götter verehrten, wissen wir nicht. Es gibt aber einige wenige Gottheiten, die unter den Germanen weit verbreitet waren. Zu ihnen zählte *Wotan*, der Gott des Jenseits, der auf einem achtbeinigen Grauschimmel reitend die Toten durch die Lüfte geleitet. *Ziu* galt als der höchste germanische Gott, ihm wurden Pferde geopfert.

Thor war der Gott des Donners. Er schützte die Menschen vor Dämonen und Riesen und sorgte für eine gute Ernte. *Freyja* wurde als Göttin der Liebe und der Ehe verehrt.

1. Erklärt mit eigenen Worten, was Palle Lauring beim Anblick des Tollund-Mannes bewegt.

2. Im Landesmuseum Schleswig, im Landesmuseum Hannover, im Landesmuseum Oldenburg und im Textilmuseum Neumünster sind ebenfalls Moorleichen ausgestellt. In diesen Museen arbeiten Fachleute, die euch viel über dieses Thema erzählen können. Vielleicht ist das ein Ziel für den nächsten Klassenausflug?

3. Thor und Freyja – welche Wochentage sind nach diesen Göttern benannt?

Germanische Götterfiguren aus Holz. Sie sind 2,75 bzw. 2,27 m groß und wurden in einem Moor bei Braak (Schleswig-Holstein) gefunden. Ihr Alter wird auf 2500 Jahre geschätzt. Heute sind die beiden Figuren im Landesmuseum Schleswig ausgestellt.

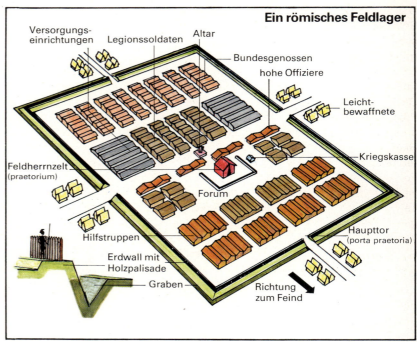

Ein römisches Feldlager

Versorgungs-einrichtungen

Legionssoldaten

Altar

Bundesgenossen

hohe Offiziere

Leicht-bewaffnete

Kriegskasse

Feldherrnzelt (praetorium)

Forum

Haupttor (porta praetoria)

Hilfstruppen

Erdwall mit Holzpalisade

Graben

Richtung zum Feind

◀ *Ein römischer Legionär*

Die Römer auf dem Weg zur Weltherrschaft

Rom wurde der Sage nach im Jahre 753 v. Chr. als Stadt gegründet. Im Lauf der Geschichte dehnte es seine Macht zunächst über die gesamte italienische Halbinsel, später auf die Länder rund um das Mittelmeer aus. Damit beherrschten die Römer fast die gesamte damals bekannte Welt. Wie war dies möglich?

Jeder römische Bürger war vom 17. Lebensjahr an zum Militärdienst verpflichtet und mußte seine Ausrüstung selbst bezahlen. Sobald ein Krieg beschlossen war, wurden die Bürger zu den Waffen gerufen und den Legionen zugeteilt. Legionen waren Einheiten von 3000 bis 4000 Soldaten. Als Entschädigung für den Kriegsdienst erhielten die Legionäre einen Sold und einen Anteil an der Kriegsbeute. Die Feldzüge fanden in der Regel nur im Sommer statt. Alle Gegner bewunderten die straffe Disziplin des römischen Heeres. Die Legionäre verpflichteten sich durch einen Eid, ihrem Feldherrn zu dienen. Feigheit oder Verstöße gegen die Dienstordnung der römischen Heere wurden streng bestraft.

Es gehörte zu den Besonderheiten der römischen Kriegführung, daß sich die Heere bei jedem Halt in einem Feldlager verschanzten, selbst wenn sie nur eine Nacht rasteten. Jeder Soldat mußte eine Holzbohle als Teil seiner Ausrüstung mit sich tragen. Auf einem zugewiesenen Platz beteiligte er sich an den mühsamen Schanzarbeiten. Jedes Lager wurde auf einem rechtwinkligen Platz nach einem vorgegebenen Plan errichtet. Zelte dienten als Unterkünfte. Wenn das Lager längere Zeit benützt wurde, traten leichte Holzbauten an ihre Stelle. Diese Art von Lager bot den römischen Truppen Rückhalt; selbst wenn eine Truppe im Kampf zersprengt wurde, konnte sie sich im Schutz des Lagers wieder sammeln.

1. *Die Zeichnung oben zeigt einen römischen Legionär. Beschreibt seine Ausrüstung und Bewaffnung.*

2. *Welche Einrichtungen gab es in einem römischen Feldlager?*

Die neuerworbenen Gebiete wurden dem Römischen Reich als Provinz eingegliedert. Wehrte sich die einheimische Bevölkerung dagegen, so verfuhren die Römer mit gnadenloser Gewalt. Als sie Karthago erobert hatten, machten sie die Stadt dem Erdboden gleich und verkauften zehntausende Einwohner in die Sklaverei.

Die Römer beuteten ihre Provinzen rücksichtslos aus. Jede Provinz mußte durch die Lieferung von Getreide oder anderen Waren zum römischen Staatshaushalt beitragen. Hierfür sorgte eine Verwaltung, die einem Statthalter unterstand. Das römische Heer sicherte die Ordnung. Diese Form der Herrschaft erlaubte es den Römern, in ihrer Hauptstadt prächtige Gebäude zu errichten, die wir zum Teil heute noch bewundern können. Doch die Römer regierten nicht überall mit Gewalt. Sie versuchten auch, das Wohlwollen der Provinzbewohner mit Vergünstigungen zu gewinnen. Nicht wenige Provinzbewohner machten von diesem Angebot Gebrauch und stellten sich in den Dienst der Römer.

In Germanien gab es insgesamt vier römische Provinzen: *Noricum* und *Raetia* (südlich der Donau gelegen), *Germania Superior* (beiderseits des Oberrheins gelegen) und *Germania Inferior* (die linksrheinischen Gebiete nördlich von Bonn).

3. *Seht euch die Karte an: Welche Staaten liegen heute auf dem Gebiet des ehemaligen Römischen Reiches?*

4. *Wann eroberten die Römer die Gebiete an Rhein und Donau?*

Die Karte zeigt die Ausdehnung des Römischen Reiches bis 117 n. Chr.

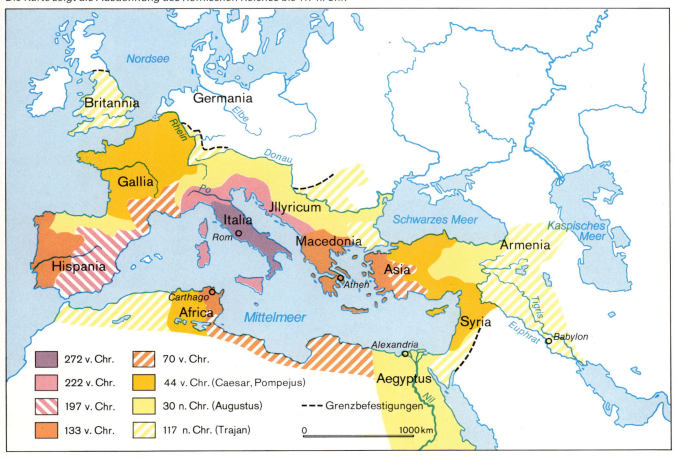

272 v. Chr.	70 v. Chr.	
222 v. Chr.	44 v. Chr. (Caesar, Pompejus)	
197 v. Chr.	30 n. Chr. (Augustus)	--- Grenzbefestigungen
133 v. Chr.	117 n. Chr. (Trajan)	0 .... 1000 km

141

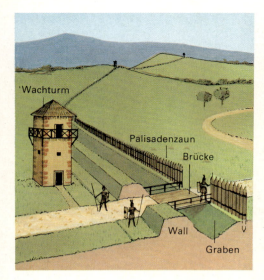

Der Limes in der Form des durch Wall und Graben gesicherten Palisadenzaunes. Die Zeichnung wurde nach dem Ergebnis von Bodenfun-
den angefertigt.

Die römischen Provinzen in Germanien und der
Verlauf des Limes um 150 n. Chr.
▶

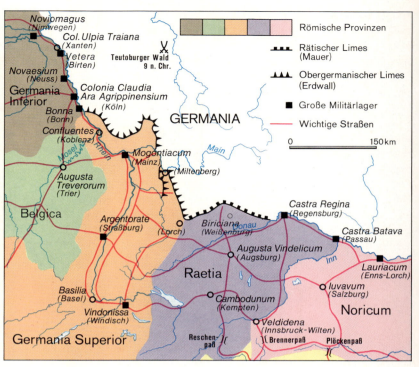

Der Limes

Kaiser Augustus schickte seine Stiefsöhne Drusus und
Tiberius nach Norden, um Germanien zu erobern. Auf
seinen Feldzügen unterwarf Drusus zunächst die Gebiete
südlich der Donau. Danach überschritt er den Rhein und
drang bis zur Elbe vor. Doch weder ihm noch seinem
Bruder Tiberius gelang es, die Germanenstämme östlich
des Rheins zu unterwerfen. Immerhin konnten die linksrheinischen Gebiete im Jahr 5 n. Chr. zur Provinz erklärt
werden.

Im Jahr 9 n. Chr. kam es zu einer folgenreichen Schlacht
zwischen Römern und Germanen. Zwei Jahre zuvor war
der junge Cheruskerfürst Arminius aus Rom in seine Heimat zurückgekehrt. Er hatte bei den Römern das Kriegs-
handwerk erlernt und diente auf einigen Feldzügen im
römischen Heer. Für seine Verdienste bekam er die römischen Bürgerrechte verliehen. Nun, nach seiner Rückkehr,
gab er das erworbene Wissen an die Cherusker weiter. Als
seine Krieger mit der römischen Kampfesweise vertraut

waren, lockte Arminius den römischen Statthalter Publius
Quintilius Varus und seine Soldaten in einen Hinterhalt.
Den Germanen gelang es, drei römische Legionen zu ver-
nichten. Von diesem Zeitpunkt an gab es keine ernsthaften
römischen Versuche mehr, weitere Germanenstämme zu
unterwerfen. Im Jahr 17 n. Chr. rief der römische Kaiser
Tiberius alle römischen Truppen aus Germanien ab.
Rhein und Donau waren eine natürliche Grenze zwischen
Römern und Germanen. Einzig das Gebiet zwischen diesen beiden Flüssen war schwer zu kontrollieren. Immer
wieder drangen Germanen in dieses Gebiet ein und griffen
römische Truppen an. Die großen Wälder boten den Germanen Schutz vor den römischen Verfolgern.
Nachdem die Römer das Gebiet zwischen den Oberläufen
von Rhein und Donau erobert hatten, gab der römische
Kaiser Domitian den Befehl, eine Grenzbefestigung zu
bauen. Von Bonna (Bonn) bis kurz vor Castra Regina (Re-
gensburg) verlief die Grenzlinie mitten durch hügeliges
und bewaldetes Gelände. Sie bestand aus einem Posten-
weg und Wachtürmen, die in Sichtweite voneinander er-

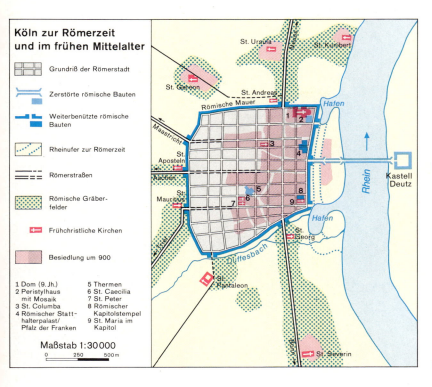

Köln zur Römerzeit und im frühen Mittelalter

Grundriß der Römerstadt

Zerstörte römische Bauten

Weiterbenützte römische Bauten

Rheinufer zur Römerzeit

Römerstraßen

Römische Gräberfelder

Frühchristliche Kirchen

Besiedlung um 900

1 Dom (9. Jh.)
2 Peristylhaus mit Mosaik
3 St. Columba
4 Römischer Statthalterpalast/ Pfalz der Franken
5 Thermen
6 St. Caecilia
7 St. Peter
8 Römischer Kapitolstempel
9 St. Maria im Kapitol

Maßstab 1:30000

0   250   500m

St. Ursula
St. Kunibert
St. Gereon
St. Andreas
Römische Mauer
Hafen
Maastricht
St. Aposteln
Aachen
St. Mauritius
St. Georg
Duffesbach
Rhein
Kastell Deutz
Hafen
Bonn
St. Pantaleon
St. Severin

◄ *Köln geht auf die römische Siedlung Colonia Agrippina zurück.*

1. Welche heutigen Landschaften Deutschlands gehörten zum Römischen Reich?

2. Nennt Städte in Deutschland, die auf römische Gründungen zurückgehen.

3. Köln hat sich aus einem römischen Militärlager entwickelt. Beschreibt den Grundriß der römischen Siedlung.

4. Wo lagen die wichtigsten Bauwerke der Römer, der Palast des Statthalters und der Kapitolstempel?

Das Nordtor der römischen Siedlung Colonia Agrippina kann noch heute bewundert werden.

richtet wurden. Bei Gefahr konnten die römischen Truppen auf diese Weise schnell alarmiert werden. Nach und nach wurden diese Anlagen durch eine Palisadenwand mit Wall und Graben verstärkt. Im rätischen Bereich bauten die Römer sogar eine übermannshohe Mauer. Diese Grenzanlagen wurden *Limes* genannt. Viele Spuren dieser Grenzbefestigung finden sich noch heute im Gelände.

Entlang der Grenze zum freien Germanien entstanden zahlreiche Militärlager, aus denen sich später große Städte entwickelten. Bis zu 6000 Legionäre waren in diesen Militärlagern untergebracht. Man kann sich leicht vorstellen, wieviel Nahrungsmittel sie täglich verbrauchten. Außerhalb der Lager entwickelten sich Vorstädte, in denen Kaufleute und Handwerker lebten. Außerdem fanden die Legionäre dort viele Möglichkeiten, ihre Freizeit zu verbringen. Ein Beispiel für eine solche Stadt, die sich aus einem Militärlager entwickelt hat, ist Köln. Zur Zeit der römischen Herrschaft hatte es etwa 40 000 Einwohner und hieß Colonia Agrippina. Auch im Hinterland des Limes gründeten die Römer zahlreiche Städte.

Germanische Händler am Limes (Modell mit Zinnfiguren im Limesmuseum Aalen)

Römer und Germanen leben zusammen

Der Limes war keine undurchlässige Grenze. Mit der Zeit entwickelte sich ein reger Tauschhandel in den Grenzorten. Die römischen Händler erwarben vor allem Pelze, Leder und Bernstein, aus dem sich Schmuck herstellen ließ. Bei den Germanen lernten die Römer z. B. die Seife kennen, die aus dem Wollfett der Schafe gewonnen wurde. Die Römer schätzten auch das blonde Haar der germanischen Frauen. Daraus wurden in Rom Perücken für die vornehmen Damen gefertigt. Doch auch für die Germanen brachte der Handel Vorteile. Am Limes konnten sie Dinge erwerben, die es in Germanien nicht gab. Hierzu gehörten vor allem Glaswaren und feines Tongeschirr. Außerdem gab es in den römischen Städten viel Neues zu sehen. Alle Häuser waren aus Stein gebaut und oft mehrere Stockwerke hoch. Die Straßen waren gepflastert. Es gab öffentli-

che Badehäuser, Theater, Brunnen und unzählige Geschäfte, die Waren aus allen Teilen des Römischen Reiches anboten. Unbekannt war in Germanien auch der Gebrauch des Geldes. Zahlreiche Silber- und Goldmünzen gelangten nach Norden, weil ihre Besitzer sie als Schmuckstücke von römischen Händlern erworben haben.

Die germanische Bevölkerung, die innerhalb der römischen Reichsgrenzen lebte, paßte sich der römischen Lebensweise schnell an. Germanische Handwerker fertigten Waren nach römischem Vorbild. Luxusartikel wurden aus Italien eingeführt. Und wenn römische Legionäre ihren Namen auf ihre Ausrüstung kritzelten, ist das ein Beweis, daß große Teile der Bevölkerung lesen und schreiben konnten. Mit den Gegenständen übernahmen die Germanen oft auch den dazugehörigen lateinischen Ausdruck. Auf diese Weise sind zahlreiche lateinische Wörter in die deutsche Sprache eingegangen.

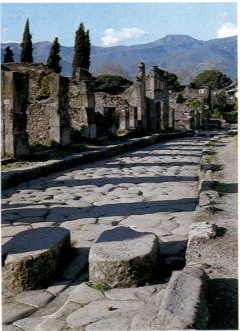

Das Foto oben links zeigt den Blick vom Atrium in den Garten einer Villa. Dieses Haus steht in Pompeji (Italien).
Oben rechts ist eine römische Straße in Pompeji zu sehen. Trittsteine sorgten dafür, daß die Fußgänger auch bei Regen trockenen Fußes über die Straße gelangten.

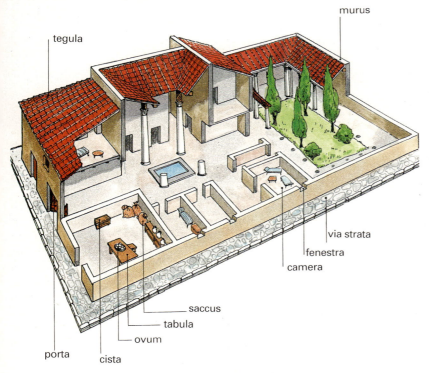

1. Anhand der Zeichnung einer römischen Villa könnt ihr sicher einige lateinische Begriffe übersetzen.

2. Auch heute übernehmen wir Wörter aus anderen Sprachen. Nennt Beispiele.

3. Die römische Lebensweise beruhte auf dem Leben in der Stadt, die germanische Lebensweise auf dem Landleben. Welche Unterschiede gab es im Alltag?

4. Schreibt eine Geschichte über einen germanischen Händler, der am Limes Waren eintauscht. Nehmt das Foto auf der linken Seite zu Hilfe.

Wir leben mit Menschen aus anderen Ländern zusammen

Im Beruf, in der Schule, in der Freizeit: Fast überall begegnen wir Menschen, die aus anderen Ländern stammen. Sie sind aus den unterschiedlichsten Gründen nach Deutschland gekommen. Der Umgang mit ihnen ist für uns mittlerweile selbstverständlich. Und vieles, was diese Menschen aus ihrer Heimat mitgebracht haben, möchten wir nicht mehr missen.

1. Kennt ihr Menschen, die aus anderen Ländern stammen? Erzählt.

2. Zu diesem Thema können die ausländichen Mitschülerinnen und Mitschüler viel beitragen: Berichtet von euren Heimatländern; vom Klima, den Menschen, den Bräuchen.

3. Seht euch in eurem Alltag um. Wo begegnet ihr Ausländern, die in Deutschland arbeiten und leben?

4. Nennt Dinge aus dem Alltagsleben, die aus anderen Ländern zu uns gekommen sind.

Ein Kindergeburtstag

Nina und Nils feiern Geburtstag. Sie haben Freunde und Freundinnen aus ihrer Klasse eingeladen: Wiebke, Volimirka, Andrzej und Elif; ihr seht sie alle auf dem Bild auf der linken Seite. Es ist ein lustiger Nachmittag, alle verstehen sich gut und feiern ausgelassen. Dabei ist ihr bisheriger Lebensweg sehr unterschiedlich verlaufen:

Nina, Nils und Wiebke sind in Hannover geboren und aufgewachsen. Volimirka ist ebenfalls in Hannover geboren und aufgewachsen. Ihre Mutter stammt jedoch aus Valjevo in Serbien. Sie ist vor vielen Jahren nach Deutschland gekommen und arbeitet als Köchin. Weil ihre Mutter Serbin ist, hat Volimirka keinen deutschen Paß, sie ist Ausländerin.

Andrzej stammt aus Malbork in Polen. Erst 1988 ist er mit seinen Eltern und Geschwistern nach Deutschland übergesiedelt. Andrzej ist Deutscher – obwohl er in Polen aufgewachsen ist. Das hat etwas mit der deutschen Geschichte zu tun. Malbork hieß früher Marienburg und lag in Ostpreußen, einem Teil des Deutschen Reiches. Andrzejs Mutter entstammt einer deutschen Familie. Unsere Gesetze sagen, daß Andrzej deshalb deutscher Staatsbürger ist.

Elif ist Türkin. Ihre Eltern sind 1972 nach Deutschland gekommen. Bis dahin lebten sie in einem kleinen Dorf nahe der Stadt Eskisehir. Elifs Vater wurde als Gastarbeiter „angeworben". Damals gab es zu wenig Arbeitskräfte in Deutschland. Deshalb suchte man im Ausland Menschen, die bei uns arbeiten wollten.

Volimirka, Andrzej und Elif erzählen:

Volimirka: *In Serbien sind die Menschen ärmer als in Deutschland. Das Dorf, aus dem meine Mutter kommt, besteht nur aus ein paar kleinen Bauernhöfen. Die Arbeit in der Landwirtschaft ist hart, die Menschen verdienen nicht sehr viel damit. Und seit der Bürgerkrieg ausgebrochen ist, wurde alles noch schlimmer. Viele Menschen sind nach Deutschland geflüchtet. Hier haben sie Verwandte und Bekannte. Seit einigen Wochen wohnen zwei Cousins und eine Cousine meiner Mutter bei uns. Es ist jetzt sehr eng in unserer kleinen Wohnung. Aber in Deutschland ist wenigstens kein Krieg.*

Andrzej: *Bis 1989 gab es in Polen eine Regierung, die die Menschen unterdrückte. Meine Eltern stellten deshalb einen Antrag auf Ausreise nach Deutschland. Sie mußten 8 Jahre warten, bis sie die Genehmigung erhielten. Als wir nach Deutschland kamen, konnten wir fast kein Wort deutsch. In Malbork haben wir immer polnisch gesprochen. Als ich nach Deutschland kam, besuchte ich eine Klasse für Aussiedlerkinder. Dort habe ich deutsch gelernt. Dann kam ich in die Orientierungsstufe. Mittlerweile spreche ich ganz gut deutsch, nur mit dem Schreiben habe ich noch Schwierigkeiten. Ich sage jetzt auch allen Leuten: „Nennt mich nicht mehr Andrzej, ich heiße Andreas!"*

Elif: *Ich kenne die Türkei nur vom Urlaub. Wenn ich gefragt werde, ob ich Deutsche oder Türkin bin, so antworte ich : „Ich bin eine deutsche Türkin", aber ich weiß nicht, wohin ich gehöre. Ich glaube, die Türken haben es in Deutschland schwerer als andere Ausländer. Das liegt daran, daß wir Muslime sind. Die Religion hat für uns eine große Bedeutung. Das sieht man schon an unserer Kleidung: Die Mädchen und Frauen tragen ein Kopftuch. Das schreibt der Koran vor.*

1. Sucht die Heimatorte von Volimirka, Andrzej und Elif im Atlas. Wie weit sind sie von Deutschland entfernt?

2. Aus welchen Gründen sind die Eltern dieser Kinder nach Deutschland gekommen?

3. „Nennt mich nicht mehr Andrzej, ich heiße Andreas!" – Was will der Junge damit ausdrücken?

4. Elif weiß nicht, wohin sie gehört. Wißt ihr, weshalb?

5. Welches der drei Kinder hat es in Deutschland am leichtesten, welches am schwersten?

6. Macht ein Rollenspiel: Ein türkisches Mädchen bekommt von seinen Eltern nicht die Erlaubnis, zur Geburtstagsfeier ihrer deutschen Freundin zu gehen. Wie kann das Mädchen seine Eltern überzeugen, wie kann ihr die deutsche Freundin helfen? Versucht einen Rollentausch: Ein deutsches Mädchen spielt die Türkin, ein türkisches Mädchen spielt die deutsche Freundin.

Ausländer in Deutschland

In Deutschland lebten 1992 fast 80 Millionen Menschen. Gut 5,8 Millionen davon besaßen keine deutsche Staatsbürgerschaft – sie waren Ausländer.

Die weitaus meisten von ihnen leben als sogenannte *Gastarbeiter* bei uns. Seit Mitte der fünfziger Jahre schloß die Bundesregierung mit einigen Staaten Verträge über die Anwerbung von Arbeitskräften ab: Italien (1955), Griechenland und Spanien (1960), Türkei (1961), Portugal (1964) und Jugoslawien (1968). In diesen Ländern waren viele Menschen arbeitslos, während es in Deutschland zu wenig Arbeitskräfte gab.

Anfangs kamen nur die Männer, die Familien blieben in den Heimatländern. Weil Reisen in die Heimat teuer und beschwerlich waren, sahen die Männer ihre Familien oft monatelang nicht. Nur zu Weihnachten und während des Sommerurlaubs fuhren sie nach Hause. Später holten die Männer ihre Frauen und Kinder nach Deutschland. Mittlerweile gibt es viele Kinder von Gastarbeitern, die in Deutschland geboren und aufgewachsen sind – oft sprechen sie besser deutsch als italienisch, spanisch oder griechisch. Das Zusammenleben mit den Gastarbeiterfamilien brachte einige Probleme mit sich: Die ausländischen Mitbürger sprechen eine fremde Sprache, sie pflegen andere Sitten und Gebräuche. Vieles davon ist uns bis heute fremd geblieben. So entstanden Vorurteile über die Gastarbeiter und ihre Familien, die nur schwer auszuräumen sind.

Ankunft von Gastarbeitern auf einem deutschen Bahnhof

Ausländer in Deutschland (1991)[1]

Herkunft	Anzahl	von Hundert
Türkei	1 779 365	30,25
Jugoslawien	775 273	13,18
Italien	559 985	9,52
Griechenland	337 050	5,73
Polen	270 581	4,60
Spanien	135 290	2,30
restliches Europa	951 151	16,17
Afrika, Asien, Amerika	1 073 501	18,25

Anteil der ausländischen Arbeitnehmer in einzelnen Wirtschaftsbereichen

Von 100 Arbeitnehmern arbeiten im Bereich	
Bergbau und Energie	7
Eisen- und Metallerzeugung, verarbeitendes Gewerbe	11
Land- und Forstwirtschaft	7
Baugewerbe	10
Dienstleistungen, Gaststätten	8
Handel	4
Verkehr	6
Banken, Versicherungen	2
Sonstiges	7
Alle Wirtschaftsbereiche	8

1. Beschreibt, was ihr auf dem Foto links seht. Wie wird es an diesem Tag für die gerade angekommenen Menschen weitergehen?

2. In welchen Wirtschaftszweigen arbeiten besonders viele ausländische Arbeitnehmer? Sucht nach Begründungen.

3. Woher kamen die Gastarbeiter vor allem? Weshalb?

4. Macht Interviews mit ausländischen Arbeitnehmern. Fragt, woher sie kommen, weshalb sie ihre Heimat verlassen haben, wie lange sie schon in Deutschland sind, ob ihre Familien auch hier leben, in welchen Berufen sie arbeiten und ob sie für immer hier bleiben oder irgendwann nach Hause zurückkehren möchten.

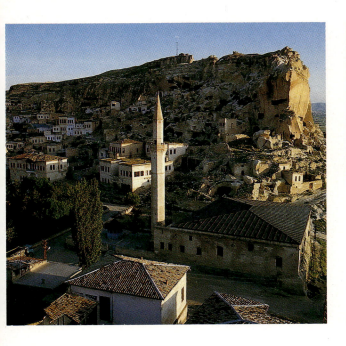

Dorf in der Türkei

Von Deutschland nach Anatolien

Während einer Urlaubsreise durch Anatolien treffen wir Mustafa Özkan. Er erzählt, daß er von 1971 bis 1989 in Meppen gearbeitet hat. Menschen wie Herr Özkan werden in der Türkei „Deutschländer" genannt. Mit dem Geld, das er in Deutschland verdient hat, konnte er sich in der Türkei einen Bauernhof kaufen. Im Stall stehen sogar drei schwarzbunte Kühe aus Ostfriesland. Herr Özkan wohnt in einem kleinen Dorf unweit von Erzurum. Nachdem wir einen Becher Pfefferminztee miteinander getrunken haben, lädt er uns in sein Dorf ein. Der Weg dorthin ist beschwerlich. Die Straße schlängelt sich durch eine karge Bergwelt. Dann und wann sehen wir Schafherden, die etwas zu fressen suchen. Meist finden sie hier nur Disteln und harte Kräuter. Nach einer guten Stunde Fahrt haben wir das Dorf erreicht. Es liegt in einem Talkessel. Herr Özkan erzählt: „In Kuyumcuköy leben heute 400 Menschen. Früher waren es 600, aber viele sind abgewandert. Dabei hat sich viel zum Guten entwickelt. Die Lehmhäuser, in denen wir früher wohnten, sind von Steinhäusern mit Ziegeldächern verdrängt worden. Und seit ein paar Jahren sind wir an die Wasserleitung angeschlossen. Elektrizität gibt es bei uns schon lange. Und viele Bauern besitzen sogar einen Traktor. Dort, in der Mitte des Dorfes steht unsere Moschee. Das Minarett überragt das ganze Dorf."

Beim Spaziergang durch das Dorf werden wir von vielen Menschen angesprochen. Fast alle haben Verwandte und Freunde, die in Deutschland arbeiten.

1. Wie kommt man auf dem Landweg von Meppen nach Erzurum? Beschreibt die Reiseroute.

2. Besorgt euch Reiseprospekte über die Türkei, und gestaltet eine Collage mit Bildern.

3. Was ist ein Minarett? Wozu dient es?

4. Wie begegnen die Einheimischen den deutschen Touristen?

5. Erklärt die kursiv gedruckten Begriffe zum Islam mit eigenen Worten.

6. Bittet türkische Mitschülerinnen und Mitschüler, euch mehr vom Islam zu erzählen.

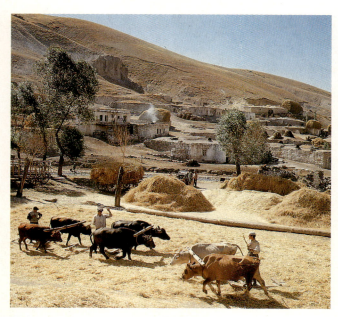

Türken in ihrer Heimat: bei der Feldarbeit ...

... und in ihrem Haus

Mehmet berichtet über sein Dorf

„Ich heiße Mehmet, bin 13 Jahre alt und wohne mit meinen Eltern seit vier Jahren in Köln.

Ich stamme aus Yagbasan, einem kleinen Dorf in Anatolien. Es liegt in der Provinz Sivas, weit ab von einer großen Stadt. Fast alle Familien in unserem Dorf sind Bauern. Einige Männer arbeiten zusätzlich als Zimmermann, Maurer, Schmied oder als Hirte. Die Bauern, so auch meine Familie, leben von der Landwirtschaft.

Das Leben in unserem Dorf wird von den Jahreszeiten und dem Wetter bestimmt. Im Sommer ist es oft monatelang trocken und heiß, im Winter eisig kalt und das Land ringsum tief verschneit. Sobald die Äcker schneefrei sind und der Boden abgetrocknet ist, beginnt die Arbeit auf den Feldern – von Sonnenaufgang bis Sonnenuntergang. Die Männer und auch die Jungen in meinem Alter bestellen dann den Acker.

Die besten Felder liegen direkt am Fluß. Sie können bewässert werden. Jede Familie besitzt dort ein kleines Stück Land, vielleicht so groß wie ein Fußballplatz. Die übrigen Felder, etwa 25 bis 30 Fußballfelder groß, sind Trockenfelder. Diese können nicht jedes Jahr bestellt werden, der Boden muß sich immer wieder ‚erholen‘. Hauptsächlich werden auf den Feldern Weizen, Gerste und Futterpflanzen

für das Vieh angebaut. Auf den Feldern am Fluß und in den Gärten bei den Häusern ziehen wir Gemüse und etwas Obst für den täglichen Bedarf.

Auf den Feldern gibt es ununterbrochen Arbeit: Der Boden muß gelockert werden, Steine sind auszulesen, es wird gedüngt, Bewässerungsgräben und Wege sind auszubessern. Dann muß geerntet und gedroschen werden.

Oberhalb des Dorfes liegen die Bergweiden, die allen gehören. Dort hüten Hirten das Vieh aller Bauern, neben wenigen Ziegen und Rindern vor allem Schafe. Die Hirten leben im Sommer oft wochenlang in kleinen Hütten außerhalb des Dorfes. Im Winter steht das Vieh in den Ställen und wird gefüttert. Schlimm wird es, wenn das Futter nicht reicht und für teures Geld gekauft werden muß.

Die Frauen und Mädchen arbeiten ebenfalls hart. Sie versorgen das Haus und den Haushalt, den Garten, das Vieh beim Haus, nicht alles Vieh ist draußen auf den Weiden; für Joghurt und Käse, die auf dem täglichen Speiseplan stehen, wird nämlich Milch gebraucht. Dann muß noch Fladenbrot gebacken, Wasser geholt, am Waschplatz die Wäsche gewaschen, gesponnen und gewebt und während der Erntezeit auf den Feldern geholfen werden.

Bei all der harten Arbeit reicht es gerade, um satt zu werden, zu sonst nichts. Seit vielen Jahren ziehen daher immer mehr junge Männer und Frauen, ja ganze Familien fort. Die einen wandern in die nächste Großstadt, die anderen nach Ankara oder Istanbul, wieder andere – wie meine Familie – verlassen das Land und ziehen ins Ausland, um dort zu arbeiten. Von meinem Großvater weiß ich, daß in den letzten 40 Jahren aus unserem Dorf über 600 Menschen weggezogen sind.

Aber nicht nur die harte Arbeit treibt die Menschen fort. In den Dörfern meiner Heimat gibt es keine Ärzte, sie leben in den größeren Städten. Bis vor wenigen Jahren gab es keinen elektrischen Strom. Bis heute gibt es keine Wasserleitung und keine Schule. Die alten Menschen können fast alle nicht lesen und schreiben. Viele Mädchen besuchen auch heute noch keine Schule, und die Jungen gehen nicht regelmäßig – und wenn, dann nur wenige Jahre. Sie müssen bei der Arbeit helfen.

Unsere Häuser sind einfach gebaut, sie haben kein Wasser. Geheizt und gekocht wird mit Holz und notfalls auch mit Kuhdung. Im Winter sind die Dörfer oft wochenlang wegen der Schneeverwehungen unerreichbar.

Im letzten Sommer haben wir zum ersten Mal seit der Auswanderung nach Deutschland unser Heimatdorf besucht. Dabei konnte ich sehen, daß sich das Dorf allmählich veränderte. Einige Häuser, deren Bewohner abgewandert sind, verfallen. Die Felder verwildern. Zwei neue Häuser gab es, größer und schöner als die alten. Andere Häuser waren gründlich renoviert worden, hatten ein neues Dach, neue Fenster und Türen und frischen Verputz. Ihr müßt wissen, die türkischen Familien halten eng zusammen. Fast alle Abgewanderten schicken den daheimgebliebenen Verwandten regelmäßig Geld, oft mehr, als man im Dorf erarbeiten kann. Damit werden neue Häuser gebaut oder die alten vergrößert, bessere Herde und Öfen sowie Geräte für die Landwirtschaft gekauft. Es gibt sogar schon drei Traktoren im Dorf.

Hier in Köln leben wir seit vier Jahren. Vater hat einen Arbeitsplatz in einer Autofabrik. Mutter arbeitet manchmal auch. Wir Kinder gehen alle in die Schule und sprechen inzwischen ganz gut Deutsch. In unserem Wohnviertel gibt es viele türkische Geschäfte. In den Straßen rundum wohnen viele andere türkische Familien. Verglichen mit dem Leben in unserem Heimatdorf geht es uns hier eigentlich recht gut. Aber richtig zu Hause fühle ich mich auch nicht. Manchmal denke ich: Gibt es für mich überhaupt ein Zuhause? In den ersten Jahren war es aber viel schlimmer: die fremde Sprache, kein Winter, kein Sommer, die ungewohnten Feste, der Karneval, die Mitschüler, die einen nicht verstanden. Manchmal habe ich etwas Angst."[2]

Türken in Deutschland: im eigenen Laden . . .

. . . und in der Fabrik

Von Dschetysai nach Friedland

Im Grenzdurchgangslager Friedland bei Göttingen treffen wir Viktor und Charlotte Friesen. Sie erzählen von ihrem Leben:

„Mitte des 19. Jahrhunderts kamen viele deutsche Siedler in die Ukraine, wo sie Land urbar machten, Häuser, Kirchen und Schulen bauten. Die Lebensbedingungen für die Siedler waren hart. Im Sommer war es oft über 40°C heiß, und im Winter sank das Thermometer nicht selten unter −30°C.

Weil Viktor während des Zweiten Weltkrieges für die deutsche Armee gekämpft hatte, wurden wir von den Ukrainern ausgegrenzt. Deshalb stellte Viktor 1958 einen Antrag auf Übersiedlung nach Kasachstan. Dschetysai wurde unsere neue Heimat. Wir arbeiteten beide in der Landwirtschaft. Doch auch in unserer neuen Heimat wurden wir unterdrückt, weil wir Deutsche waren.“

Die Familie bewarb sich deshalb schon 1958 bei der deutschen Botschaft in Moskau um die Ausreise in die Bundesrepublik Deutschland. Die Polizeibehörde in Dschetysai verweigerte ihnen jedoch die Genehmigung. Jedes Jahr stellte Viktor Friesen einen Antrag, und Jahr für Jahr wurde er abgelehnt. Bis 1988 ein Wunder geschah: *„Am 17. Februar 1988 kam für meinen inzwischen 70jährigen Mann und mich die Ausreiseerlaubnis“*, sagt Charlotte Friesen. *„Auch unsere drei unverheirateten Kinder durften ausreisen. Ehe wir Dschetysai verließen, schenkten wir unserem Ältesten das Haus. Mitnehmen darf man ja außer ein paar Habseligkeiten nichts.“* Nachdem die fünfköpfige Familie in der Bundesrepublik Deutschland angekommen war, stellte sie sofort Ausreiseanträge für ihre verheirateten Söhne. Schon zwei Monate später wurden auch diese Anträge bewilligt. Viktor junior, Walter und Gerhard Friesen kamen mit ihren Ehefrauen und neun Kindern nach. *„Am 21. August kamen wir in Friedland an“*, berichtet Viktor junior. *„Unser Besitz: ein wenig Handgepäck. Von den deutschen Behörden aber haben wir insgesamt 2380,− DM Begrüßungsgeld und Überbrückungshilfe erhalten. Daß man uns soviel Geld gibt, hat uns erstaunt und erfreut. Wir sind doch Fremde. Unsere Dankbarkeit ist größer als unsere Erwartungen.“*[3]

Charlotte Friesen mit ihren Söhnen, Schwiegertöchtern und Enkeln

Deutsche in Rußland

Siedlungsgebiet der Deutschen in Rußland, Kasachstan und der Ukraine

Umsiedlungen während des Zweiten Weltkrieges

Staaten, die bis 1991 mit Rußland zur Sowjetunion gehörten

0   1000   2000 km

Deutsche Auswanderer in Rußland

Zwischen Deutschen und Russen gibt es bereits seit dem Mittelalter Kontakte. Als eine deutsche Prinzessin 1762 Zarin Katharina II. wurde, verstärkten sich diese. Um menschenleere Gebiete ihres Reiches besiedeln zu können, warb sie Arbeitskräfte aus Deutschland an. Den Siedlern wurde fruchtbares Land, Befreiung vom Militärdienst und Steuerfreiheit versprochen. In den ersten Jahren wanderten rund 29 000 Deutsche nach Rußland aus. Die meisten von ihnen siedelten sich bei Saratow an der Wolga an. Jede Familie erhielt 30 ha Land zur eigenen Verfügung.

In der ersten Hälfte des 19. Jahrhunderts wanderten weitere 55 000 Deutsche nach Rußland aus. Sie kamen vorwiegend aus Süddeutschland und siedelten im Schwarzmeergebiet. Zur Erinnerung an die alte Heimat gaben sie den neuen Dörfern alte deutsche Namen: Worms, Speyer, München, Rastatt, Landau.

Gegen Ende des 19. Jahrhunderts verschlechterte sich die Lage der deutschen Kolonisten. Ein Fremdengesetz forderte die Umsiedlung deutscher Bauern aus den russischen Grenzgebieten. Viele verließen daraufhin Rußland für immer und wanderten in die USA aus. In den beiden Weltkriegen (1914−18 und 1939−45) standen sich Russen und Deutsche beide Male als Feinde gegenüber. Das hatte Folgen für die Rußlanddeutschen; 1941 wurden sie gezwungen, ihre Heimatdörfer zu verlassen. Über 400 000 Wolgadeutsche wurden nach Sibirien und Kasachstan verschleppt, weil die russische Regierung befürchtete, sie würden die deutsche Armee unterstützen. Bis heute möchten die Rußlanddeutschen den alten Zustand wieder herstellen. Sie bitten die deutsche und die russische Regierung um Unterstützung für die Gründung einer „Wolgarepublik" im ursprünglichen Siedlungsgebiet.

1. In welchen heutigen Staaten liegen die Siedlungsgebiete der Rußlanddeutschen?

2. Kennt ihr Familien, die aus Osteuropa nach Deutschland gekommen sind? Erzählt.

3. Wie weit ist es von der kasachischen Hauptstadt Alma-Ata bis nach Friedland? Nehmt einen Atlas zu Hilfe.

Menschen auf der Flucht

1991 kamen 256 112 Menschen nach Deutschland, um hier Asyl zu suchen. In unserer Verfassung, dem Grundgesetz, steht im Artikel 16, daß politisch Verfolgte Asylrecht genießen. Das heißt, sie dürfen in Deutschland bleiben. Das Wort Asyl kommt aus der griechischen Sprache und heißt Zufluchtsort.

Das Asylrecht steht in unserer Verfassung, weil nach 1933, zur Zeit des Nationalsozialismus, viele Menschen aus Deutschland fliehen mußten, da sie sonst ins Konzentrationslager gekommen wären. Damals flüchteten die Menschen oft in die USA – dort gab es keine Diktatur und keinen Krieg.

Mittlerweile hat sich die Situation verändert. In Westeuropa herrscht Frieden, die Menschen leben in Freiheit und Wohlstand. Aus anderen Regionen der Welt erreichen uns aber immer wieder Meldungen über Kriege, Naturkatastrophen und Hungersnöte. Viele Menschen versuchen, diesen Bedrohungen zu entkommen. Andere fliehen, weil sie in ihrem Heimatland wegen ihrer Hautfarbe, ihres Glaubens oder ihrer politischen Überzeugung verfolgt, verhaftet und gefoltert werden. Inzwischen gibt es weltweit so viele Flüchtlinge, daß niemand mehr genau weiß, wie groß ihre Zahl ist. Der *Hohe Flüchtlingskommissar der Vereinten Nationen* spricht von 17 Millionen Flüchtlingen weltweit. Das sind mehr als doppelt soviel, wie Niedersachsen Einwohner hat. Das *Internationale Rote Kreuz* dagegen kommt auf mehrere hundert Millionen. Die Fachleute sind sich darüber einig, daß die Flüchtlingszahlen weltweit steigen werden.

Die meisten Flüchtlinge leben in den Ländern der Dritten Welt oft jahrelang in Flüchtlingslagern. Dort gibt es meist keine ordentliche Wasserversorgung und keine ausreichende medizinische Betreuung. Fast jeder zweite Flüchtling in diesen Lagern ist ein Kind. Hunderttausende dieser Kinder haben in ihrem Leben noch nie etwas anderes als solche Lager gesehen, sie sind oft unterernährt und haben keine Schulausbildung.

Etwa 5 v. H. aller Flüchtlinge kommen nach Europa. Deutschland hat 1982 etwa 40 000 Asylbewerber aufgenommen, sechs Jahre später waren es bereits über 100 000 und 1991 mehr als eine Viertelmillion. 1992 stieg die Zahl der Asylbewerber nochmals auf 438 191.

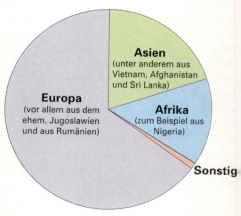

**Flüchtlinge, die 1991
in Deutschland Asyl suchten**
Anteile nach Herkunftsregionen

Europa
(vor allem aus dem ehem. Jugoslawien und aus Rumänien)

Asien
(unter anderem aus Vietnam, Afghanistan und Sri Lanka)

Afrika
(zum Beispiel aus Nigeria)

Sonstig

Flüchtlingslager in Eritrea/Äthiopien

Wer nimmt Flüchtlinge auf? (Auswahl, 1992)

Staat	Flüchtlinge	Einwohner (in Mio.)
Industrieländer:		
Bundesrepublik Deutschland	595 000	79,5
Schweden	240 000	8,6
Frankreich	176 000	56,4
Kanada	546 000	26,5
USA	473 000	250,5
Entwicklungsländer:		
Algerien	179 000	25,1
Somalia	451 000	7,8
Iran	4 367 000	55,8
Pakistan	2 415 000	112,4
Mexiko	360 000	86,2
Costa Rica	114 000	2,8

(Quelle: Der Hohe Flüchtlingskommissar der Vereinten Nationen)

VORURTEILE ÜBER FLÜCHTLINGE IN DEUTSCHLAND[4]

IN DER DISKUSSION UM FLÜCHTLINGE IN DEUTSCHLAND WERDEN IMMER WIEDER BESTIMMTE VORURTEILE UND MEINUNGEN LAUT, ZUM BEISPIEL:

Die allermeisten Flüchtlinge / Asylsuchenden aus Afrika und Asien kommen nach Deutschland!

Die Asylsuchenden wollen doch nur auf unsere Kosten leben, nur deshalb kommen sie hierher!

Asylsuchende schleppen Krankheiten ein!

Die beste Lösung ist, Flüchtlinge direkt an den Grenzen zurückzuweisen!

Weil die Flüchtlinge nicht in ihre Heimatländer zurückkehren können, stellen sie hier einen Asylantrag. In einem Verfahren wird geprüft, ob ihr Leben im Herkunftsland bedroht war. Wenn die Asylsuchenden dies nachweisen können, werden sie anerkannt und dürfen in Deutschland bleiben. Das Asylverfahren zieht sich oft über mehrere Jahre hin. Solange müssen die Asylbewerber in Sammelunterkünften leben. Sie dürfen ihren Wohnort nicht verlassen und erhalten keine Arbeitserlaubnis. Für die Asylbewerber ist diese Zeit nicht angenehm. Sie leben auf engstem Raum mit Menschen aus den verschiedensten Ländern zusammen. Alle haben unterschiedliche Gewohnheiten; es herrscht Langeweile, weil es nichts zu arbeiten gibt. Dazu kommt die Angst, nicht anerkannt zu werden. Denn dann droht die Abschiebung ins Heimatland.

In Deutschland wird seit einiger Zeit heftig über das Thema Asyl diskutiert. Weil der Wohnraum ohnehin knapp ist, besonders die Menschen in den neuen Bundesländern noch manches entbehren müssen und manch einer Angst bekommen hat vor so vielen Fremden, wollen viele Menschen in Deutschland den Zustrom von Asylsuchenden beschränken. Rechtsextremisten haben diese öffentliche Diskussion ausgenutzt und Asylwohnheime überfallen. Dabei wurden viele Menschen verletzt, einige mußten sogar sterben.

1. Welche Staaten haben im Vergleich zu ihrer Bevölkerungszahl besonders viele Flüchtlinge aufgenommen?

2. Gibt es in eurem Ort ein Heim für Asylbewerber? Erzählt.

3. Schreibt an Terre des Hommes und die Kindernothilfe. Fordert Informationen über Flüchtlinge an. Die Adressen findet ihr im Abschnitt „Kinder in Lateinamerika".

4. Sammelt Zeitungsartikel, die über Flüchtlinge berichten, und gestaltet eine Wandzeitung.

5. Habt ihr Vorschläge, wie man den Flüchtlingen helfen kann?

Ich habe gehört, . . .

. . . daß Ausländer uns die Arbeitsplätze wegnehmen.

Jeder zweite Deutsche meint, die Ausländer wären schuld an der Arbeitslosigkeit. Die Wirklichkeit sieht anders aus: Von 1955 bis 1973 wurden von der Bundesrepublik Deutschland etwa 14 Millionen Ausländer angeworben, um den Mangel an Arbeitskräften zu beheben. Davon sind 11 Millionen inzwischen freiwillig in ihre Heimatländer zurückgekehrt. Ende 1992 lebten etwa 5,8 Millionen Ausländer in der Bundesrepublik Deutschland.

Die sogenannten Gastarbeiter verdienen ihren Lebensunterhalt vor allem in Berufen, in denen schwere körperliche Arbeit gefordert wird und häufig Schichtdienst (unterschiedliche Arbeitszeiten) sowie Nachtarbeit anfallen; sie üben Tätigkeiten aus, die als eintönig, schmutzig, laut, gefährlich oder ungesund gelten oder schlecht bezahlt sind.

Würden alle Ausländer in ihre Heimat zurückkehren, könnten viele Arbeitsplätze – trotz hoher Arbeitslosenzahlen – nicht besetzt werden. In Gaststätten, auf dem Bau, im Bergbau und in der eisenverarbeitenden Industrie kommt man ohne ausländische Arbeitskräfte nicht aus. Viele Krankenhäuser müßten schließen, weil das Pflegepersonal fehlen würde, auch die Reinigungsfirmen können auf ausländische Hilfskräfte nicht verzichten.

Die Behauptung, Ausländer nehmen uns die Arbeitsplätze weg, ist falsch!

. . . daß Ausländer uns die Wohnungen wegnehmen.

In Deutschland fehlen Wohnungen. Das hat mehrere Gründe: In den letzten Jahren sind Tausende von Aussiedlern (Deutschstämmige aus Osteuropa) und Asylbewerbern (in ihrer Heimat aus politischen oder religiösen Gründen Verfolgte) in die Bundesrepublik Deutschland gekommen, und die Zahl der Einpersonenhaushalte nimmt ständig zu – nicht zuletzt deshalb, weil junge Menschen heute früher das Elternhaus verlassen, um eine eigene Wohnung zu beziehen.

Preisgünstige Wohnungen sind daher knapp. Ausländische Familien trifft das besonders hart. Ihre Aussichten, eine billige Wohnung zu finden, sind gering. Ihnen geht es wie kinderreichen deutschen Familien: Von den meisten Vermietern werden sie abgelehnt.

Vielfach nutzen Ausländer den Wohnraum, den sonst keiner haben will: Altbauwohnungen ohne gute Ausstattung und Wohnungen in Gebieten, die dringend saniert (erneuert) werden müßten. Viele dieser Altbauten wären schon längst abgerissen worden, könnte man sie nicht an Ausländer vermieten. Einheimische wollen dort nicht wohnen.

Die Behauptung, Ausländer nehmen uns die Wohnungen weg, ist falsch!

. . . daß Ausländer kriminell sind.

Die Angaben der Polizei vermitteln ein falsches Bild. Den Ausländern werden auch Straftaten angerechnet, die von ausländischen Touristen, Durchreisenden und Soldaten fremder Truppen begangen werden. Ein großer Teil der Straftaten, die Ausländern in Deutschland angelastet werden, sind Verstöße gegen das Ausländergesetz. Wenn z. B. ein Asylbewerber den ihm zugewiesenen Wohnort verläßt, verstößt er bereits gegen das Gesetz. Ein Vergehen, das Deutsche gar nicht begehen können.

Ferner muß das unterschiedliche Alter von ausländischen Arbeitnehmern und deutschen Bürgern berücksichtigt werden: Je älter eine Personengruppe ist, desto weniger Straftaten begeht sie. Die überwiegende Zahl der ausländischen Mitbürger ist aber sehr viel jünger als eine vergleichbare Gruppe deutscher Mitbürger.

Die Behauptung, Ausländer sind kriminell, ist falsch!

. . . daß Ausländer auf unsere Kosten leben.

Ausländische Arbeitnehmer zahlen jährlich etwa 10 Milliarden DM an Steuern. Sie leisten Beiträge zur Krankenversicherung, Arbeitslosen- und Rentenversicherung. Die deutschen Bürger haben davon viele Vorteile, weil die ausländischen Arbeitnehmer meist noch sehr jung sind. So zahlen ausländische Arbeitnehmer oft mehr in die Rentenversicherung ein, als sie später wieder herausbekommen. Ausländer erhalten auch nur die staatlichen Hilfen, die jedem Deutschen zustehen.

Der Unmut in der deutschen Bevölkerung richtet sich vor allem gegen die Asylbewerber, weil sie von der Sozialhilfe leben. Viele Mitmenschen wissen nicht, daß diese Leute fünf Jahre lang bei uns nicht arbeiten dürfen (Arbeitsverbot).

Die Behauptung, Ausländer leben auf unsere Kosten, ist falsch!

Sprecht und diskutiert über diese Vorurteile.

Die Erlebnisse der „Frau Demirel"

Ein olivgrüner Cordrock mit rosa Blumen, dunkelblaue Strickjacke mit breitem Kragen und großen Knöpfen, braune Kniestrümpfe und ein großes Kopftuch — mehr gehört nicht dazu, um Marlene Schmitz, eine deutsche Studentin, in „Frau Demirel", eine Türkin, zu verwandeln. Der äußeren Umwandlung folgt die innere. Nach wenigen Minuten an einer Bushaltestelle verändern sich Körperhaltung und Gesichtsausdruck: die Schultern leicht angezogen, das Gesicht fast unmerklich nach unten gesenkt. Die aufdringlichen Blicke, das Getuschel, die Rempeleien beim Einsteigen machen aus der jungen, lebensfrohen Frau fast eine niedergeschlagene Kreatur, die sich schämt, auf der Welt zu sein.

Wie oft sie auch auf der Straße oder beim Einkaufen herumgeschubst wird — ein Wort der Entschuldigung bekommt „Frau Demirel" nie zu hören. Als ihr einmal jemand versehentlich auf den Fuß tritt, schluckt er sein „Entschuldigung!" wieder hinunter, nachdem er erkannt zu haben glaubt, daß sein „Opfer" eine Türkin ist.

Im Kaufhaus wird sie erst bedient, als eine andere Kundin darauf besteht. An einem Wühltisch mit billigen Pullovern wird „Frau Demirel" beiseite geschoben, „als wär' ich ein lästiger Gegenstand". Nur einmal wagt sie sich mit einer Freundin ins Café. Aber auch dort wird sie neugierig gemustert.

Die Ablehnung, die sie fast überall empfindet, läßt sich nur schwer beschreiben. Gespräche und Berührungen mit der jungen Frau werden von Deutschen fast grundsätzlich gemieden. In der Straßenbahn bleibt der Platz neben ihr leer, beim Bäcker wird ihr einfach das erste beste Brot über den Tresen gereicht, und wenn sie sich nach dem Weg erkundigt, wird ihr häufig mit einem schroffen „Weiß-ich-nicht" die Auskunft verweigert. Andere Enttäuschungen bei der Arbeitssuche per Telefon folgen. Die Stellen sind immer schon vergeben, wenn sich Marlene Schmitz mit „Frau Demirel" meldet. Wenige Augenblicke später, wenn die Pädagogikstudentin Marlene Schmitz nachfragt, ist der Posten als „Putze" wieder frei.

Entmutigend war die Wirkung, die die Außenseiterbehandlung hervorruft. Schon nach kurzer Zeit wartet sie geduldig, wenn sich beim Einkaufen jemand vordrängelt. Das Gefühl, die Schwächere zu sein, nahm ihr den Mut dazu: „So blieb ich immer still und fühlte mich ungerecht behandelt." Marlene Schmitz spürte nur drei Wochen lang, wie ihr Selbstbewußtsein in einer Welt von Taktlosigkeiten und kleinen Bosheiten zusammenschrumpfte. Die anderthalb Millionen Türken in Deutschland erleben es Tag für Tag.[5]

Indianer in Nordamerika

Red Cloud, Kriegshäuptling der Sioux, und Sitting Bull, sein Medizinmann, kommen, um Versprechen einzulösen.

Wenn Indianer in Büchern, Comics oder Filmen dargestellt werden, dann entsprechen sie meistens sogenannten Klischees, das heißt bestimmten vorgefaßten Meinungen. Das nachhaltigste Bild vom sogenannten „Roten Mann" wurde und wird durch Kino und Fernsehen vermittelt. Weit entfernt von dieser Darstellung war und ist die Lebenswirklichkeit der Ureinwohner Nordamerikas. Erst in den letzten Jahren wird die Geschichte des sogenannten Wilden Westens in den Medien auch aus der Sicht der Indianer beschrieben.

1. *Woran denkt ihr bei dem Begriff „Indianer"? Sammelt die Meinungen in der Klasse und diskutiert darüber.*

2. *Welches Bild von den Indianern vermitteln Filme oder Bücher? Wie werden darin die Weißen dargestellt?*

3. *Glaubt ihr, daß sich die Indianer wirklich so verhalten haben? Überlegt, wo ihr objektive Informationen erhalten könnt. Beschreibt mit ihrer Hilfe die ursprüngliche Lebensweise der verschiedenen Stämme (siehe auch die Karte auf der rechten Seite).*

Die Indianer vor der Ankunft der Europäer

Land der Eskimos

Chippewa

Blackfeet

Cree

Crow

Algonkin

Große Seen

Nez-Percé

Sioux

Huronen

Irokesen

Schoschonen

Cheyenne

Missouri

Ohio

Delaware

Arapaho

Arkansas

Slawnee

Hopi

Kiowa

Navajo

Coman-chen

Cherokee

Mississippi

Creek

Apachen

0   1000   2000 km

Als die Weißen im 17. Jahrhundert begannen, den nord-amerikanischen Kontinent endgültig in Besitz zu nehmen, lebten dort ungefähr eine Million Indianer, die sich in mehr als 500 Stämme mit ebenso vielen Sprachen und Dialekten gliederten. Gebiete von Stämmen, deren Sprachen und Kultur verwandt waren, faßt man zu sogenannten Kultur-räumen zusammen.

Auf der Karte sind die bekanntesten Stämme mit ihren Siedlungs- und Jagdgebieten eingezeichnet, die sie hat-ten, als sie zum ersten Mal den Weißen begegneten. Auf den nächsten Seiten könnt ihr lesen, wie diese Stämme gelebt haben.

1. Von welchen der angegebenen Stämme habt ihr schon gehört? Was wißt ihr von ihnen?

2. Vergleicht die obige Karte mit Atlaskarten von Nord-amerika. Begründet die verschiedenen Lebensweisen mit Hilfe von Klima- und Landschaftsmerkmalen in den einzelnen Gebieten.

3. Gestaltet eine Karte mit den Stammesgebieten und Großlandschaften Nordamerikas. Kennzeichnet die Plains (Prärien).

Die Sioux – ein Jägervolk der Plains

Bevor mit den Spaniern Pferde nach Nordamerika kamen, waren die östlichen Randgebiete der Plains von seßhaften Ackerbauern bewohnt. Sie lebten in befestigten Dörfern aus Erdhütten und bauten Mais, Kürbis und Sonnenblumen an. Gelegentlich gingen sie zu Fuß auf Büffeljagd.

Als sich die Pferde durch Tauschhandel und Diebstahl immer weiter nach Norden verbreiteten, zogen viele Indianerstämme auf die endlosen Grasebenen der Plains. Es entwickelte sich die sogenannte Plains- oder Büffelkultur. Die bekanntesten Bisonjäger waren die nomadisierenden Sioux-Stämme. Sie selbst nannten sich „Da-coh-tah" (= Freund, Verbündeter).

Als die Indianer die Büffel noch zu Fuß jagten, waren sie mit Stein, Lanze, Pfeil und Bogen bewaffnet. Gelegentlich drängten die Jäger eine ganze Herde über einen Abgrund, obwohl sie meistens mit wenigen Beutetieren zufrieden waren. Mit dem Besitz von Pferden veränderte sich die Jagdweise entscheidend. Ohne das Pferd wären die Sioux niemals in der Lage gewesen, die Bisonherden so erfolgreich zu jagen, wie sie es getan haben.

Den Bison verwerteten die Indianer für Nahrung, Kleidung und Behausung: Bisonmist als Brennstoff, Leim für ihre Pfeile, Tauwerk, Sattelzeug und Kissen. Hauptnahrungsmittel der Sioux war Bisonfleisch. Alles, selbst die Innereien und der Mageninhalt, wurden gekocht und gegessen. Ein großer Teil des Fleisches wurde getrocknet oder

geräuchert und für die jagdarmen Wintertage aufbewahrt. Das Fell lieferte Material für Zelte, Kleidung, Decken, Mokassins und selbst für Boote. Die Bisonhaut wurde gehärtet und zu Schilden verarbeitet. Die Sehnen wurden für den Bogen und als Garn verwertet, der Magen als Kochtopf, die Blase diente als Wasserbehälter. Selbst die Knochen fanden Verwendung: Die Rippen wurden zusammengebunden und dienten so als Schlitten, während aus den Beinknochen Messer, Schabhobel und andere Werkzeuge geschnitzt wurden.

1. Wie kam das Pferd nach Amerika?

2. Wie veränderte der Besitz des Pferdes Lebens- und Jagdweise der Sioux?

3. Der Bison lieferte den Sioux alles, was sie zum Leben brauchten. Schreibt auf, wie sie ihre Grundbedürfnisse mit Hilfe der Bisons deckten.

4. Begründet, warum ein Tipi den Wohnbedürfnissen der umherstreifenden Jäger am besten entsprach!

5. Wie wurde ein Tipi wohl auf- und abgebaut?

160

Das Ende der Bisonherden

Nie hatte ein Indianer mehr Büffel gejagt, als zum Leben und Überleben nötig waren. Der Bestand der gewaltigen Bisonherden war nie gefährdet gewesen. Strenge Jagdgesetze sorgten dafür, daß sie als Quelle von Nahrung, Kleidung und Behausung erhalten blieben. Doch mit der endgültigen Inbesitznahme der Plains im 19. Jahrhundert durch den nicht abreißenden Zustrom weißer Siedler, Goldsucher, Eisenbahnbauer und das Militär begann der Untergang der Bisonherden. Da die letzten freien Stämme der Prärieindianer sich wehrten, hielt man die Ausrottung dieser Tiere für den leichtesten Weg, das „Indianerproblem" zu lösen. Regelmäßige Jagden, mit denen die Eisenbahngesellschaften Fahrgäste anlockte, kostete zwischen 1866 und 1876 etwa 20 Mio. Bisons das Leben. Sie wurden aus den Wagenfenstern abgeschossen und blieben meistens unverwertet liegen. Als eine Gruppe Weißer den für das Militär verantwortlichen General Sheridan 1874 fragte, ob man nicht etwas gegen die Massenschlächterei der weißen Jäger unternehmen sollte, erwiderte er: „Laßt sie töten, abhäuten und verkaufen, bis die Büffel ausgerottet sind; es ist die einzige Möglichkeit, dauerhaften Frieden und eine Ausbreitung der Zivilisation zu erreichen."[1]

Sitting Bull von den Hunkpapa-Sioux antwortete:

„Es ist seltsam, wenn die Amerikaner darüber jammern, daß die Indianer Büffel töten. Wir töten Büffel ... der Nahrung und der Kleidung wegen ... um unsere Behausungen warm zu halten. Eure jungen Männer schießen zum Vergnügen ... Was ist das? Räuberei? Ihr nennt uns Wilde? Was sind denn sie?"[2]

Als die weißen Büffeljäger die letzten Herden ausgerottet hatten und die Indianer in Reservate eingesperrt waren, rückten die europäischen Viehzüchter mit riesigen Rinderherden nach, breiteten sich in der ehemaligen Prärie die riesigen Weizen- und Maisfelder weißer Farmer aus.

---

1. Wie lösten die Weißen das „Indianerproblem"?

2. Wie wirkte sich das Vordringen der Eisenbahn und Siedler auf den Bestand der Bisons aus?

3. Inwiefern wurden die Lebensgrundlagen der Sioux dadurch zerstört?

Die Jagd auf Bisons war lebenswichtig für die Indianer der Plains.

Kindheit und Jugend der Indianer

Als Kleinkinder wurden die Indianer sehr frei erzogen. Erwachsene und ältere Geschwister verwöhnten und umsorgten sie. Erreichten die Kinder das Alter, in dem sie „begreifen" konnten, begannen die Älteren, ihnen beizubringen, wie sie sich in der Stammesgemeinschaft zu verhalten hatten. Mit ungehorsamen Kindern gingen die erwachsenen Indianer sehr sanft um. Es gab kaum Bestrafungen, geschlagen wurde so gut wie nie, da man der Überzeugung war, geschlagene Kinder würden später als Eltern auch wieder ihre Kinder schlagen.

Die Trennung der Kinder nach Geschlechtern wurde schon sehr früh vollzogen, um diese auf ihre unterschiedlichen Rollen als Mann und Frau vorzubereiten. Bei manchen Stämmen gingen Mädchen und Jungen bereits im Alter von vier oder fünf Jahren verschiedene Wege, ansonsten spielten sie höchstens bis zum Alter von elf Jahren miteinander.

Die Ausbildung eines Mädchens lag in den Händen der Mutter und aller anderen Frauen einer Familie. Eine besondere Rolle spielte die Großmutter bei der Kindererziehung. Schulen wie bei uns gab es nicht. Gelernt wurde den ganzen Tag im Dorf und Stammesgebiet. Erziehung ging mit allem, was zu tun war, Hand in Hand. Die indianischen Mädchen wurden schrittweise und spielerisch auf ihre späteren Aufgaben als Frau und Mutter vorbereitet. Sie paßten auf ihre jüngeren Geschwister auf und versorgten diese. Sie lernten von der Mutter oder anderen Frauen der Gemeinschaft, wo und wie man Wildfrüchte sammelte und die Gartenarbeit erledigte. Je älter ein Mädchen wurde, desto mehr wurde von ihm erwartet, so zum Beispiel Wasser und Holz holen, Anbau, Ernte und Zubereitung von Pflanzen, Verarbeitung eines erlegten Büffels, Waschen von Kleidungsstücken sowie Handarbeiten wie etwa Flechten und Sticken.

Apachenmädchen lernten sogar, wie man Pferde pflegte und seine eigenen Körperkräfte und seine Ausdauer durch tägliches Schwimmen stärken konnte. Sioux-Indianer hielten ihre Kinder zu täglichem Baden bei jeder Witterung an. Den Kindern wurde von Anfang an der bewußte Umgang mit Nahrung beigebracht. Speisen durften nur in kleinen Portionen aufgenommen und langsam zum Mund geführt werden. Nahrung war eine heilige Gabe der Natur und selten im Überfluß vorhanden. Sie sollte in Dankbarkeit und mit Bedacht verzehrt werden.

Der Sioux-Junge Ohija erzählt aus seiner Kindheit:

„Wir Jungen lernten von Anfang an, uns auf das Leben als Büffeljäger und Krieger vorzubereiten. Auf gute Sitten und Anstand wurde sehr viel Wert gelegt. Den Erwachsenen, besonders den alten Leuten, begegneten wir Kinder stets mit Achtung. Die Erwachsenen erzogen uns dazu, mit der Natur respektvoll umzugehen. Als wir einmal durch den Wald gingen, untersagten uns die Eltern das Schreien und Singen mit der Begründung: Der Wald gehört den Tieren, und die Tiere haben Anspruch darauf, vom Lärm der Menschen nicht belästigt zu werden. Denn der Große Geist kann in jedem Tier, in jeder Pflanze sein. Er hat die Blumen, die Flüsse, die Bäume erschaffen, und auch Wasser gibt er ihnen, damit sie wachsen. Und du mußt alles, was Leben enthält, hegen und schützen, vom einfachen Kriechtier bis zum Menschen!"

1. *Beschreibt die Erziehung indianischer Kinder.*

2. *Nennt Beispiele für besondere Verhaltensweisen und Verpflichtungen gegenüber Mitmenschen und der Natur, auf die viel Wert gelegt wurde.*

3. *Welche religiöse Anschauung der Indianer findet ihr in der Erzählung von Ohija?*

Mandan-Häuptling mit seiner Squaw

Pueblo-Indianer beim Flechten

Frauen gestalten das Leben im Dorf

Während die Männer auf der Jagd waren, hielten die Frauen das dörfliche Leben in Gang. Sie erledigten die meisten Arbeiten im Lager. Zwar wurden die Frauen mit großer Achtung behandelt, doch hatten in der Regel die Männer den größeren Einfluß. Frauen sammelten Früchte, Nüsse und Gemüse für ihre Familien, bestellten die Felder und stellten Pemmikan, eine haltbare Mischung aus Fleisch, Talg, Fett und Beeren her. Sie waren es auch, die die Tipis auf- und wieder abbauten und die Schleppgestelle anfertigten. Das Gerben der Büffelfelle war allein ihre Sache und dauerte bis zu sechs Tage. Bevor das Pferd bekannt war, war die Indianerfrau der wichtigste „Lastenträger".

Wichtig für die Frauen waren künstlerische und handwerkliche Tätigkeiten. Das Weben einer Decke oder die Auskleidung der Tipi-Innenwand wurde mit größter Sorgfalt durchgeführt, weil auch davon das Wohlbefinden und die Sicherheit der Familie abhing. Für diese Fähigkeiten genoß die Frau hohes Ansehen.

Alle wichtigen Entscheidungen, die für das Überleben des Stammes von Bedeutung waren, wurden von den Männern getroffen. Nur bei ganz wenigen Stämmen durften die Frauen nach dem Tode eines Häuptlings bei der Suche nach einem Nachfolger mitbestimmen. So war bei den Irokesen eine allseits anerkannte Stammesälteste an der Wahl des neuen Häuptlings beteiligt.

Navajo-Indianerin beim Weben

1. Stellt die unterschiedlichen Aufgaben von Männern und Frauen einander gegenüber und beschreibt sie.

2. Warum waren die Fertigkeiten von beiden für das Überleben des Stammes wichtig?

3. Wie beurteilt ihr die Rollenverteilung von Mann und Frau? Diskutiert darüber.

Das Vordringen der weißen Siedler

Siedlungsgrenzen:

um 1800

um 1830

um 1860

freies Indianerland, aus dem die Indianer bis 1880/90 vertrieben wurden

0   1000 km

Indianer und Weiße – zwei Welten treffen aufeinander

Als die ersten weißen Einwanderer nach Amerika kamen, begegneten ihnen die Indianer freundlich und hilfsbereit. Doch bald schon stießen die Gegensätze von Indianern und Weißen hart aufeinander. Die weißen Einwanderer kamen immer zahlreicher nach Amerika. Sie nahmen das Land in Besitz und vertrieben die Ureinwohner aus ihren Gebieten. Zahlreiche Verträge wurden zwischen der Regierung in Washington und den Stämmen geschlossen, doch ebenso häufig von den Weißen gebrochen. Die Indianer wurden immer mehr zurückgedrängt, ganze Stämme ausgerottet.

Weiße sprechen über die Indianer

Es ist ... undenkbar, daß sie (= die Indianer) einen Anspruch auf Land haben. Im Gegenteil, sie haben jeden vorstellbaren Anspruch auf Land verwirkt, weil sie außerstande sind, Land zu kultivieren. Sie müssen deshalb – und das ist Gottes Wille – von diesem Land vertrieben werden.

Gottes Wort, daß der Mensch sich die Erde untertan mache, ist eine heilige Verpflichtung. Der Mensch unterscheidet sich als Krone göttlicher Schöpfung vom Tier in seiner Kultur und Zivilisation. Indianer haben das Aussehen von Menschen, und sie mögen auch einer menschlichen Rasse angehören, aber wie sie uns im Augenblick entgegentreten, erscheinen sie ihrem ganzen Habitus (= Aussehen) nach eher als Tiere, teuflische Tiere.[3]

Die reichen und schönen Täler sind dazu bestimmt, ... in Besitz genommen zu werden. Die Reichtümer, die seit unzähligen Jahrhunderten unter den schneebedeckten Gipfeln unserer Berge verborgen liegen, sind von der Vorsehung als Belohnung für die tapferen Männer gedacht, welche die Vorhut der Zivilisation bilden. Die Indianer müssen der immer weiter vorrückenden und immer mehr anschwellenden Flut der Einwanderer weichen, oder sie wird sie hinwegspülen. Der gleiche unerforschliche Gebieter, der Rom zum Untergang verurteilte, hat die Vernichtung der roten Menschen Amerikas beschlossen.[4]

Die Indianer konnten der wachsenden Zahl von Einwanderern, die in ihre Gebiete drängten und sie vertrieben, nicht lange widerstehen. Sie wendeten sich an die Weißen und deren Regierung, um zu protestieren, doch sie bekamen kein Recht.

Indianer sprechen über die Weißen

Ihr habt das Wild, von dem wir lebten, aus dem Land vertrieben, und jetzt besitzen wir nichts mehr von Wert außer den Bergen, die wir euch geben sollen ... Die Erde ist voller Bodenschätze aller Art, und über der Erde ist der Boden bedeckt mit dichten Nadelwäldern, und wenn wir diese dem Großen Vater (= dem amerikanischen Präsidenten) geben, geben wir das Letzte her, was für uns oder für die Weißen von Wert ist.[5]

Wir begegnen allen Dingen der Schöpfung mit Ehrfurcht. Wir halten die Erde heilig, achten jeden Grashalm und ehren die Blumen und Bäume. Ist der Weiße Mann ein Kind, da er unbekümmert tötet und nicht ißt? Wenn die Roten Männer Wild erlegen, dann tun sie das, um zu leben und nicht zu verhungern.[6]

Wessen Stimme ertönte als erste in diesem Land? Die Stimme des Roten Volkes, das nichts als Bogen und Pfeile besaß. ... Was in meinem Land geschehen ist, habe ich nicht gewollt, habe ich nicht gewünscht; Weiße Menschen ziehen durch mein Land. Wenn der Weiße Mann in mein Land kommt, läßt er eine Spur von Blut hinter sich. ... Es gibt zwei Gebirge in meinem Land – die Black Hills und den Big Horn Mountain. Ich will nicht, daß der Große Vater Straßen durch sie baut.[7]

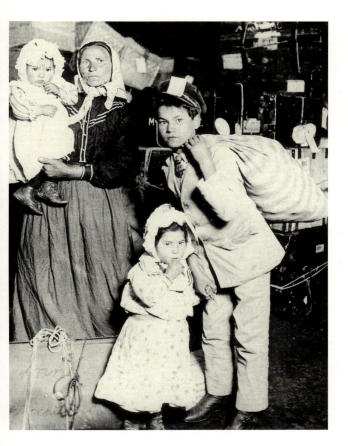

Weiße Einwanderer bei ihrer Ankunft in Nordamerika (um 1900). Viele von ihnen hatten aus wirtschaftlicher Not ihre Heimat in Europa verlassen, um sich in der „Neuen Welt" eine neue, bessere Existenz aufzubauen.

1. Beschreibt anhand der Karte auf der linken Seite das Vordringen der weißen Siedler.

2. Vergleicht die Karte auf der linken Seite mit der Karte der Kulturräume und Stammesgebiete von S. 159. Welche Indianerstämme waren bis 1860 aus ihrer Heimat vertrieben oder vernichtet worden?

3. Wie war es möglich, daß das riesige freie Indianerland in nur etwa dreißig Jahren durch die Weißen erobert wurde? Sucht in Geschichtsbüchern nach einer Erklärung.

4. Beschreibt die unterschiedliche Auffassung von Indianern und Europäern im Umgang mit der Natur und bei der Nutzung des Landes.

5. Welche Einstellung gegenüber den amerikanischen Ureinwohnern wird aus den Worten der Weißen deutlich? Welche Aussichten für das zukünftige Schicksal der Indianer ließen solche Äußerungen befürchten?

Das Leben im Reservat früher:
die Northern Cheyenne

Die Indianer wurden aus ihren angestammten Gebieten vertrieben. Sie wurden gezwungen, sich in bestimmte Gebiete, sogenannte Reservate, zurückzuziehen, die ihnen von der Regierung zugewiesen wurden. Diese Gebiete lagen häufig in unwirtlichen Gegenden, so daß die Lebensbedingungen der indianischen Stämme sich erheblich verschlechterten.

1877 mußten die letzten freien Cheyenne aus den nördlichen Prärien ihre Heimat verlassen. Man forderte sie auf, unverzüglich das ihnen zugewiesene Reservat im Süden der Plains, wo schon die südlichen Cheyenne lebten, aufzusuchen. Die weiße Regierung versprach ihnen ein gutes Leben in der neuen Heimat mit ausreichender Versorgung durch das verantwortliche Indianerbüro. Nach einem fast hunderttägigen Marsch erreichten 937 Cheyenne ihre Reservate. 35, meist alte Leute, waren unterwegs gestorben. Bald jedoch merkten die Northern Cheyenne, in welch lebensfeindliches Gebiet man sie geschickt hatte. Die Erde war unfruchtbar, Regen eine Seltenheit. Es gab in diesem öden Land nicht genug zu essen, kein Wild, kein sauberes Wasser. Ab und zu gab es einige abgemagerte Rinder.

Im Spätsommer wurden viele der neuen Reservatsbewohner krank und starben. Schließlich wurde ein Offizier der amerikanischen Armee beauftragt, die Lebensbedingungen im Lager zu untersuchen. Er berichtete: *„Die Indianer bekommen nicht genug Lebensmittel, um sie vor dem Verhungern zu bewahren. Viele ihrer Frauen und Kinder sind vom Hunger völlig geschwächt. Die Rinder, die man ihnen gegeben hat, sind von sehr schlechter Qualität und für jeden Zweck als unbrauchbar zu bezeichnen."*[8]

Nach einem weiteren Hungerwinter und einem Sommer, in dem wieder viele starben, verließen im September 1878 297 Männer, Frauen und Kinder gegen den Willen des Militärs heimlich das Reservat. Bis zum Frühjahr 1879 wurden nach monatelanger Verfolgung und zahlreichen Kämpfen die letzten von Hunger geschwächten und vom Tode gezeichneten Northern Cheyenne wieder eingefangen und ins Reservat zurückgebracht. Ohne Hoffnung ergaben sie sich ihrem Schicksal und nahmen Abschied vom Leben als freie Indianer.

---

1. Beschreibt die Lebensbedingungen der Northern Cheyenne im Reservat.

2. Warum hatten die Cheyenne keine Möglichkeit mehr, ihr altes Leben wieder aufzunehmen?

3. Spielt die folgende Szene nach: Eine Abordnung der Cheyenne schildert dem zuständigen Indianerbüro die Zustände im Reservat und fordert bessere Lebensbedingungen. Wie könnten die Weißen reagieren?

Dorf der Pawnee-Indianer in Nebraska

Die Schlacht am Little Big Horn: Sioux und Cheyenne schlagen die Regierungstruppen.

Das Leben im Reservat heute: die Navajos

Dies ist die Geschichte des Navajo-Indianers Thomas Black Crow. 1990 berichtete er vom Schicksal seiner Familie im Südwesten der USA:

Navajos heute: Indianerin verkauft Schmuck im Monument Valley/Arizona.

Bis 1970 lebten wir Navajos gemeinsam und friedlich mit unseren Brüdern vom Stamm der Hopi in einem großen Reservat im Bundesstaat Arizona. Meine Mutter webte wunderschöne Teppiche, die sie an Touristen verkaufte, Vater stellte Silberschmuck her. Außerdem besaß er eine große Schafherde. Von den Einflüssen des weißen Mannes hielten wir uns, so gut es ging, fern. Von Vater und Großvater wußte ich von ihren schlechten Erfahrungen aus früheren Reservatszeiten.

Dann fand man in unserem gemeinsamen Reservat Erdöl, wurden im Gebiet der Black Mesa (eine Hochfläche) gewaltige Kohle- und Uranvorkommen entdeckt. Um diese ausbeuten zu können, war den Weißen jedes Mittel recht. Die US-Regierung richtete Stammesräte ein, auf deren Auswahl unsere beiden Völker keinen Einfluß hatten. Diese von uns und unseren eigentlichen Führern nicht anerkannten Räte erlaubten den weißen Bergbauunternehmen, Rohstoffe im Reservat zu suchen und auszubeuten. ... Viele tausend Tonnen radioaktiver Abfall liegen (nun) in unserem Reservat herum. Es kommen immer mehr behinderte Kinder zur Welt. ... Viele unserer Brüder, die im Uranbergbau gearbeitet haben, sind an Krebs gestorben.

Endlich regte sich bei den Navajos so etwas wie Widerstand.

„Wir werden die ewigen Vertragsbrüche nicht mehr hinnehmen. Wir wollen auch nicht mehr so leben, wie die Weißen es uns in den letzten 100 Jahren vorgeschrieben haben", sagten unsere Häuptlinge. „Wir besitzen kaum noch eigenes Land, und eigentlich gehören uns doch die ganzen Rohstoffe."

Unsere Forderungen nach mehr Selbstbestimmung und Auflösung der Stammesräte wurden nicht erfüllt. Im Gegenteil: 1974 zwang uns ein neues Gesetz zur Umsiedlung. Angeblich sollten aus Sicherheitsgründen die Hopis und Navajos getrennt werden. Zäune wurden von den Weißen errichtet. 10 000 Navajos befahl man, ihre Hogans zu verlassen und auf die andere Seite des Zaunes zu gehen. Proteste gegen die Umsiedlungsaktion halfen nicht. Um diese zu beschleunigen, zerstörten Planierraupen unsere Bäume, Felder und Weiden. Vaters Schafe wurden fast alle getötet.

3000 Navajo-Familien siedelte man um. Sie wurden in Baracken untergebracht, die ihnen nur wenig Platz boten. Oft mußten sich 6–8 Personen ein einziges Zimmer teilen. Erst 1988 war diese gewaltsame Vertreibung beendet.

Nein, hier geht es uns nicht gut. Es ist hier wie im Gefängnis. ... Immer mehr meiner Brüder greifen zum Alkohol. Viele haben Selbstmord begangen. Wir finden keine Arbeit im Reservat. Unsere Lebenserwartung ist wesentlich geringer als die der Weißen.

1975 verließ ich das Reservat, um in eine der weißen Städte, Los Angeles, zu ziehen. Ich hoffte, dort Arbeit zu finden. Da ich keinen Beruf gelernt hatte und meine Schulbildung nur bis zur 5. Klasse reichte, blieben mir nur schlecht bezahlte Hilfsjobs. Das Leben in der Stadt war teuer, es gab keine bezahlbaren Wohnungen für mich. Sorgen, Einsamkeit und Heimweh betäubte ich mit Whisky und Gin. Meine häufige Trunkenheit führte zu Unpünktlichkeiten bei der Arbeit und schließlich zur Entlassung. Um diesem Teufelskreis zu entkommen, kehrte ich 1980 wieder ins Reservat zurück.

1. Beschreibt die Situation der Navajos in ihrem Reservat.

2. Diskutiert anhand von Thomas Black Crows Bericht die Probleme, die viele Indianer außerhalb der Reservate haben.

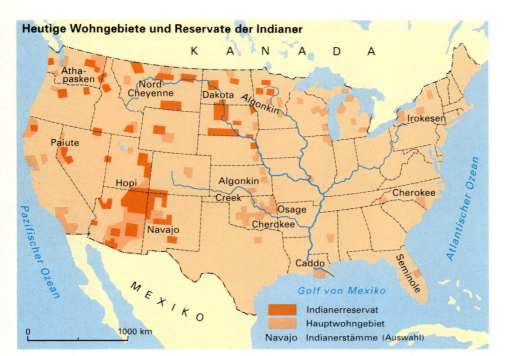

Heutige Wohngebiete und Reservate der Indianer

Indianerreservat
Hauptwohngebiet
Navajo Indianerstämme (Auswahl)

Der Kolumbus-Tag am 12. 10. 1992:

Eine Teilnahme an den Gedenkfeiern am 12. Oktober 1992 anläßlich des 500. Jahrestages der Entdeckung Amerikas durch Kolumbus wurde von den Indianern abgelehnt. Zahlreiche von ihnen demonstrierten in amerikanischen Städten gegen sogenannte „Kolumbus-Paraden". Indianische Demonstranten erklärten den Kolumbus-Tag vielmehr zum „Tag der eingeborenen Amerikaner". Die Indianer Mittel- und Südamerikas feierten lieber den 11. 10. 1492 als „letzten Tag in Freiheit und Würde".

Knapp zwei Millionen Nachfahren der wirklichen Ureinwohner Amerikas leben heute noch in den USA als ärmste Minderheit dieses Landes. Viele Amerikaner bekennen sich selbstbewußter als je zuvor zu ihrem Indianertum. Die meisten von ihnen betrachten sich noch heute als die Ur-Eigentümer Amerikas, das ihnen, so behaupten sie, von den Europäern in den letzten 500 Jahren geraubt wurde. Heute leben die meisten von ihnen von der Sozialhilfe. Sie sind in insgesamt 280 Stämmen organisiert. Das Wort „Stamm" indes empfinden sie so beleidigend wie die Vokabel „Rothaut". Sie nennen ihre 280 Reservate, in denen sie leben, „unabhängige Nationen". Die größte von ihnen ist die Navajo-Reservation, ein Gebiet von der Fläche Schleswig-Holsteins, in dem rund 200 000 Indianer wohnen. Sie verwalten sich selbst, haben eine eigene Polizei und eigene Schulen. Das durchschnittliche Einkommen einer Navajo-Familie beträgt 8000 Dollar im Jahr. Wer nichts verdient, erhält Wohlfahrtsunterstützung und Lebensmittelkarten. Sie führen kein glanzvolles Leben. Sie wohnen zwar auf geheiligtem indianischen Boden, doch viele von ihnen ohne Strom und fließendes Wasser. Die Kindersterblichkeit übersteigt deutlich die aller anderen Volksgruppen, und die Lebenserwartung beträgt nur 60 Jahre (andere US-Bürger: über 70 Jahre).

Doch viele Indianer sind selbstbewußter geworden und haben wieder gelernt zu kämpfen – diesmal mit anderen Waffen. Eine Rückbesinnung der Indianer auf ihre Kultur und Tradition hat begonnen.

1. *Vergleicht die ursprüngliche Lebensweise der Indianer mit dem Reservatsleben. Stellt beide in einer Übersicht dar, und diskutiert die Veränderungen.*

2. *Gestaltet ein Streitgespräch zwischen Vertretern der amerikanischen Regierung und Sprechern der Indianer, wie es heute stattfinden könnte. Schildert die Mißstände, und versucht, mögliche Lösungswege zu zeigen.*

3. *Welche Möglichkeiten nutzen die Indianer heute, auf ihre Probleme aufmerksam zu machen?*

4. *Aus welchen Gründen wollten die Indianer nicht an den Kolumbus-Feiern 1992 teilnehmen?*

5. *Informiert euch, ob es noch andere benachteiligte oder unterdrückte Minderheiten und Bevölkerungsgruppen in unserer Zeit gibt.*

Wir fertigen den Kopfschmuck eines Sioux-Häuptlings

Für die Anfertigung der Adler-Haube (A) braucht ihr:

etwa dreißig große Federn von Gans, Hahn oder Ente (ausgeschnittene Papierfedern gehen auch) und einen langen Streifen aus rotem Filz oder starkem Papier, auf dem die Federn befestigt werden.

Der Filzstreifen (B) wird auf eine Länge von 35 cm in der Mitte aufgeschnitten. Eventuell das Ganze auf einen Hutstumpf kleben oder nähen – das muß aber nicht sein.

Die Federn

Am Federkiel wird eine Schlaufe angebracht (C), die mit einem dünnen Band aus Leder oder Kunststoff umwickelt wird. Ein viereckiges rotes Tuch (oder Klebepapier) wird darumgelegt und mit Bindfäden an zwei Stellen zusammengebunden (D). Die oberen Enden der Federn sollten schwarz sein; man kann sie mit Tusche färben. Dann klebt man noch ein bißchen Flaum (Watte) und zwei

oder drei rote Wollfäden darauf (E).
Wenn man Federn aus Papier schneidet, braucht man für den Kiel dünne Stöckchen. Die Papierfedern werden wie echte Federn geklebt und befestigt.

Die Federn werden gleichmäßig über den Filz verteilt, wie auf Figur F. Durch die Schlingen am Kiel der Federn (C, D) zieht man ein Band, das dann durch Schlitze im Filz gezogen wird (G). Zum Schluß wird

ein bemaltes Stirnband angebracht mit zwei Scheiben rechts und links. Von den Scheiben läßt man zwei lange Büschel aus Wollfäden hängen, die Hermelinschwänze darstellen.[9]

169

5 Menschen wachsen in eine Gesellschaft hinein

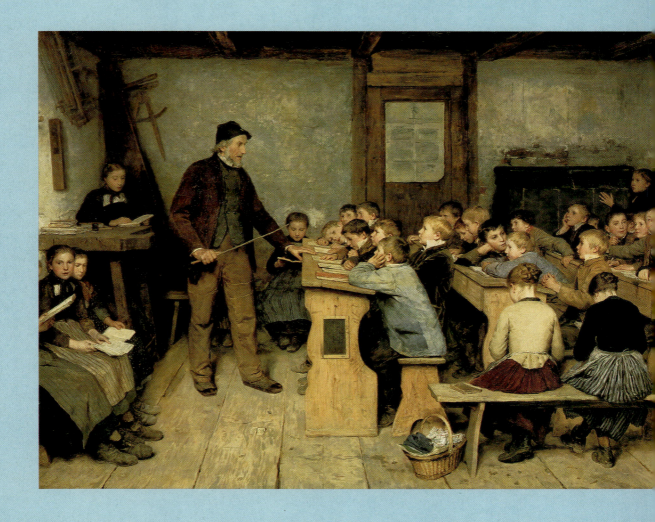

Kinder in vergangenen Zeiten

Wenn Eltern und Großeltern von ihrer Kindheit erzählen, wird deutlich, wie sehr sich das Leben in den vergangenen Jahrzehnten verändert hat. Früher waren die Familien größer als heute, die Menschen mußten länger arbeiten, und weitaus weniger Menschen verdienten genug, um ein sorgenfreies Leben führen zu können. Dieses Kapitel berichtet, wie das Leben der Kinder im vergangenen Jahrhundert ausgesehen hat – auf dem Land und in der Stadt.

1. *Fragt eure Eltern und Großeltern, ob sie noch Dinge aus ihrer Kindheit besitzen. Bringt solche Erinnerungsstücke mit in die Schule, und stellt sie der Klasse vor.*

2. *Geht in die Stadt- oder Gemeindebücherei, und sucht nach Büchern, die etwas über das Thema erzählen.*

Freizeit – früher und heute

Wenn du aus der Schule kommst, Mittag gegessen und deine Hausaufgaben gemacht hast, dann hast du normalerweise Freizeit. Du kannst spielen, lesen, Sport treiben oder fernsehen. Daß Kinder Zeit für solche Dinge haben, ist noch nicht lange so. Früher arbeiteten die meisten Kinder wie ihre Eltern, damit die Familie nicht hungern mußte, etwas anzuziehen und ein Dach über dem Kopf hatte.

Erst seit dem Ende des 19. Jahrhunderts änderten sich die Lebensverhältnisse, erst seit dieser Zeit werden Kindheit und Jugend als eigenständige Lebensabschnitte gesehen. Bis dahin galten Kinder als kleine Erwachsene, die in die Welt der Arbeit hineinwuchsen.

Um die Jahrhundertwende entstand die sogenannte Jugendbewegung. Jugendliche aus der Mittel- und Oberschicht schlossen sich im „Wandervogel" zusammen. Sie wollten ihre Freizeit selbst gestalten. Daß auch Mädchen der Jugendbewegung angehörten, empörte viele Erwachsene. Sie regten sich darüber auf, daß die jungen Mädchen wie die Jungen auf Wanderungen oder Radtouren gingen, im Zelt übernachteten und Lagerfeuer machten.

1. *Leben wir tatsächlich im „Jahrhundert des Kindes"? Diskutiert über die Meinung des Lehrers Paulsen.*

2. *Was macht ihr am liebsten in der Freizeit? Macht eine Umfrage in der Klasse, und haltet die Ergebnisse in einer Tabelle fest.*

3. *Mädchen und Jungen wurden unterschiedlich behandelt – wie ist das in euren Familien?*

Auch in der Industriearbeiterschaft entwickelte sich eine Jugendbewegung. Die jungen Arbeiterinnen und Arbeiter forderten bessere Arbeits- und Ausbildungsbedingungen und wollten freie Zeit haben, über die sie selbst bestimmen konnten. Sie veranstalteten Wanderungen, Radtouren, Feste und Zeltlager. Doch in den Arbeiterfamilien erwartete man, daß die Mädchen im Haushalt halfen, anstatt ihre freie Zeit mit anderen Jugendlichen zu verbringen. Ein Mädchen berichtete, ihr Vater habe ihr untersagt, zu den Veranstaltungen der Sozialistischen Arbeiterjugend zu gehen, sie solle lieber zu Hause Strümpfe stopfen. *„Überall ist von den Rechten und Ansprüchen des heranwachsenden Geschlechts die Rede, von seinen Pflichten darf im Jahrhundert des Kindes überhaupt nicht gesprochen werden",* schrieb der Lehrer Friedrich Paulsen 1907.

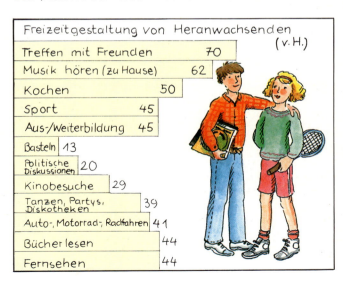

Freizeitgestaltung von Heranwachsenden (v.H.)

Treffen mit Freunden	70
Musik hören (zu Hause)	62
Kochen	50
Sport	45
Aus-/Weiterbildung	45
Basteln	13
Politische Diskussionen	20
Kinobesuche	29
Tanzen, Partys, Diskotheken	39
Auto-, Motorrad-, Radfahren	41
Bücher lesen	44
Fernsehen	44

Kinder auf dem Land

Obwohl die Jugendbewegung um die Jahrhundertwende für mehr Freizeit kämpfte, änderte sich auf dem Land für Kinder und Jugendliche bis weit ins 20. Jahrhundert hinein praktisch nichts. Wie schon im Mittelalter mußten Landkinder auch zu Beginn des 20. Jahrhunderts noch hart arbeiten und hatten fast keine Freizeit. Nur die Kinder von Großgrundbesitzern brauchten kaum im Haus und auf dem Feld mitzuarbeiten. Die Kinder, die von mittleren und kleinen Höfen stammten, und erst recht die Kinder von Tagelöhnern, deren Eltern keinen eigenen Bauernhof besaßen, mußten oft das ganze Jahr über arbeiten. Sie wurden bei fast allen Arbeiten auf dem Feld gebraucht: Beim Pflügen führten sie die Ochsen, bei der Getreideernte trugen sie die Garben, sie halfen beim Rübenhacken und bei der Kartoffelernte.

Bei den Feldarbeiten halfen Jungen und Mädchen. Die Arbeit im Haus wurde fast ausschließlich von Frauen und Mädchen getan. Die Mädchen mußten Essen kochen, Obst und Gemüse einwecken und kleinere Geschwister versorgen. Die Arbeit im Stall, das Füttern und Melken der Tiere, war im allgemeinen Jungenarbeit. Im Sommer arbeiteten die Kinder fast immer von Sonnenaufgang bis Sonnenuntergang: Die Arbeit fing morgens zwischen drei und vier Uhr an und endete oft erst abends um neun.

Im Winter war eher Zeit zum Spielen und Lernen, die Kinder arbeiteten meist nur nachmittags. Dann mußten sie häufig in der „Hausindustrie" arbeiten. Es wurde gesponnen, gewebt, gestrickt und genäht. Die fertige Ware mußte schließlich zu niedrigen Preisen verkauft werden, denn die Konkurrenz war in diesem Bereich sehr groß. Viele Kleinbauern- und Landarbeiterfamilien waren auf den Zuverdienst durch Heimarbeit angewiesen.

Feldarbeit im 19. Jahrhundert: Kinder helfen bei der Ernte

Kartoffelernte

„Bei der diesmaligen Kartoffelernte wurden nun auf den umliegenden Gütern ausnahmsweise viel Arbeitskräfte gebraucht. Schon in der Schule hatten die Lehrer bekannt gegeben, daß, wer von uns jetzt einen guten Groschen verdienen wolle, sich dort und dort melden könne. Dies war der Grund für meine Mutter, sich in diesem Herbste nicht bei den Ackerbürgern zu verdingen, sondern aufs Gut zu gehen. Ich sollte mithelfen. Mit dem Vogt von Friederikenhof, der am Wochenmarktstage die ‚Leute' annahm, hatte sie bereits gesprochen. Alles war in Ordnung, wir konnten anfangen.

Ganz erfreut war meine Mutter über die Höhe des Lohnes. Während es in den vorigen Jahren für Erwachsene nur einen Tagelohn von 45 Pfennigen und für Kinder 20 Pfennige gegeben hatte, betrug er jetzt 50 und 25 Pfennige. Dafür aber, daß meine Mutter in mir noch einen Helfer gestellt hatte, wurde ihr außerdem noch die Extravergünstigung gewährt, sich jeden Abend einen Armkorb voll Kartoffeln mit nach Hause nehmen zu dürfen. Zudem erhielten die ‚städtischen Leute' des Mittags freien Kaffee vom Gutshofe geliefert, damit sie auch am Tage ‚was Warmes in den Leib' bekämen und nicht selbst auf dem Felde zu ‚kochen und prösseln' brauchten, was einmal recht umständlich sei und dann auch unnützen Zeitverlust erfordere. Somit hatten die Leute ‚nur' für ihren täglichen Brotbedarf zu sorgen; warmes Abendbrot konnten sie sich zu Hause kochen..."[1]

Eine typische Kinderarbeit war auch das Hüten von Tieren. Zum Viehhüten wurden fast alle Dorfkinder gebraucht. Während die Kinder der größeren Bauern das eigene Vieh auf die Weide trieben, waren die Kinder von den kleineren Höfen und die Tagelöhnerkinder für fremdes Vieh zuständig. Sie bekamen Lohn oder wenigstens ihre tägliche Nahrung dafür. Oft verbrachten sie den ganzen Sommer draußen bei den Tieren, ihre Familien bekamen sie nur selten zu sehen.

Besonders schlecht erging es den Kindern, die auf sogenannten Kindermärkten als Hütekinder „verkauft" wurden, um in weit entfernten Gebieten von März bis Oktober in einer Gegend zu arbeiten, wo etwas bessere Löhne gezahlt wurden als in der Heimat. Solche Kinder, die oft erst zwischen sieben und vierzehn Jahre alt waren, gab es überwiegend in Süddeutschland und Österreich.

Kindermarkt in Ravensburg

Aus Berichten dieser Kinder wissen wir, daß auf Kindermärkten um die Hütekinder gehandelt wurde wie um ein Stück Ware oder Vieh.

Auf dem Kindermarkt

„Auf diesem Markt wird gemarktet und gehandelt, daß es nur so eine Art hat, wie auf einem Jahrmarkt. Die Bauern suchen sich aus der langen Reihe der Verkaufslustigen das entsprechende Stück (!) aus. Einige sind schon ‚handelseins' geworden; die Bauern fragen: ‚Bist du schon verkauft?', und die Jungen umhüpfen den Dienstgeber mit der Einladung: ‚Kaufet mich, kaufet mich!' Dann wird um den Preis gehandelt wie bei einem Stück Ware."[2]

1. Beschreibt, was ihr auf dem Bild auf der linken Seite seht. Welche Arbeiten werden von Kindern verrichtet?

2. Spielt die Szene auf dem Kindermarkt nach. Welche Eigenschaften mußte ein Kind wohl haben, damit es „verkauft" werden konnte?

Wohnung, Nahrung, Kleidung

Bei den meisten Familien auf dem Land waren die Wohnverhältnisse sehr beengt. Eigene Zimmer hatten nur die wenigen Kinder, deren Eltern große Güter besaßen. Die meisten Landkinder hatten nicht einmal ein eigenes Bett. Im Sommer schliefen sie oft auf Heuböden unter dem Dach oder sogar im Freien. In Norddeutschland gab es in den Bauernhäusern sogenannten „Butzen", in denen die ganze Familie schlief. Die „Butzen" waren meist in dem einzigen Raum des Bauernhauses untergebracht. Hier wurde nicht nur geschlafen, sondern insbesondere im Winter auch gegessen und gearbeitet.

Geschlafen wurde auf Stroh

Stehende Bettladen nach hinterpommerscher Art gab es hier nicht, dagegen herrschte hier das System der Bettkasten. Diese sind längsseits der Wand angebracht und mit einer von oben bis nach unten reichenden Holzverkleidung versehen, in der sich verschiebbare Luken befinden. Sind die Luken geschlossen, so ist von dem Bett überhaupt nichts wahrzunehmen, das Ganze sieht dann aus wie ein großer unförmiger Wandschrank. Will man hineinschlüpfen, so zieht man die Luken zur Seite. Wer drin liegt, ist geborgen; herausfallen kann er nicht. Schade nur, daß das Bettzeug in diesen licht- und luftarmen Höhlungen fast immer feucht und klumpig ist. Sonst aber haben die Bettkästen ihre nicht zu leugnenden Vorteile: Einmal schläft

man darin schön versteckt wie ein Murmeltier; dann braucht das Bettzeug nicht so oft gewaschen zu werden, weil's bei Tage ja doch niemand anders zu sehen bekommt wie die Hausfrau oder die Deern, und schließlich bildet solch Kasten mit dem vielen Stroh darin eine geradezu ideale Niststätte für Mäuse, die immer dafür sorgen, daß man des Morgens nicht die Zeit verschläft.[3]

Die Städterin Lily Braun, die 1901 einen Bericht über die Lage der Frauen in Deutschland veröffentlichte, gibt eine anschauliche Beschreibung der Verhältnisse in den Häusern mit nur einem Wohnraum, wie ihn die meisten Kleinbauern- und Tagelöhnerfamilien bewohnten:

Wohnen auf engstem Raum

Hier wird geschlafen, gekocht, gewaschen und gearbeitet; zwischen den verwahrlosten Kindern treiben sich im Winter auch noch Hühner und Ziegen herum. Eine dicke, feuchtwarme Luft schlägt dem Eintretenden daraus entgegen, zu ihrer Erhaltung bleiben auch im Sommer die Fenster geschlossen. Der üble Geruch beim Schlichten, wobei zersetzungsfähige und giftige Stoffe zur Verwendung kommen, vermischt sich mit dem Dunst der Petroleumlampen, dem Kohlenoxydgas der schlechten Öfen, dem Staub des Webens. Dabei ist an gründliche Reinigung kaum je zu denken, – denn die ganze Familie ist zu fieberhafter Arbeit gezwungen, – Küchenabfall, schmutzige Wäsche und dergleichen mehr verpesten den Raum bis aufs äußerste.[4]

◄ *Wohnstube eines Bauernhauses mit „Butzen"*

Nicht nur die Wohnverhältnisse, auch die tägliche Nahrung der Landkinder war einfach. Sie schwelgten nicht in Milch und Butter, in Schweinefleisch und Hühnerbraten oder in frischem Obst und Gemüse, wie man in der Stadt allgemein annahm. Auf dem Lande wurde für den Verkauf in der Stadt produziert – und nicht für den eigenen Bedarf. Insbesondere in den Landarbeiterfamilien gab es fast nur Schmalzbrot, schwarzen Kaffee, Kartoffeln und Hering. Seit gegen Ende des 19. Jahrhunderts auf dem Land große Molkereien entstanden, bekamen die Landkinder nicht einmal mehr Milch. Lily Braun beschreibt die Kinder als „bleiche, aufgedunsene Landkinder, die mit Mehlsuppe gefüllte Flasche im Mund".

Jungen und Mädchen in ihren Trachten

Kinder wurden früher wie kleine Erwachsene gekleidet.

Die Kleidung der Kinder war wie die der Erwachsenen. Eine besondere Kinderkleidung gab es nicht. An normalen Tagen trugen Erwachsene und Kinder Arbeitskleidung. Für Sonn- und Festtage gab es eine Tracht, die in den einzelnen Landschaften unterschiedlich aussah. Eine Kleiderordnung legte bestimmte Farben und Formen fest: für besondere Festtage, für Verheiratete und Ledige, für Arme und Reiche. Kinder trugen die Tracht der Ledigen, denn Kindsein bedeutete nur, daß man noch nicht ganz zur Welt der Erwachsenen gehörte.

Schon im Alter von fünf Jahren sahen die Kinder wie Erwachsene aus. Die Mädchen trugen oft Röcke, in die wattierte Hüftpolster eingenäht waren und eine weibliche Figur vortäuschten, damit die Röcke richtig „standen". Jedes Kind mußte seine Tracht schonend behandeln, denn sie wurde fast immer einem jüngeren Kind innerhalb der Familie weitervererbt.

1. Die Nahrung der meisten Landkinder war einseitig und oft nicht ausreichend. Könnt ihr begründen, warum das so war?

2. Sammelt Dinge, die ihr draußen im Wald oder in Parks findet (Kastanien, Eicheln, Steine usw.), und versucht, daraus Spielzeug zu basteln.

Die langen Arbeitszeiten im Sommer ließen den Kindern außer an Sonn- und Feiertagen keine Freizeit. Im Winter hatten sie gelegentlich Zeit zum Spielen. Ihr Spielzeug machten sich die Kinder oft selbst. Mädchen bastelten sich Puppen aus bunten Lappen oder Lumpen, Jungen stellten Pfeil und Bogen aus Weidenzweigen her; im Herbst bauten die Kinder sich Drachen, und im Winter machten sie sich Pferd, Wagen und Tiere aus den Dingen, die sie im Sommer und Herbst gesammelt hatten: Tannenzapfen, Eicheln, Kastanien, Äste und Steine.

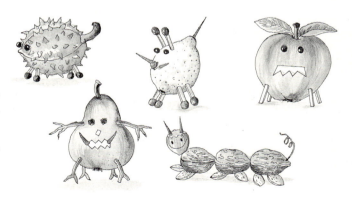

Als Kinder in Fabriken arbeiteten

Noch schlimmer als den Landkindern erging es oft den Kindern von Industriearbeitern. In den Großstädten des 19. Jahrhunderts war Kinderarbeit etwas Alltägliches. Die Bauernkinder mußten zwar hart und lange arbeiten, aber sie taten dies meist mit Vater oder Mutter, Bruder und Schwester zusammen. Die Kinder aus Arbeiterfamilien arbeiteten meist ohne Eltern oder Geschwister in einer Fabrik oder im Bergwerk. Auch ihre Arbeitszeiten waren sehr lang. Daß Kinder 14 oder 15 Stunden am Tag arbeiteten, war keine Seltenheit.

Das erste Gesetz zur Beschränkung der Kinderarbeit in Preußen (6. April 1839)

§ 1. Vor zurückgelegtem neunten Lebensjahre darf niemand in einer Fabrik oder bei Berg-, Hütten- und Pochwerken zu einer regelmäßigen Beschäftigung angenommen werden.

§ 2. Wer noch nicht einen dreijährigen regelmäßigen Schulunterricht genossen hat oder durch ein Zeugnis des Schulvorstandes nachweiset, daß er seine Muttersprache geläufig lesen kann und einen Anfang im Schreiben gemacht hat, darf vor zurückgelegtem sechzehnten Jahr zu einer solchen Beschäftigung in den genannten Anstalten nicht angenommen werden.

Eine Ausnahme hiervon ist nur da gestattet, wo die Fabrikherren durch Errichtung und Unterhaltung von Fabrikschulen den Unterricht der jungen Arbeiter sichern. Die Beurteilung, ob eine solche Schule genüge, gebührt den Regierungen, welche in diesem Falle auch das Verhältnis zwischen Lern- und Arbeitszeit zu bestimmen haben.[5]

Die Zerstörung des Familienlebens

Vor allem fällt nämlich die Zerstörung des Familienlebens auf. Nicht nur der Familienvater ist den ganzen Tag von zu Hause entfernt, ohne sich der Erziehung und Beaufsichtigung seiner Kinder, der Leitung seines Hauswesens irgend widmen zu können, sondern sehr häufig ist auch die Mutter ihrerseits ebensolange täglich in derselben oder einer andern Manufaktur beschäftigt. Sobald die Kinder irgend verwendbar sind – und wer kennt nicht die frühzeitig eintretende Möglichkeit ihrer Beschäftigung bei Maschinen –, so werden auch sie aus dem Hause gestoßen; bis zu diesem Zeitpunkte aber sind sie ohne alle Aufsicht oder unter einer um eine Kleinigkeit gemieteten, welche schlimmer ist als gar keine. Nicht einmal zu dem gemeinschaftlichen Mahl versammelt sich die Familie immer. Die Entfernung des Fabrikgebäudes, bei größerer Nähe der Branntweinbude, hält davon ab; die Speisen, übereilt und von unsorgfältiger, unreinlicher Hand zubereitet, stoßen mehr ab, als daß sie ein willkommener Vereinigungsgrund wären. Häufig dient die armselige und unwohnliche Hütte nur zum gemeinschaftlichen Ausschlafen der abendlichen Ausschweifung. Findet sich doch in den Fabrikstädten häufig, daß noch sehr junge Kinder, welche selbst schon ihren Lohn verdienen, das väterliche Haus gegen ein fremdes Kosthaus vertauschen, weil sie in letzterem um denselben Betrag bessere Speisen erhalten. Andere Bande aber knüpfen sie nicht an das elterliche Dach, welches ihnen nie der Schauplatz einer gepflegten und freundlich unterrichteten Jugend, nie das behagliche Muster herzlichen Zusammenlebens und gemeinschaftlicher Freude oder Trauer war. Wo aber alle Bande des Familienlebens so ganz zerrissen sind und seine tausend Anlässe und Gewohnheiten die Sittlichkeit nicht unterstützen, da muß die höchste Verwilderung einreißen.[6]

---

1. Welche Veränderungen im Familienleben brachte die Industrialisierung mit sich?

2. Welche Kinder fielen unter den Schutz des preußischen Gesetzes zur Einschränkung der Kinderarbeit? Welche Arbeitsstätten waren von diesem Gesetz ausgenommen?

3. Vater und Mutter arbeiten – wie sieht heute so ein Familienleben aus?

4. Wie denkt der Berichtende über ein vernünftiges Familienleben? Was verspricht er sich davon? Welche Gefahren lauern, wenn die Erziehung der Jugendlichen vernachlässigt wird?

In einer Baumwollspinnerei

(Der Werkmeister) führte uns überall umher und ging auch mit uns in die Arbeitsräume, in denen die Kinder beschäftigt waren. Sie waren hell und reinlich, und die Kinder dem äußeren Anschein nach so gesund und behaglich, als diese für Leib und Seele mörderische Beschäftigungsart, denn anders kann man die großen Baumwollspinnereien nicht nennen, es irgend gestatten mag. Die Kinder sind täglich von 5 Uhr morgens bis 12 Uhr mittags, nachmittags von 1 Uhr bis zum späten Abend, im Winter natürlich bei Lichte, beschäftigt. Schulunterricht genießen sie gar nicht, weder in früheren Jahren, noch in der Zeit, in welcher sie hier Arbeit finden; nicht einmal in Sonntagsschulen, die man überhaupt in Bonn nicht kennt. Nach der Auskunft des Werkmeisters werden nur die vom Pfarrer zum Konfirmandenunterricht Ausgezeichneten täglich von 11 bis 12 Uhr von der Fabrik aus zur Katechisation gesendet ...
Ich befragte gelegentlich Kinder, die uns hie und da in den Korridoren aufstießen und mir besonders offen und geweckt erschienen, nach einzelnen Gegenständen des alltäglichen Lebens und des gewöhnlichen Wissens. Allein sie waren entweder ganz leer und entblößt von Vorstellungen und Begriffen oder ganz roh im Ausdrucke derselben. Die Kinder armer Leute (erläuterte der Werkmeister) gingen ohnedies nicht in die Schule, sie möchten in Fabriken arbeiten oder nicht ...
Die Fabrikkinder müßten zwar allerdings täglich 12–15 Stunden arbeiten, allein dabei werde doch das tägliche Brot regelmäßig verdient und die notdürftigste Disziplin gehandhabt.[7]

Die schwere Arbeit in den Fabriken und Bergwerken hatte bei den Kindern nicht selten schwere Krankheiten zur Folge. Die Kinder hatten oft schon früh Erkrankungen der Atemwege wie z. B. Bronchitis und Lungenentzündung. Die in Bergwerken beschäftigten Kinder konnten sich körperlich oft nicht richtig entwickeln und bekamen Verwachsungen, weil sie sich in den niedrigen Bergwerksstollen nur kriechend bewegen und selten aufrecht stehen konnten. Hinzu kommt, daß es üblich war, Kinder, die als langsam oder nachlässig galten, zu schlagen. Eltern beschwerten sich nur selten über solche Mißhandlungen, weil sie fürchteten, daß ihre Kinder dann entlassen würden.

5. Die Abbildung links zeigt das Innere einer Buntpapierfabrik. Beschreibt, was ihr auf der Abbildung seht. Was fällt euch an dem Aufseher auf?

6. Besorgt euch bei einer Gewerkschaft eine Ausgabe des Jugendarbeitsschutzgesetzes. Was sagt dieses Gesetz über den Schutz von Jugendlichen in der Arbeitswelt? Notiert die wichtigsten Bestimmungen.

Wohnung einer Arbeiterfamilie in Berlin (1903); der einzige Raum dieser Wohnung war Küche, Wohnzimmer und Schlafzimmer zugleich.

Eine Familie des wohlhabenden Bürgertums um 1894 (Gemälde von August Kugler)

Arbeiterfamilien und Bürgerfamilien

Im vorigen Jahrhundert entstanden in Deutschland große Fabrikanlagen, in denen Hunderte von Menschen arbeiteten. Um die Fabriken herum wuchsen Wohnsiedlungen heran – allmählich entwickelten sich die Großstädte, wie wir sie heute kennen. Immer mehr Menschen zogen vom Land in die Stadt. Sie hofften, dort eine gut bezahlte Arbeit und eine Wohnung zu finden. Diese Entwicklung nennen wir heute „Industrielle Revolution". In diesen Veränderungen entstanden zwei neue gesellschaftliche Gruppen in der Stadt: die Arbeiterschicht und das Besitzbürgertum.

Wohnverhältnisse von Arbeiterfamilien

... in den meisten deutschen Großstädten wohnt ... die Hälfte oder annähernd die Hälfte aller Menschen in Wohnungen, die nicht mehr als ein Zimmer umfassen. Von tausend Bewohnern nämlich in Barmen 490, in Berlin 430, in Breslau 409, in Chemnitz 551, in Dresden 374, in Görlitz 462, in Halle a. d. S. 429, in Königsberg i. Pr. 505, in Magdeburg 454, in Plauen i. V. 641. Mehr als 2 Zimmer ... bewohnt nur ein verschwindend geringer Prozentsatz der arbeitenden Bevölkerung.

„Übervölkert" nennt die Statistik eine Wohnung, wenn 6 Personen und mehr in 1 Zimmer, 11 Personen und mehr in

2 Zimmern hausen. Und selbst davon gibt es eine recht erkleckliche Anzahl: in Berlin nahezu 30 000, in Breslau 7000, in Chemnitz 5000, in Plauen i. V. 3000 usw. Man denke: 6 Personen und mehr in 1 Raume, 11 und mehr in 2 Räumen! Was nun aber das Wohnungselend der ärmeren Bevölkerung, wenigstens in den Großstädten, auf das Höchste steigert, ist der Umstand, daß selbst in den engen Behausungen, die nicht mehr den Namen Wohnung verdienen, noch nicht einmal immer die Familie allein lebt, sondern noch fremde Personen, die Schlafgänger, dazwischen kampieren. Dieser jammervolle Zustand findet sich beispielsweise in Berlin bei 391 von 1000 einzimmrigen Wohnungen.[8]

1. Vergleicht die beiden Bilder. Welche Unterschiede zwischen einer Arbeiterwohnung und einer Wohnung des Bürgertums gab es? Lest hierfür auch den Bericht über die Wohnsituation in den Großstädten.

2. Wie sind die Kinder auf den Abbildungen dargestellt?

3. Schlagt im Atlas nach, wo die Städte liegen, die in der Quelle genannt werden.

Jahreseinkommen zweier Berliner Familien (1890)[9]

Höherer Beamter (Jurist)	Mark
Einnahmen	5450,—
Ausgaben	
Wohnung (mit Mietsteuer)	1225,—
Heizung	140,—
Beleuchtung	45,—
Essen (170 Mk. monatlich)	2040,—
Wäschereinigung	45,—
Mädchen für alles (monatlich 10 Mk., wird stets in der Provinz gemietet)	120,—
Dienstboten-Krankenversicherung	6,—
Bekleidung und Beschuhung:	
für die Hausfrau	85,50
für den Hausherrn (nur Beschuhung)	17,—
für die Knaben	95,—
Schulgeld für die Knaben	240,—
Schulbücher, Hefte, Federn usw.	24,75
Taschengeld: jedem Knaben monatlich 50 Pfg.	12,—
für die Hausfrau monatlich 10 Mk.	120,—
für den Hausherrn monatlich 15 Mk.	180,—
Steuern nebst Witwenkasse	254,—
Neu-Anschaffung von Geschirr usw.	28,75
Für Verbesserung von beschädigtem Zimmergerät, verdorbenen Schlössern usw.	16,20
Nähsachen usw.	31,85
Weihnachten und Geburtstage	152,50
Vereine	40,—
Zeitungen	26,—
Postwertzeichen	9,15
Arzt und Apotheke (dabei sechs Flaschen Chinawein mit Eisen)	76,30
Einige juristische Werke	27,—
Wohltätigkeitsausgaben (Vereine, Sammlungen)	46,—
Sparkasse für jedes Kind seit der Geburt vierteljährlich 5 Mk.	60,—
Reserve monatlich 5 Mk. zurückgelegt	60,—
Pferdebahn	82,50
Vergnügungen (einmal nach Potsdam, einmal nach Erkner, zweimal im Zoologischen Garten, Beträge für die Knaben bei Schulausflügen, einmal im Schauspielhause)	62,—
Die Jahresgesellschaft	82,50
	5450,—

Facharbeiter (Former)	Mark
Einnahmen	1700,—
Ausgaben	
Wohnung	259,—
Haushalt	924,—
Steuern	30,—
Krankenkassen- und andere Beiträge	13,—
Heizung, im Mittel	45,—
Winterrock für Mann	30,—
Hut	2,50
Stiefel für Mann	16,—
Stiefel für Frau	11,—
Stiefel für Kinder	10,—
Kleideranschaffungen für Frau und Kinder	23,—
Arzt und Apotheke für Frau	20,—
Zeitung, mit einem anderen zusammen 6 Mark, also	3,—
Verschiedenes (Flickereien, Wäsche, Vergnügungen)	64,—
Mann (Getränke, Tabak, Groschensammlungen usw.)	162,—
Ersparnis	82,—
	ca. 1700,—

Tägliche Ausgaben für Lebensmittel

Milch, 2–2½ Liter	0,36	–0,45
Fleisch, 1–2 Pfund	0,70	–1,40
Gemüse, Kartoffeln, Hülsenfrüchte oder Reis	0,05	–0,15
Kaffee und Cichorie	0,10	–0,15
Brot	0,30	–0,40
Schrippen (gröbere Semmeln) zum Frühstück	0,12½	–0,12
Wurst	etwa 0,30	–0,30
Fett, Salz und Gewürze	etwa 0,10	–0,15
	Mark 2,03½	–3,12½

4. Vergleicht die Einkommen des Beamten und des Facharbeiters. Für welche Dinge gab ein Beamter Geld aus, die sich ein Arbeiter nicht leisten konnte?

5. Wieviel Geld wurde jeweils für die Kinder ausgegeben? Was bekamen die Kinder?

6. Was „kosten" Kinder heute? Bittet eure Eltern, mit euch zusammen eine Liste zu erstellen.

In der Schule

Einen geregelten Schulbesuch für alle Kinder gibt es erst seit Beginn unseres Jahrhunderts. Zwar gab es auch früher schon Schulen, und eine *Schulpflicht* für alle Kinder bis zum 12. Lebensjahr bestand in einigen Teilen Deutschlands bereits seit dem 17. Jahrhundert. Aber da die meisten Kinder arbeiten mußten, hielten sich viele Familien nicht an die gesetzlich vorgeschriebene Schulpflicht. Auch Strafandrohungen nutzten da wenig.

Erst gegen Ende des 19. Jahrhunderts, als es vielen Arbeiterfamilien besser ging, als die Politiker erkannten, wie schädlich die Kinderarbeit war und wie wichtig Kenntnisse im Lesen, Schreiben und Rechnen waren, setzte sich allmählich ein Kinderarbeitsverbot und ein regelmäßiger Schulbesuch in Deutschland durch.

In vielen Dörfern gab es bis zum Ende des 19. Jahrhunderts keine Schulgebäude. Unterricht fand entweder im Wohnzimmer des Lehrers oder jede Woche in einem anderen Haus statt. Eine solche „Reiheschule" gab es zum Beispiel im Dorf Hülptingsen bei Burgdorf (Landkreis Hannover).

Aus der Hülptinger Schulchronik von 1888

Ein Schulhaus gab es in früherer Zeit nicht, vielmehr wanderte die Schule jede Woche in ein anderes Haus. Jeder Einwohner, der ein Haus besaß, war verpflichtet, eine Woche hindurch seine Stube zur Abhaltung des Unterrichts herzugeben. War die Reihe herum, so mußten die Eltern der schulpflichtigen Kinder die Schule beherbergen und zwar, so viel Kinder vorhanden waren, so viel Wochen war die Schule bei den betreffenden Eltern.

An einem langen Tische saßen nun die Kinder, hörten den Worten des Lehrers zu, rechneten, lasen oder schrieben, während Mütterchen am Spinnrad saß, und hin und wieder auch einen Brocken ihrer Weisheit zum Besten gab. Wurde gesungen, so ließ sie auch ihre holde Stimme erschallen, wobei es oftmals vorgekommen ist, daß sie mit aller Energie an ihrer alten Weise festhielt, und dadurch nicht selten die Kinder zum Lachen reizte. Um dem Übelstande der Reiheschule abzuhelfen, wurde ein altes Hirtenhaus, welches auf Gieren Hofe stand, zur Schule umgebaut.[10]

Ein altes Klassenzimmer

Nach unseren heutigen Vorstellungen waren die Klassen im vorigen Jahrhundert in den Städten sehr groß. Bis zu 100 Kinder besuchten manchmal eine Klasse. In kleinen Dörfern waren die Klassen dagegen oft sehr klein. Wenn nur fünf oder sechs Kinder pro Jahr in die Schule kamen, wurden mehrere Klassen, manchmal sogar alle acht Jahrgänge, in einem Raum unterrichtet. Solche Schulen nannte man einklassige Volksschulen. Auch in solchen einklassigen Schulen hatten oft über 50 Kinder bei einem Lehrer oder einer Lehrerin gleichzeitig Unterricht. Für Ordnung und Aufmerksamkeit wurde meist durch harte Strafen gesorgt: Stockschläge, Ohrfeigen oder „Kopfnüsse" hielten viele Lehrer und Eltern für angemessen, weil sie davon überzeugt waren, daß nur aus gehorsamen und braven Kindern anständige Menschen werden konnten.

Seit dem Ende des Mittelalters gab es in Deutschland eine Trennung in „Volks"-Schulen und „höhere" Schulen für die Kinder der reichen und gebildeten Bevölkerungsschicht. Die meisten Schüler und Schülerinnen besuchten gegen Ende des 19. Jahrhunderts Volksschulen. Besonders auf dem Land gab es kaum eine andere Möglichkeit, es sei denn, die Eltern konnten das teure Schulgeld für eine Internatsschule aufbringen.

An der höheren Schule, seit Beginn des 19. Jahrhunderts auch Gymnasium genannt, wurde vor allen Dingen Wert auf alte Sprachen, auf Griechisch und Lateinisch, gelegt. Daneben gab es seit Mitte des 19. Jahrhunderts auch höhere Schulen, in denen sogenannte Realien (Mathematik, Naturwissenschaften, Erdkunde) verstärkt unterrichtet wurden. An solchen Schulen konnte man nach der 10. Klasse die „Mittlere Reife" machen.

Das dreigliedrige Schulsystem, wie wir es kennen, gibt es seit dem Ende des 19. Jahrhunderts. Die Schülerzahlen in den einzelnen Schulformen sahen allerdings anders aus als heute. Etwa 90 von hundert Schülern eines Jahrgangs besuchten die Volksschule, 8 verließen die Schule mit der „Mittleren Reife", und nur 2 machten Abitur.

Daß nur so wenige Kinder eine höhere Schule besuchten, lag nicht nur an den weiten Wegen zu Realschulen und Gymnasien, sondern vor allen Dingen daran, daß die meisten Familien sich einen lange dauernden Schulbesuch ihrer Kinder nicht leisten konnten. Für den Besuch einer höheren Schule mußte Schulgeld bezahlt werden. Zudem verdienten Abiturienten ja auch erst sehr spät Geld.

Für Mädchen war der Besuch der staatlichen höheren Schulen in den meisten Gebieten Deutschlands erst zu Beginn des 20. Jahrhunderts erlaubt, bis dahin konnten sie nur auf private „Töchterschulen" gehen, wo sie auf ihre spätere Tätigkeit als Hausfrau und Mutter vorbereitet wurden. Die Vorstellung, daß Mädchen einen Beruf erlernen könnten und deshalb eine gute Ausbildung brauchten, kam zwar schon vor 100 Jahren auf, setzte sich aber erst in den letzten Jahrzehnten durch. Um die Jahrhundertwende empfanden viele Männer die Forderung nach einer besseren Ausbildung der Mädchen als unangemessen, weil sie glaubten, daß Frauen mit Haushalt und Kindererziehung ausgelastet seien. Eine höhere Schulbildung sei damit völlig überflüssig.

Einschulung (1930) ▶

Landausflug (1927)

Mädchenklasse (1931)

Jungenklasse (1926)

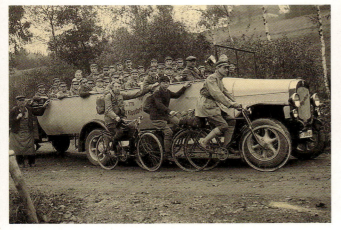

Was fällt euch auf, wenn ihr die Bilder von früheren Schulklassen betrachtet?

● Nina und Nils erforschen die Geschichte ihrer Familie

Wie haben frühere Generationen als Kinder und Jugendliche gelebt? Nils und Nina befragten ihre Eltern und Groß-

Karl 1905
15 Jahre

Karl-Heinz 1935
14 Jahre

Gerd 1961
15 Jahre

Nils 1992
14 Jahre

	Urgroßvater	Großvater	Vater	Sohn
	Karl geb. 1890	Karl-Heinz geb. 1921	Gerd geb. 1946	Nils geb. 1978
Geschwister	5	3	–	1
Wohnort	Dorf in Niedersachsen	Dorf in Niedersachsen	Dorf in Niedersachsen	Großstadt in Niedersachsen
Schul- und Berufsausbildung	Volksschule	Volksschule, 3 Jahre Lehre	Gymnasium, Abitur, Studium	Gesamtschule
Beruf	Arbeiter bei der Reichsbahn	Lokführer bei der Bundesbahn	Verwaltungsbeamter	
Arbeiten als Kind	Feldarbeit bei Bauern im Dorf	Feldarbeit bei Bauern im Dorf	gelegentlich Hilfe im Haushalt	gelegentlich Hilfe im Haushalt
Freizeit	Sonntag	Sonntag	Nachmittag, Sonntag	Sonnabend, Sonntag
Freizeitbeschäftigung	basteln	basteln, radfahren	lesen, schwimmen, Fußball	fernsehen, lesen, Tennis, Computer
Urlaub	–	als Kind kein Urlaub, als Erwachsener einmal im Jahr in Italien oder Mallorca	als Kind bei Verwandten, als Erwachsener 2–3mal im Jahr im europäischen Ausland	jedes Jahr 3 Wochen Dänemark und Kurzurlaub im europäischen Ausland

eltern. So entstand eine Familiengeschichte, die über das Leben in früheren Zeiten berichtet.

„Schreibt" auch so eine Geschichte – über eure Familie!

Elisabeth 1890
15 Jahre

Katharina 1922
15 Jahre

Helma 1964
16 Jahre

Nina 1992
14 Jahre

Urgroßmutter	Großmutter	Mutter	Tochter	
Elisabeth geb. 1875	Katharina geb. 1907	Helma geb. 1948	Nina geb. 1978	
2	5	3	1	Geschwister
Dorf im Rheinland	Dorf im Rheinland	Dorf im Rheinland	Großstadt in Niedersachsen	Wohnort
Volksschule, 1 Jahr Haushaltsschule	Realschule, 1 Jahr Haushaltsschule, 2 Jahre Seminar	Gymnasium, Abitur, Studium	Gymnasium	Schul- und Berufsausbildung
Hausfrau	Kindergärtnerin, nach der Heirat Hausfrau	Lehrerin		Beruf
Hausarbeit, gelegentlich Feldarbeit	Hausarbeit, gelegentlich Feldarbeit	gelegentlich Hausarbeit, gelegentlich Feldarbeit	gelegentlich Hilfe im Haushalt	Arbeiten als Kind
Sonntag	Sonntag	meistens Nachmittag, Sonntag	Nachmittag, Sonnabend, Sonntag	Freizeit
lesen	lesen, Klavier, radfahren, wandern	lesen, Kino, Klavier, tanzen, Sport	lesen, Seidenmalerei, Klavier, tanzen	Freizeitbeschäftigung
zweimal in der „Sommerfrische"	als Kind gelegentlich bei Verwandten, als Erwachsene einmal im Jahr im Ausland	als Kind bei Verwandten, als Erwachsene 2–3mal im Jahr im europäischen Ausland	jedes Jahr 3 Wochen Dänemark und Kurzurlaub im europäischen Ausland	Urlaub

Kinder in Lateinamerika

Auf der Welt gibt es reiche Länder, in denen die meisten Menschen einen Arbeitsplatz und eine Wohnung haben und wo ausreichend Nahrungsmittel für alle vorhanden sind. Diese Länder nennt man Industrieländer. Zu ihnen zählt auch Deutschland. In den meisten Ländern der Erde herrscht jedoch bittere Armut. Diese Länder bezeichnen wir als Entwicklungsländer. Sie liegen fast alle in Afrika, Asien und Lateinamerika. Etwa 80 von hundert Menschen dieser Erde leben in Entwicklungsländern. An Beispielen aus Lateinamerika werden wir untersuchen, wie Kinder in Entwicklungsländern leben.

1. *Betrachtet das Bild oben. Beschreibt genau, was ihr auf dem Foto seht. Versucht zu erklären, was das Bild mit unserem Thema zu tun hat.*

2. *Was wißt ihr über die Entwicklungsländer? Sammelt Stichworte, die ihr an die Tafel schreibt.*

3. *Der Gegensatz zwischen den armen und den reichen Ländern heißt Nord-Süd-Konflikt. Weshalb?*

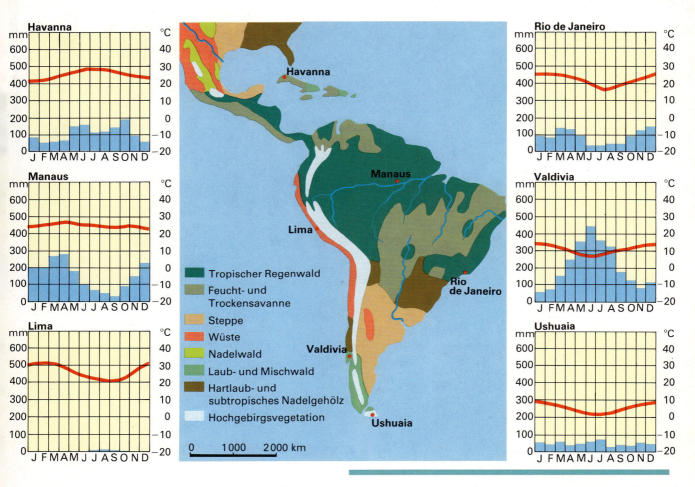

Havanna

mm / °C

Manaus

mm / °C

Lima

mm / °C

Rio de Janeiro

mm / °C

Valdivia

mm / °C

Ushuaia

mm / °C

Legende:
- Tropischer Regenwald
- Feucht- und Trockensavanne
- Steppe
- Wüste
- Nadelwald
- Laub- und Mischwald
- Hartlaub- und subtropisches Nadelgehölz
- Hochgebirgsvegetation

0   1000   2000 km

Lateinamerika – ein unbekannter Kontinent?

Lateinamerika – der Name führt uns in die Geschichte dieses Halbkontinents. Er wurde von den Spaniern und den Portugiesen erobert und jahrhundertelang beherrscht. Deshalb sprechen die Menschen in Lateinamerika heute fast alle spanisch – nur in Brasilien wird portugiesisch gesprochen. Beide Sprachen entwickelten sich aus dem Lateinischen – daher der Name Lateinamerika.
Zu Lateinamerika gehören Mexiko, Mittelamerika und Südamerika. Es ist ein Gebiet mit einer großen natürlichen Vielfalt. Das Amazonasbecken allein beheimatet Millionen unterschiedlicher Tiere und Pflanzen.

1. Malt eine Umrißkarte Lateinamerikas, und zeichnet die Staaten und ihre Hauptstädte ein.

2. Wie heißen die beiden größten Flüsse Lateinamerikas? Zeichnet sie ebenfalls in die Karte ein.

3. Wie heißt das große Gebirge, das Lateinamerika von Norden nach Süden durchzieht? Bis zu welcher Höhe reichen die höchsten Gipfel dieses Gebirges? Wie hoch sind die höchsten Gipfel in den Alpen?

4. Weshalb ist es in Lima, Rio de Janeiro, Valdivia und in Ushuaia im Juli kühler als im Dezember?

5. Malt eine Umrißkarte von Europa im gleichen Maßstab, schneidet sie aus, und legt sie auf eure Lateinamerikakarte. Vergleicht die Größenunterschiede.

Reiche Welt – arme Welt:
Lars und Pablo

Lars (6. v. rechts) mit seinen Freunden

Wenn morgens um halb sieben der Wecker klingelt, steht Lars auf und geht unter die warme Dusche. Zum Frühstück setzt er sich an den bereits gedeckten Tisch, ißt Cornflakes und wirft einen Blick in die Zeitung.

Um halb acht fährt er mit dem Bus zur Schule. Er geht auf eine Orientierungsstufe. Rechnen, schreiben und lesen kann er mit seinen zwölf Jahren natürlich längst. Wenn der Vormittag vorüber ist, geht er mit seinen Freunden in die schuleigene Mensa zum Mittagessen. Danach spielt er noch eine Runde Tischtennis, oder er wirft einen Blick in die Disco, aber da ist es höllisch laut. Er tobt lieber mit seinen Freunden noch ein bißchen auf der Holzburg herum, die auf dem Schulhof aufgebaut ist. Nachmittags hat er noch einmal drei Stunden Unterricht, meistens Sport und Kunst. Wenn er dann um 16 Uhr aus der Schule kommt, braucht er keine Hausaufgaben mehr zu machen. Abgesehen von einer Viertelstunde, die er für Mithilfe im Haushalt braucht, gehört die restliche Zeit des Tages ihm. Er spielt mit Freunden Fußball oder Tennis, setzt sich vor seinen Computer oder sieht fern. Ab und zu kocht er abends für die ganze Familie, d. h. für seine Eltern und seine Schwester. Aber das ist ihm meistens zu anstrengend. Wenn auch seine Eltern weder Zeit noch Lust zum Kochen haben, geht die Familie auch mal in die Pizzeria zum Essen.

Neulich hat Lars sich mit der Brotmaschine in den Daumen geschnitten, da hat ihn seine Mutter ins Kinderkranken-haus gebracht. Dort wurde die Wunde genäht, und nach kurzer Zeit war alles wieder verheilt.

Lars geht es gut. Er braucht sich um nichts zu sorgen. Nicht allen Kindern in Deutschland geht es so gut. Aber zu hungern brauchen die Kinder hier nicht, sie haben alle die Möglichkeit, eine Schule zu besuchen, und für die medizinische Betreuung ist auch gesorgt.

Pablo hat kein eigenes Bett, und er kann auch nicht unter die Dusche gehen. Er hat überhaupt kein Bett. Er schläft auf dem Boden in einer Hütte, die seine Eltern und Geschwister aus Brettern, Blech und Plastikplanen in einem Slumgebiet am Rand von Bogotá (Kolumbien) gebaut haben.

Früher wohnten Pablo und seine Familie auf dem Land, dort ging es ihnen auch nicht besonders gut, aber seine Eltern hatten wenigstens Arbeit in der Baumwollproduktion. Damit verdienten sie gerade so viel Geld, daß sie die sechsköpfige Familie ernähren konnten. Als die Baumwollpreise sanken, zogen Pablos Eltern in die Stadt, in der Hoffnung, dort eine neue Arbeit und Unterkunft zu finden. Aber es gibt nur gelegentlich Arbeit. Auch Pablo arbeitet. Für die Schule hat er keine Zeit. Seine Eltern verdienen nicht genug, um für ihn sorgen zu können. Pablo verkauft Zeitungen. Er verdient nicht viel damit. Aber es ist schwer, eine andere Arbeit zu finden. Wenn er zu wenig verdient hat, um sich etwas zum Essen zu kaufen, sucht er im Abfall nach Eßbarem. Der Müll aus den Stadtvierteln, in denen

Pablo (2. v. rechts) und seine Geschwister

die reichen Leute wohnen, enthält oft Essensreste. Auf der Müllkippe trifft Pablo viele Kinder und Erwachsene, die mit hungrigem Magen die Müllberge durchwühlen.

Wer verdorbene Lebensmittel ißt, wird meist krank. Pablo kannte einige, die bereits an Cholera gestorben sind. Cholera ist eine Durchfallkrankheit. Nur wer rechtzeitig von Ärzten behandelt wird, hat eine Chance, diese Krankheit zu überstehen. Doch die meisten Menschen, die Pablo kennt, haben kein Geld für einen Besuch beim Arzt.

Es kommt oft vor, daß Pablo abends hungrig schlafen geht. Er ist keine Ausnahme. In Lateinamerika gibt es viele Kinder, die hungern. Viele von ihnen haben nicht einmal ein Zuhause. Sie leben auf den Straßen der südamerikanischen Millionenstädte.

1. Wo liegt Bogotá? Schlagt im Atlas nach.

2. Was erlebt Pablo während eines Tages? Schreibt einen Tagesablauf.

3. Kerstin ist ein Mädchen aus Deutschland, Isabella ein Mädchen aus Kolumbien. Erzählt, wie sie ihren Tag verbringen. Vergleicht dazu auch die Seiten 190/191.

4. Beschreibt mit eigenen Worten, was das Gedicht in der rechten Spalte erzählt.

Slums
kein Strom
kein Wasser
keine Kanalisation
viel Ungeziefer
viele Ratten
viele Kinder
keine Schulen
keine Arbeitsstellen
keine Möglichkeit,
  seine Lage zu ändern
viel Pappe
viele Stangen
viel Blech
und doch keine Hütte,
  die Schutz bietet
Kriminalität
Prostitution
Alkoholismus
Nichts zu essen
Hunger
Abfälle
  von den Müllkippen
Lethargie
Trostlosigkeit
Hoffnungslosigkeit
Das ist auch „Leben"!

Peter Cronenberg[1]

189

Nicht jeder hat einen Platz in der Schulbank

Pedro Vilca ist ein elf Jahre alter Aymará-Indio. Er hat noch eine Schwester: Maria. Ihre Eltern sind Kleinbauern. Sie leben in den Anden, nordwestlich des Titicacasees in etwa 3600 m Höhe. Fast alle Nahrungsmittel, die die Familie Vilca braucht, baut sie selbst an: Kartoffeln, Mais und Quinoa, eine Getreideart, deren Körner besonders viel pflanzliches Eiweiß enthalten. Vier kleine Hütten aus luftgetrockneten Lehmziegeln sind ihr Zuhause. Eine davon bewohnt Pedro mit seiner Schwester Maria. In manchen Nächten sinkt die Temperatur in ihrer Schlafhütte bis unter den Gefrierpunkt. Dann kuscheln sich die Geschwister unter den Decken aus Lamawolle eng aneinander.

Früh beginnt der Tag. Morgens, wenn der Hahn kräht, schubst Pedro seine Schwester ein wenig. Dann stehen beide auf und ziehen sich rasch an. Jeder setzt eine leuchtend bunte Strickmütze auf. Bevor sie zur Schule gehen, müssen sie noch einige Arbeiten erledigen: Pedro schleppt Heu und Stroh für den Esel und für den Ochsen herbei. Maria füttert die Hühner und sammelt die Eier ein. Danach gehen sie zum Brunnen und holen für die Famile Wasser – zum Waschen, Kochen und Trinken.

Nach der Morgenarbeit frühstücken sie. Vater, Mutter, Pedro und Maria sitzen auf dem Erdboden. Zwei Holzkisten dienen ihnen als Tisch. Jedesmal gibt es das gleiche: einen dicken, heißen Brei aus Mais, Kartoffeln, Zwiebeln und Quinoamehl.

Nach dem Frühstück suchen Pedro und Maria ihre Schulsachen zusammen. Ihre Mutter gibt ihnen für die Mittagspause ein paar gekochte Kartoffeln und gerösteten Mais mit, selten ein Stück getrocknetes Lamm- oder Rindfleisch.

Dann machen sie sich auf den fast einstündigen Weg zur Schule. Vor dem Schulgebäude stellen sich Pedro und Maria mit den Jungen und Mädchen ihrer Klasse in einer Reihe auf. Bevor sie in ihr Klassenzimmer gehen, singen sie die peruanische Nationalhymne.

Der Unterricht beginnt um 8 Uhr und dauert mit zwei kurzen Pausen bis 11.30 Uhr. Nach der Mittagspause geht es von 14 bis 16 Uhr weiter. Die Jungen und Mädchen lernen Spanisch, die Amtssprache, und Aymará, die Indiosprache, Mathematik, Geschichte, Erdkunde, Naturkunde und Gesundheitslehre. Nicht alle haben einen Platz in der Schulbank. Viele sitzen auf dem Boden und benutzen alte

Kisten als Tische. Schulbücher gibt es nur wenige. In der Mittagspause spielen Pedro und seine Mitschüler am liebsten Fußball; Maria und ihre Freundinnen spielen mit selbstgebasteltem Spielzeug.

Nachmittags ist Gartenbauunterricht. Die Schüler und Schülerinnen lernen im Schulgarten, wie man Gemüse anbaut. Das Saatgut erhält die Schule vom Kinderhilfswerk der Vereinten Nationen (UNICEF). Der Lehrer zeigt, wie man den Gemüsesamen aussät und wie man einen Steinwall um den Garten errichtet, damit der kühle Wind von den Pflanzen abgehalten wird.

Wenn Pedro und Maria nach Hause kommen, bereitet die Mutter schon das Abendessen vor. Pedro geht gleich wieder nach draußen, um getrockneten Dung zu suchen. Damit wird am Abend das Feuer unterhalten. Er holt Futter und Wasser für den Ochsen und den Esel. Er bringt die Tiere in den Stall und räumt den Hof auf. Bei Sonnenuntergang kommen alle Familienmitglieder in die Küchenhütte.

Pedro in der Schule

Hütten in den Anden: die Heimat von Pedro und Maria

Die Mutter verteilt den heißen Brei. Das Feuer strömt eine angenehme Wärme aus. Bei Kerzenlicht erledigen Pedro und Maria ihre Hausaufgaben. Bald nach 8 Uhr geht Pedro mit seiner Schwester hinüber in die Schlafhütte.[2]

In Peru werden nur etwa 5 von Hundert aller Schüler von einem Hilfsprogramm der UNICEF erfaßt; zu ihnen gehören Pedro und Maria. Die UNICEF bemüht sich, allen Kindern der Welt gleiche Lebenschancen zu eröffnen. Trotzdem waren 1990 immer noch 15 von Hundert aller Peruaner Analphabeten. Die UNESCO (Organisation der Vereinten Nationen für Erziehung, Wissenschaft und Kultur) sprach für 1990 von weltweit 1 Milliarde Analphabeten, das ist fast ein Fünftel aller lebenden Menschen.

1. Wo wohnen Pedro und Maria? Zeige auf einer Karte ihr Heimatland, das Gebirge und den Titicacasee.

2. Schreibe deinen Tageslauf auf, und vergleiche ihn mit dem von Pedro und Maria.

3. Sicherlich möchtest du nicht so leben wie Pedro und Maria. Doch sie sind froh, zur Schule gehen zu dürfen. Welche Vorteile haben sie gegenüber denen, die nicht zur Schule gehen können?

4. Vergleiche die Unterrichtsbedingungen in deiner Schule mit denen in Lateinamerika. Werte die Bilder aus, und verwende den Text.

José arbeitet im Bergwerk

Nicht nur mit Schuhputzen, Betteln oder als Zeitungsverkäufer verdienen Kinder in Südamerika ihren Lebensunterhalt. Oft haben sie keine andere Wahl, als auch harte körperliche Arbeit zu verrichten, weil sie sonst nicht überleben können. Der Journalist und Schriftsteller Reinhard Jung machte Interviews mit Kindern und Erwachsenen, die in kolumbianischen Bergwerken arbeiten:

„Die Kinder müssen in die Schächte, wenn die Familie überleben will. Das ist ein Rückschritt, das wirft das Kind zurück in die Menge derer, die auf die Minen angewiesen sind. Den Patrónes gefällt das natürlich sehr, wenn die Kinder arbeiten müssen. Solche Kinder kann man bequem ausnutzen, sie werden keine Schwierigkeiten machen. Klar, sie arbeiten willig, sie sind gute Arbeiter. Das kommt den Patrónes gerade recht: Diese Kinder werden ihr Leben lang Mineros bleiben. Sie führen ein Leben wie Tiere. Essen, trinken und arbeiten, sonst bleibt ihnen nichts."

„Ich habe drei Jahre unten an der Kohle gearbeitet. Mit elf habe ich angefangen. Mit meinem Vater und zwei meiner Brüder. Wir haben in der Grube 14. Juli gearbeitet. Dafür haben sie uns pro Sack, den wir herausgeschafft haben, fünfzehn Pesos bezahlt. Uns Kindern gaben sie einen Anteil von dreieinhalb Pesos von jedem Sack. Sie machen das oft, daß sie den Kindern nur einen Anteil bezahlen."

„Immer wieder holen sie verletzte oder tote Kinder aus den Gruben. Vor acht Monaten erst haben sie da wieder einen aus der Mine geborgen. Und die Besitzerin hat gesagt: ,Gott hat es so gewollt!' und hat nichts bezahlt; keine Unterstützung, keine Hilfe für die Familie, gar nichts!"

„Ich arbeite in der Mine Restrano. Da arbeiten wir auf vier unterschiedlich tiefen Sohlen. Wir graben die Kohle in unterschiedlicher Tiefe, und der Fels ist sehr hart. Dort hetzen einen die Aufpasser. Wenn man müde und abgearbeitet ist und eine kleine Pause macht, brüllen sie sofort: ,Los, los! Beweg dich! Wir müssen noch eine Fuhre Kohle herausschaffen!' Und man kann sich kaum noch auf den Beinen halten, ohne sich ganz kaputtzumachen. Dort zahlen sie sieben Pesos pro Sack und kassieren mehr als das Doppelte dafür. Das ist die Ungerechtigkeit, unter der die Kinder in den Kohlengruben leiden!"[3]

Kinderarbeit in einem Bergwerk ▶

Besonders für Frauen und Mädchen ist es in Lateinamerika oft schwierig, den Lebensunterhalt zu verdienen, denn Frauenarbeit wird sehr schlecht bezahlt. Mädchen haben weniger Bildungsmöglichkeiten als Jungen. Das teure Schulgeld wird für sie nur selten aufgebracht, weil man davon ausgeht, daß sie ohnehin heiraten und keinen Beruf ausüben werden. So können sie noch weitaus seltener als Jungen lesen und schreiben. Das macht die Suche nach einer Arbeitsstelle sehr schwierig. Hinzu kommt, daß sie wegen ihrer geringeren Körperkraft nicht so schwere Arbeit tun können. So bleibt meist nur die schlechtbezahlte Hausarbeit.

In ihrem Buch „Ich habe Hunger. Ich habe Durst" schildert Gudrun Pausewang die Situation einer Frau, die ihre sechs Kinder allein durchbringen muß, weil ihr Mann früh verstorben ist.

Rosalba Soto, von allen Mama Soto genannt, hatte ursprünglich ein Stück Land in der Nähe der großen Stadt besessen, wo sie eine kleine Landwirtschaft betrieb, die sie und ihre Kinder mit Nahrung und Kleidung versorgte. Von dort war sie durch einen reichen Fabrikbesitzer vertrieben worden, der auf dem Grundstück seine Villa bauen wollte. Das wenige Geld, das sie für das Land bekam, war schnell ausgegeben, und so landete Familie Soto schließlich im Keller einer Bauruine in einem Armenviertel der Stadt, wo es weder einen Wasseranschluß noch Toiletten gab.

Als Mama Soto ihre letzte Arbeitsstelle verlor, weil die Herrschaften fortzogen in eine andere Stadt, gab sie endlich Onkel Steifbeins Drängen nach und ließ Dulce und Leonor mit ihm gehen. Sie wollte sie herausputzen, wollte ihnen ihre Sonntagskleider anziehen und Schleifen ins Haar flechten, denn sie sollten ja einen ganzen Tag lang vor einer Kirchentür kauern. Aber der Alte schüttelte den Kopf und griff ein.

„Wer gibt schon so hübsch zurechtgemachten Kindern ein Almosen?" fragte er. „Ziehen Sie ihnen die ältesten Fetzen an. Lassen Sie sie barfuß gehen, und nehmen Sie ihnen die Schleifen aus dem Haar. Um so mehr wird man ihnen schenken."

Mama Soto seufzte. Ja, er hatte recht. Und so stellte sie nur beide Kinder nacheinander in die Wassereimer und wusch sie gründlich.

„Wenn sie schon betteln gehen müssen, so sollen sie wenigstens sauber dazu sein", sagte sie, „jetzt, wo wir doch einen Eimer haben."

Die kleinen Mädchen zappelten vor Aufregung und Vorfreude. Jetzt sollten sie auch Geld verdienen dürfen, sollten mithelfen dürfen, daß die Mama eine Suppe, daß sie Bohnen und Fleisch kochen konnte! Sie fühlten sich plötzlich ernst genommen, sie waren wichtig für die Familie.

„Passen Sie gut auf sie auf, bitte", sagte Mama Soto zu Onkel Steifbein. „Wenn es heißer wird, lassen Sie sie im Schatten sitzen. Und wenn sie etwas zu Essen geschenkt bekommen –"

„Ich hab sie so lieb, als wären es meine Enkelinnen", sagte der Alte. „Zweifeln Sie daran, daß ich sie gut behüten werde?"

Onkel Steifbein hatte recht behalten: Was Dulce und Leonor heimbrachten, war mehr, als er selbst im Laufe eines Tages zusammengebettelt hatte, von seltenen Glücksfällen abgesehen. Froh und traurig zugleich umarmte Mama Soto ihre beiden kleinen Töchter und sagte: „Was ihr verdient habt und noch verdienen werdet, will ich als Notgroschen zurücklegen. Wer weiß, was uns noch trifft."

Zwei Wochen lang zogen die beiden Kleinen mit Onkel Steifbein zum Betteln aus und kehrten abends stolz mit ihrem Verdienst zurück. Aber dann verloren sie die Lust an dieser neuen Beschäftigung.

„Es ist so langweilig vor der Kirche", murrte Leonor, und Dulce verlangte wieder danach, in die Schule gehen zu dürfen.

„Ja glaubst du denn, ich würde dich nicht selber gerne in die Schule schicken?" rief Mama Soto. „Aber auch die

Kinder verkaufen Nahrungsmittel, um Geld zu verdienen.

billigste Schule kostet Geld. Ich bin froh, wenn ich euch alle satt bekomme!"

„Ich habe genauso ein Recht, in die Schule zu gehen, wie Felipe", murrte Dulce. „Aber ich soll immer nur mithelfen, daß er zur Schule gehen kann."

„Wir schaffen es nicht, euch beide in Schulen zu schicken", sagte Mama Soto und bemühte sich, ihren Unmut zu unterdrücken. „Jetzt müssen wir alle mithelfen, daß Felipe auf der Schule bleiben kann. Dafür wird er später uns helfen, wenn er etwas Großes geworden ist."

„Ich will selber etwas Großes werden!" rief Dulce.[4]

1. Ein Junge, der im Bergwerk arbeitet, beschreibt das Leben der Kinder, die im Bergwerk beschäftigt sind, mit den Worten „Sie führen ein Leben wie Tiere." Suche Belege für diese Aussage im Text.

2. Mädchen werden anders behandelt als Jungen. So schildert es die Erzählung von Gudrun Pausewang. Gibt es diese Unterschiede auch bei euch?

3. Worin unterscheidet sich der Alltag von Kindern in Lateinamerika und in Deutschland? Erstellt eine Tabelle mit den Stichworten Wohnen, Schule, Freizeit, Erziehung, Eltern, . . .

Guatemala: Kinder in Not

Jedes dritte Kind in Lateinamerika ist auf sich selbst gestellt und hat keine Familie, von der es versorgt wird. Viele Hilfsorganisationen versuchen, diese Kinder zu unterstützen. Kindertagesstätten, medizinische Einrichtungen, regelmäßige Mahlzeiten, Schulen und Ausbildungsprogramme sollen zur Verbesserung der Lage dieser Kinder beitragen.

Guatemala ist ein armes Land. Es liegt in Mittelamerika und hat rund 9 Millionen Einwohner. Mehr als 45 von jeweils hundert Einwohnern sind Indianer, rund 40 sind Mestizen (Mischlinge), und nur 5 sind Weiße. Lesen und schreiben können weniger als die Hälfte aller Guatemalteken.

Mehr als die Hälfte aller Erwerbstätigen arbeitet in der Landwirtschaft. Die wichtigsten Anbauprodukte sind Kaffee, Bananen und Zuckerrohr.

Die Menschen im Dorf Huitan sind überwiegend Indianer, die die Sprache des Volksstammes der Mam sprechen. Das ist einer von 23 indianischen Dialekten, die es im Land gibt. Die Landessprache Spanisch beherrschen die meisten im Dorf nicht.

Sie sind arm und leben sehr beengt in Hütten, die aus luftgetrockneten Lehmziegeln und Brettern gebaut wurden. Die Fußböden in diesen Hütten bestehen aus festge-

stampfter Erde. Waschgelegenheiten und Toiletten haben sie nicht. Da es im Dorf kein Wasserleitungssystem gibt, wird Wasser in großen Kanistern herbeigeschafft. Jeder bekommt nur eine festgelegte Menge, da das Wasser sonst nicht reichen würde. Nur wenige Häuser im Dorf verfügen über Elektrizität. Die Hütten bestehen meist nur aus einem Raum, mehrere Familienangehörige müssen sich ein Bett teilen.

Blick über Huitan

Die meisten Dorfbewohner können nicht lesen und schreiben. Für die Kinder gibt es zwar 2 Grundschulen (1.–6. Klasse) und eine Sekundarschule (7.–9. Klasse). Aber viele Eltern können ihre Kinder nicht zur Schule schicken, weil die ganze Familie auf einer Finca (Großgrundbesitz) in der Nähe arbeiten muß. Ihre Armut erlaubt es vielen Familien nicht, auf die Arbeitskraft der Kinder zu verzichten. Viele Kinder sind unterernährt.

Die Kindernothilfe e. V. unterstützt seit 1991 im Bergdorf Huitan in der Provinz Quezaltenango eine Kindertagesstätte, die 1991 von der evangelischen Kirche gegründet wurde. Kinder im Alter von 4 bis 14 Jahren können hier betreut werden. Kinder ohne Eltern oder mit nur einem Elternteil werden bevorzugt aufgenommen.

Das Programm der Tagesstätte beginnt morgens um acht Uhr für die Jungen und Mädchen, die noch nicht zur Schule gehen. Die Schulkinder besuchen die Dorfschulen, kommen um 12 Uhr zum Mittagessen und nehmen nachmittags an verschiedenen Aktivitäten teil. Sie machen Hausaufgaben, bei denen ihnen geholfen wird, spielen und basteln mit den Erzieherinnen der Tagesstätte.

Die Betreuerinnen dieser Tagesstätte kümmern sich darum, daß die Kinder jeden Tag 2 bis 3 Mahlzeiten erhalten, daß sie Kleidung und Schuhe bekommen, daß ihnen Lernmaterial für die Schule zur Verfügung gestellt wird und daß sie medizinisch versorgt werden. Für viele Kinder im Dorf bedeutet dies, daß sie für ihren Lebensunterhalt nicht mehr arbeiten müssen, weil sie hier Nahrung und Kleidung bekommen.

Helferinnen beim Geschirrspülen

Für die Eltern gibt es Ratschläge zur Gesundheitsvorsorge und Kurse, in denen sie lesen und schreiben lernen. Jedes Kind soll mindestens bis zum Abschluß der 7. Klasse gefördert werden. Wenn möglich, betreut man die Kinder auch noch, wenn sie die Sekundarschule besuchen oder eine Berufsausbildung beginnen.

Finanziert werden kann dies alles nur durch Patenschaften, die Menschen in Deutschland oder in anderen Industrieländern übernehmen. Die Paten überweisen regelmäßig Geld für die Betreuung der Kinder.

Die Kinder vor der Tagesstätte

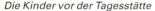

1. *Wo liegt Guatemala? Schlagt im Atlas nach. Vergleicht die Größe Guatemalas mit der Größe Deutschlands.*

2. *Versucht, die Provinzhauptstadt Quezaltenango im Atlas zu finden. Was könnt ihr daraus für die geographische Lage des Bauerndorfes Huitan schließen?*

3. *Weshalb ist eine gute Schulbildung so wichtig?*

4. *Informiert euch über die Arbeit der Kindernothilfe e. V., Düsseldorfer Landstr. 128, 47249 Duisburg. Dort erhaltet ihr kostenlos Informationen über die Arbeit dieser Organisation in den Entwicklungsländern. Weitere Adressen findet ihr auf Seite 198.*

Warum gibt es arme und reiche Länder?

In Europa wurde 1992 der 500. Jahrestag der Entdeckung Amerikas gefeiert. In Guatemala trafen sich zur gleichen Zeit Vertreter der indianischen Bevölkerung Amerikas und verfaßten die „Erklärung von Xelaju", in der sie jegliche Feierlichkeiten zu diesem Datum ablehnten.

Die Nachkommen der ursprünglichen Einwohner Mittel- und Südamerikas, der Mayas, Inkas und Azteken, haben allen Anlaß zu einer solchen Ablehnung. Amerika war Ende des 15. Jahrhunderts, als Kolumbus und andere europäische Entdecker und Eroberer kamen, kein menschenleeres Land, das man einfach in Besitz nehmen konnte. Es war besiedeltes Land, und die Indianer lebten in einer hochentwickelten Kultur. In den Jahren nach der Entdeckung wurde dieses Land in blutigen Kriegen erobert. Was die Ureinwohner in Jahrhunderten an Schätzen zusammengetragen hatten, raubten die europäischen Eroberer und nahmen es mit nach Europa.

In den eroberten Gebieten führten die Europäer neue Besitzverhältnisse ein: Eine kleine europäische Oberschicht bekam riesige Ländereien, auf denen die indianischen Ureinwohner als Leibeigene arbeiten mußten. Die Oberschicht konnte große Gewinne erzielen und einen aufwendigen Lebensstil pflegen. Sie schloß sich streng ab von den Indios, auf deren Arbeitsleistung ihr Reichtum beruhte. Das ist in großen Teilen Lateinamerikas bis heute so erhal-

ten geblieben. Die mittel- und südamerikanischen Staaten wurden zwar im vergangenen Jahrhundert von Spanien und Portugal unabhängig. Aber bis heute gibt es eine Oberschicht, der Ländereien, Bergwerke und Fabriken gehören, und eine große Anzahl von Menschen, die nichts besitzen als ihre eigene Arbeitskraft. Weil es so viele Menschen gibt, die Arbeit suchen, wird ihre Arbeitskraft nur schlecht bezahlt.

Es gibt zwar heute keine Leibeigenschaft mehr in Lateinamerika. Aber viele Landbewohner, die vor einigen Jahrzehnten noch genug Land für die Versorgung der eigenen Familien besaßen, haben dieses Land verloren, weil der Preis für Erzeugnisse wie Kaffee, Bananen oder Baumwolle auf dem Weltmarkt sank. Damit sank auch das Einkommen der Kleinbauern, und viele traten ihr Land an Großgrundbesitzer ab.

Viele dieser Kleinbauern- und Tagelöhnerfamilien verließen das Land und zogen in die Städte, in der Hoffnung, dort eine besser bezahlte Arbeit und eine Unterkunft für ihre Familien zu finden. Aber meist landeten sie in den Elendsvierteln am Rand der großen Städte.

Wer nicht lesen und schreiben kann, wird keinen Beruf erlernen. Wer keinen Beruf hat, findet keine Arbeit. Wer keine Arbeit findet, hat kein Einkommen. Wer kein Einkommen hat, kann seine Kinder nicht auf die Schule schicken. Ein Teufelskreis ohne Ende. Nur wenige Kinder haben dabei eine Chance, menschenwürdig zu leben.

Typische Krankheiten in der Dritten Welt

TUBERKULOSE
Befallene Menschen: mindestens 50 Mill. auf der gesamten Welt; vor allem in armen Ländern verbreitet; aus den reichen Ländern fast verschwunden; häufige Todesursache für kleine Kinder in der Dritten Welt.
Kennzeichen: Fieber, Husten, Gewichtsverlust.
Ursache: der durch Tröpfchen beim Husten übertragene Tuberkelbazillus; besonders Kinder in schlechtem Ernährungszustand werden angesteckt, schlechte Wohnungen vergrößern die Gefahr.

BILHARZIOSE
Befallene Menschen: 400 Mill., vor allem in den ländlichen Gebieten Afrikas, Lateinamerikas und des Fernen Ostens.
Kennzeichen: Blut im Urin, Auszehrung und aufgeblasener Unterleib.
Ursache: ein Parasit, ein Wurm der Gattung Schistosomas. Den Wurm findet man in langsam fließendem, seichtem Wasser, oft im Abwasser. Ansteckungsgefahr, wenn in einem solchen Wasser gebadet wird.

Hungernde Menschen in Äthiopien

Auch die Menschen in den Industriestaaten profitieren von diesen Verhältnissen. Durch die niedrigen Löhne in den Entwicklungsländern können wir uns vieles leisten, was sehr teuer wäre, wenn es zu den hohen Lohnkosten der Industriestaaten hergestellt worden wäre.

Um den Entwicklungsländern zu helfen, leisten die Industrieländer Entwicklungshilfe. Mit dem Geld, das z. B. für

Bevölkerungsexplosion

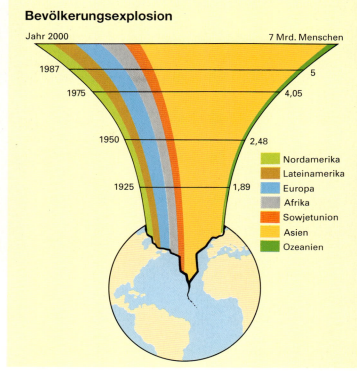

„Brot für die Welt" gesammelt wird, können Brunnen gebaut, Krankenhäuser eingerichtet und Schulen unterhalten werden. Auf Seite 199 seht ihr Menschen, die die Entwicklungshilfe ablehnen. Setzt euch mit ihren Meinungen auseinander.

Geburtenziffer und Säuglingssterblichkeit in ausgewählten Ländern

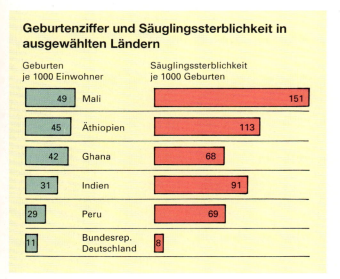

Geburten je 1000 Einwohner		Säuglingssterblichkeit je 1000 Geburten
49	Mali	151
45	Äthiopien	113
42	Ghana	68
31	Indien	91
29	Peru	69
11	Bundesrep. Deutschland	8

1. Warum lehnten die Indios in Guatemala die Feier des 500. Jahrestages der Entdeckung Amerikas ab?

2. Wodurch entstand in Lateinamerika eine kleine, extrem reiche Oberschicht, der eine große Zahl sehr armer Menschen gegenübersteht?

3. Stellt in einem Rollenspiel eine Verhandlungskommission aus Vertretern der Industriestaaten und Vertretern der Entwicklungsländer zusammen. Sie sollen über das Thema „Kinderarbeit in der Dritten Welt" verhandeln. Was könnten die Vertreter der armen Länder fordern? Wie sollen die Vertreter der Industrieländer reagieren?

197

"Erste" Welt – "Dritte" Welt: eine Welt

"Das Kind wird nicht erst ein Mensch. Es ist schon einer", hat der polnische Kinderarzt Janusz Korczak einmal gesagt. Aber oft wachsen Kinder nicht menschenwürdig auf. Wir können helfen, wenn Kinder in der Dritten Welt leiden. Bildet Arbeitsgruppen, und erstellt Collagen, die ihr in der Eingangshalle eurer Schule aufhängen könnt. Mögliche Themen:

Hunger hat viele Ursachen
Armut und Krankheit
Armut und Kinderreichtum
Kinder fordern ihre Rechte
Helfen statt ausbeuten

Es gibt zahlreiche Organisationen, die den Entwicklungsländern helfen. Von einigen haben wir die Adressen für euch notiert. Schreibt diese Organisationen an. Sie unterstützen euch mit Informationen und Broschüren:

Jedes Kind hat das Recht . . .

- auf Zuneigung, Liebe und Verständnis;
- auf angemessene Ernährung und medizinische Behandlung;
- auf kostenlose Ausbildung;
- auf volle Gelegenheit zu Spiel und Erholung;
- auf einen Namen und eine Staatsangehörigkeit; auf besondere Pflege für Behinderte;
- darauf, unter den ersten zu sein, denen in Notsituationen geholfen wird;
- darauf, sich als ein nützliches Mitglied der Gesellschaft heranbilden und individuelle Möglichkeiten entwickeln zu können;
- darauf, in einem Geiste von Frieden und weltumfassender Brüderlichkeit erzogen zu werden;
- darauf, in den Genuß dieser Rechte zu kommen, ungeachtet der Rasse, Farbe, des Geschlechts, der Religion, der nationalen oder sozialen Herkunft.

UN-Deklaration der Rechte des Kindes, 1959

Bundesministerium für
wirtschaftliche Zusammenarbeit
Karl-Marx-Straße 4–6
53113 Bonn

Brot für die Welt
Stafflenbergstr. 76
70184 Stuttgart

DED – Deutscher Entwicklungsdienst
Kladower Damm 299–327
14089 Berlin

Deutsche Welthungerhilfe
Adenauerallee 134
53111 Bonn

Deutsches Komitee für UNICEF e.V.
Steinfelder Gasse 9
50733 Köln

Misereor
Mozartstr. 9
52062 Aachen

Terre des Hommes Deutschland e.V.
Ruppenkampstr. 11 a
49082 Osnabrück

SOS-Kinderdorf e.V.
Renatastr. 77
80739 München

Kindernothilfe e.V.
Düsseldorfer Landstr. 128
47249 Duisburg

Das Zeichen der Hilfsorganisation *Terre des Hommes* ist ein Tropfen. Aus vielen kleinen Tropfen soll ein großes Meer der Hilfe werden. Auch Kinder oder Jugendliche können dazu beitragen, daß viele, viele Tropfen zusammenkommen. Viele Organisationen unterhalten Projekte in den Entwicklungsländern. Ihr könnt diese Arbeit unterstützen, indem ihr Spenden sammelt, z. B. bei einem Flohmarkt, einem Sportfest, durch einen Aufruf in der Schülerzeitung, . . .

Wir sind Kinder einer Erde
Die genug für alle hat
Doch zu viele haben Hunger
Und zu wenige sind satt
Einer praßt, die andern zahlen
Das war bisher immer gleich
Nur weil viele Länder arm sind
Sind die reichen Länder reich

Wir sind Kinder einer Erde
Doch es sind nicht alle frei
Denn in vielen Ländern herrschen
Militär und Polizei
Viele sitzen im Gefängnis
Angst regiert von spät bis früh
Wir sind Kinder einer Erde
Aber tun wir was für sie?

Viele Kinder fremder Länder
Sind in unserer Stadt zu Haus
Wir sind Kinder einer Erde
Doch was machen wir daraus?
Ihre Welt ist auch die unsre
Sie ist hier und nebenan
Und wir werden sie verändern
Kommt, wir fangen bei uns an![5]

Jugend im Nationalsozialismus

Zwischen 1933 und 1945 regierten in Deutschland die Nationalsozialisten. Ihr Führer war Adolf Hitler. „Führer befiehl, wir folgen!", so hieß das Motto, nach dem sich alle Deutschen richten mußten.

In diesem Kapitel erfahrt ihr, was Kinder und Jugendliche, aber auch Erwachsene in dieser Zeit erleben, oft auch erdulden mußten.

1. *Was wißt ihr bereits über diese Zeit, die Nationalsozialisten und den Zweiten Weltkrieg? Sammelt Stichworte, die an die Tafel geschrieben werden. Wer ein Stichwort genannt hat, soll versuchen, es zu erklären.*

2. *Was wollt ihr über das Thema erfahren? Sammelt Fragen, die im Verlauf der folgenden Unterrichtsstunden beantwortet werden sollen. Schreibt alle Fragen auf eine Liste, die ihr im Klassenzimmer aufhängt. Was beantwortet ist, wird abgehakt.*

Deutschland 1933

NORDSEE · OSTSEE

DÄNEMARK · SCHWEDEN · LITAUEN

Kopenhagen

Königsberg

Danzig

z. Oldenbg. · z. Meckl.-Strelitz

Lübeck

Mecklenburg-Schwerin

Schwerin

Mecklenburg-Strelitz

Stettin

Hamburg

Bremen

Oldenburg

Oldenburg

NIEDERLANDE

Amsterdam

Schaumbg.-Lippe

Hannover

Braunschweig

Braunschweig

Lippe-Detmold

Preußen

Berlin

Magdeburg

Anhalt

Elbe · Oder

POLEN

Warschau

Breslau

Essen

Köln

Leipzig

Dresden

Sachsen

Brüssel

BELGIEN

Rhein

Weimar

Thüringen

Prag

Hessen

Frankfurt

LUXEM-BURG

z. Oldenbg.

Saar-gebiet

*

Pfalz (z. Bayern)

Karlsruhe

Bayern

TSCHECHOSLOWAKEI

Donau

Stuttgart

München

Wien

UNGARN

FRANKREICH

Württemberg

Baden

Bern

SCHWEIZ

ÖSTERREICH

ITALIEN

Reichsgrenze

Preußen — Länder des Deutschen Reiches

* Saargebiet: 1920–1935 dem Völkerbund unterstellt

0   100   200km

Wie alles anfing

Der erste demokratische Staat in Deutschland war die Weimarer Republik. Sie war 1918 nach dem Ersten Weltkrieg entstanden. Die Weimarer Republik mußte von Anfang an mit großen wirtschaftlichen Schwierigkeiten kämpfen, weil Deutschland den Ersten Weltkrieg verloren hatte und überall Armut, Not und Arbeitslosigkeit herrschten. Zwei Wirtschaftskrisen, in denen viele Menschen ihre gesamten Ersparnisse verloren und arbeitslos wurden, sorgten dafür, daß immer mehr Männer und Frauen die Demokratie ablehnten und eine Partei wählten, die ihnen Brot und Arbeit und eine starke Führung versprach: die Nationalsozialisten mit ihrem Führer Adolf Hitler.

Am 30. Januar 1933 wurde Hitler zum Reichskanzler ernannt. Seine Partei hieß Nationalsozialistische Deutsche Arbeiterpartei (NSDAP). Sie war zu diesem Zeitpunkt die stärkste Partei im Reichstag. Sie stellte etwa ein Drittel der Abgeordneten, wurde aber noch von anderen Parteien unterstützt. Den 30. Januar 1933 nannten die Nationalsozialisten den Tag der „Machtergreifung". Sie feierten ihn mit einem riesigen Fackelzug in Berlin. Die nächsten Monate nannten sie die Zeit der „Gleichschaltung". Bei den Reichstagswahlen im März 1933 bekamen die Nationalsozialisten nur 43,9 von Hundert der Stimmen. Über dieses Ergebnis waren sie verärgert, denn sie hatten immer noch keine Mehrheit und konnten im Reichstag nicht allein regieren. Daraufhin setzte die NSDAP alle anderen Parteien unter Druck. Alles, was sich gegen den Nationalsozialismus wehrte, wurde verboten oder zur Selbstauflösung gezwungen: die politischen Parteien, die Gewerkschaften, die Jugendverbände und viele Zeitungen. Nur noch nationalsozialistische Organisationen waren erlaubt. Durch Propaganda im Rundfunk und in den Zeitungen und durch nationalsozialistische Organisationen, in denen fast das ganze Volk erfaßt wurde, gelang es den Nationalsozialisten, viele Menschen einzuschüchtern.

Behinderter Arbeitsloser beim Betteln

Wahlplakate der Jahre 1930 und 1932

Arbeitslose Frau Anfang der dreißiger Jahre

Schlange vor dem Arbeitsamt Hannover

Entwicklung der Arbeitslosigkeit		
Jahr	Arbeitslose in Millionen	Arbeitslose von Hundert
1928	1,35	7,0
1929	1,89	9,6
1930	3,07	15,7
1931	4,52	23,9
1932	5,57	30,8
1933	4,80	26,3

Die Unzufriedenheit der Menschen ausnutzen

Daß aber Millionen im Herzen den Wunsch nach einer grundsätzlichen Änderung der heute gegebenen Verhältnisse tragen, beweist die tiefe Unzufriedenheit unter der sie leiden. Sie äußert sich in tausend Erscheinungsformen, bei dem einen in Verzagtheit und Hoffnungslosigkeit, beim anderen in Widerwillen, Zorn und Empörung, bei diesem in Gleichgültigkeit und bei jenem wieder in wütendem Überschwange.

Als Zeugen für diese innere Unzufriedenheit dürfen ebenso die Wahlmüden gelten wie auch die vielen zum fanatischen Extrem der linken Seite sich Neigenden.

Und an diese sollte sich auch die junge Bewegung in erster Linie wenden. Sie soll nicht eine Organisation der Zufriedenen, Satten bilden, sondern sie soll die Leidgequälten und Unzufriedenen zusammenfassen, und sie soll vor allem nicht auf der Oberfläche des Volkskörpers schwimmen, sondern im Grunde desselben wurzeln.

Adolf Hitler, „Mein Kampf"[1]

1. Auf der linken Seite unten sind drei Wahlplakate aus den Jahren 1930 und 1932 abgebildet. Was sagen sie über die Ziele der Parteien aus?

2. Betrachtet die Fotos auf dieser Doppelseite. Was sagen sie über die Lage von vielen Menschen Anfang der dreißiger Jahre in Deutschland aus?

3. Gibt es einen Zusammenhang zwischen der Entwicklung der Arbeitslosigkeit und dem Erfolg Hitlers? Begründet eure Antwort.

4. Infomiert euch: Wieviel Arbeitslose gibt es derzeit in der Bundesrepublik Deutschland, in Niedersachsen, in eurem Wohnort?

5. In seinem Buch „Mein Kampf" nannte Hitler verschiedene Bevölkerungsgruppen, deren Interessen die NSDAP vertreten sollte. Welches sind diese Bevölkerungsgruppen (siehe Quelle links)?

Alltag in der Diktatur

Schon im ersten Jahr der nationalsozialistischen Diktatur änderten sich viele Dinge in Deutschland. Der für Propaganda zuständige Minister Joseph Goebbels nutzte geschickt die technischen Möglichkeiten von Rundfunk und Film. Wochenschauen berichteten im Kino von den „großen Taten" der Nationalsozialisten. Welche Nachrichten unterdrückt und welche verbreitet wurden, bestimmte das Ministerium von Joseph Goebbels. Auch die Literatur und die Kunst, die den Nationalsozialisten nicht gefiel, wurde verboten. Im Mai 1933 errichteten sie in vielen Universitätsstädten Scheiterhaufen, auf denen Bücher verbrannt wurden, die sie ablehnten.

Eine wichtige Aufgabe des Innenministeriums war es, Gegner der nationalsozialistischen Diktatur durch die „Geheime Staatspolizei" aufzuspüren, zu überwachen und zu verhaften. Wer anderer Meinung war als die Nationalsozialisten, mußte sehr vorsichtig sein. Die, die sich nicht überzeugen lassen wollten und sich offen gegen den Nationalsozialismus aussprachen, wurden meistens sehr schnell in „Schutzhaft" genommen und verschwanden ohne Gerichtsurteil in den Konzentrationslagern. Viele Demokraten, angesehene Künstler und hervorragende Wissenschaftler verließen damals Deutschland, um diesem Terror zu entkommen.

Auch die Schule veränderte sich: „Führerbilder" wurden aufgehängt, und in allen Fächern wurden nationalsozialistische Gedanken verbreitet. Man forderte die Kinder auf, ihre Eltern zu verraten, falls diese gegen den „Führer" waren.

Aber viele Menschen hielten die nationalsozialistischen Ideen und Taten für richtig. Hunderttausende wurden Mitglieder der NSDAP; manche, weil sie sich berufliche Vorteile erhofften, andere, weil sie nach Macht und Einfluß strebten und vom Nationalsozialismus überzeugt waren.

Auch die beiden militärisch organisierten Gliederungen der NSDAP, die SA (Sturmabteilung) und SS (Schutzstaffel), fanden viel Zulauf. Daneben gab es noch Verbände für einzelne Berufsgruppen: den NS-Lehrerverband, den NS-Juristenbund, die Deutsche Arbeitsfront (für Arbeitgeber und Arbeitnehmer), das Deutsche Frauenwerk usw. Durch diese Organisationen gelang es, viele Männer und Frauen in Deutschland vom Nationalsozialismus zu überzeugen oder doch wenigstens unter Kontrolle zu halten.

Bücherverbrennung am 10. Mai 1933

Hitlerjugend statt Hausaufgaben

(Die Lehrer) löcherten uns mit Latein und Griechisch, anstatt uns Sachen beizubringen, die wir später gebrauchen konnten. Wir waren entschlossen, uns nicht von ihren überholten Ansichten beeinflussen zu lassen, und sagten ihnen das ins Gesicht. Sie sagten zwar nichts dazu, denn sie hatten, glaube ich, ein bißchen Angst vor uns, aber sie änderten auch nicht ihre Lehrmethoden. So waren wir gezwungen, uns zu wehren.

Das war ziemlich einfach. Gab uns unser Lateinlehrer einen endlosen Abschnitt aus Cäsar auf, so übersetzten wir einfach nicht und entschuldigten uns damit, daß wir am Nachmittag Dienst in der Hitler-Jugend gehabt hätten.

Einmal nahm einer von den alten Knackern allen Mut zusammen und protestierte dagegen. Das wurde sofort dem Gruppenführer gemeldet, der zum Rektor ging und dafür sorgte, daß dieser Lehrer entlassen wurde. Der Gruppenführer war erst sechzehn, aber als Hitler-Jugendführer konnte er nicht dulden, daß wir an der Ausübung unseres Dienstes, der viel wichtiger als unsere Schulaufgaben war, gehindert wurden. Von dem Tag an war die Frage der Hausaufgaben geklärt. Hatten wir keine Lust dazu, dann waren wir eben „im Dienst" gewesen, und kein Mensch wagte, irgend etwas dagegen zu sagen.[2]

Häftlinge im Konzentrationslager Oranienburg ▶

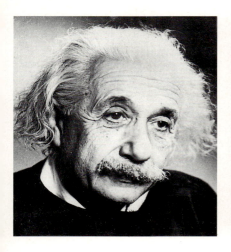

Der Spitzel

Es kommen die Herrn Professoren
Der Pimpf nimmt sie bei den Ohren
und lehrt sie Brust heraus stehn.
Jeder Schüler ein Spitzel. Sie müssen
Von Himmel und Erde nichts wissen.
Aber wer weiß was auf wen?

Dann kommen die lieben Kinder
Sie holen die Henker und Schinder
Und führen sie nach Haus.
Sie zeigen auf ihre Väter
und nennen sie Verräter.
Man führt sie gefesselt hinaus.

Bertolt Brecht, 1937[3]

1. Der Quellentext auf der linken Seite berichtet von den Veränderungen in der Schule. Womit rechtfertigt der Lehrer die Ungleichbehandlung der Jugendlichen? Welche Folgen hat dies für den Lehrer, seine Schülerinnen und Schüler und den Unterricht?

2. Oben sind Albert Einstein (links) und Thomas Mann (rechts) abgebildet. Beide verließen Deutschland 1933, kurz nach der Machtergreifung der Nationalsozialisten. Informiert euch, auf welchen Gebieten diese beiden Männer Außerordentliches geleistet haben.

„Ich habe in der Schule gesagt, daß ihr immer über den Führer schimpft"

3. Erzählt den Inhalt des Gedichtes „Der Spitzel".

4. Wie beurteilt ihr das Verhalten von solchen Kindern?

Fahnenschwingende BDM-Mädchen bei einer Veranstaltung

Jugend unterm Hakenkreuz

Die Nationalsozialisten bemühten sich besonders, die Jugend für sich zu gewinnen. Dieses Ziel ließ sich in staatlichen Jugendgruppen besser erreichen als in der Schule oder im Elternhaus. Für Jungen und Mädchen gab es unterschiedliche Organisationen. Mit zehn Jahren wurden die Mädchen in den „Jungmädelbund" aufgenommen, und die Jungen kamen zu den „Pimpfen" ins „Jungvolk". Einige Monate nach der Aufnahme machten die Jungen die „Pimpfenprobe" und die Mädchen die „Jungmädelprobe", Prüfungen, in denen sportliche Leistungen und nationalsozialistisches „Wissen" getestet wurden. Die Jungen mußten durch Sport ihre kämpferischen Leistungen steigern. Bei den Mädchen spielte die Überlegung eine Rolle, daß körperliche Gesundheit wichtig war, um gesunde Kinder zu bekommen. Im Alter von 14–18 Jahren gingen die Jungen zur „Hitlerjugend" (HJ) und die Mädchen in den „Bund Deutscher Mädel" (BDM).

Viele Dinge, die mit nationalsozialistischer Politik scheinbar nichts zu tun hatten, wurden genutzt, um Begeisterung für die nationalsozialistischen Ideen hervorzurufen: Spiele, Zeltlager, Liedersingen, festliche Veranstaltungen. Die nationalsozialistische Schulung geschah bei den Heimabenden fast nebenbei. So merkten die Jugendlichen gar nicht, wie sie von den Nationalsozialisten für deren Ziele benutzt wurden.

Adolf Hitler über nationalsozialistische Erziehung

Diese Jugend, die lernt ja nichts anderes als deutsch denken, deutsch handeln. Und wenn nun dieser Knabe und dieses Mädchen mit ihren zehn Jahren nun in unsere Organisationen hineinkommen..., dann kommen sie vier Jahre später vom Jungvolk in die Hitlerjugend, und dort behalten wir sie wieder vier Jahre, und dann geben wir sie erst recht nicht zurück in die Hände unserer alten Klassen- und Standeserzeuger, sondern dann nehmen wir sie sofort in die Partei oder in die Arbeitsfront, in die SA oder in die SS, in das NSKK und so weiter. Und wenn sie dort zwei Jahre sind und noch nicht ganz Nationalsozialisten geworden sein sollten, dann kommen sie in den Arbeitsdienst und werden dort wieder sechs oder sieben Monate geschliffen, alle mit einem Symbol, dem deutschen Spaten. Und was dann noch an Klassenbewußtsein oder Standesdünkel da sein sollte, das übernimmt dann die Wehrmacht zur weiteren Behandlung auf zwei Jahre. Und wenn sie dann zurückkehren, dann nehmen wir sie, damit sie auf keinen Fall rückfällig werden, sofort wieder in SA, SS und so weiter. Und sie werden nicht mehr frei, ihr ganzes Leben.[4]

Gemeinsames Zeitunglesen im HJ-Heim

Nina möchte etwas über die Zeit des Nationalsozialismus wissen und macht ein Interview mit ihrer Großmutter:

Nina: Oma, warst du im BDM?

Oma: Natürlich, da waren wir doch alle.

Nina: Bist du freiwillig hingegangen, oder wurdet ihr gezwungen?

Oma: Ich bin gleich 1933 freiwillig gegangen. Dafür fiel Mittwochnachmittag die Schule aus. Da hatten wir Geometrie, das mochte ich nicht.

Nina: Hat es dir beim BDM gefallen?

Oma: Ja, ich fand das toll. Das war was Neues, wir haben wunderschöne Wochenendausflüge gemacht. Wir kannten doch keinen Urlaub, da war die Übernachtung in Jugendherbergen was Aufregendes, das hat mächtig gezogen. Außerdem hatten wir schicke Uniformen: schwarzer Rock, weiße Bluse, Lederknoten, weiße Kniestrümpfe und eine Strickjacke mit goldenen Knöpfen.

Nina: Fandet ihr auch das Marschieren toll?

Oma: Ja, uns hat das gefallen. Wenn wir so durch die Stadt marschiert sind, und alle Leute haben zu uns rübergeschaut.

Nina: Hattet ihr beim BDM auch politischen Unterricht?

Oma: Nein, wir Mädchen nicht. Wir hatten mittwochs Singen und Handarbeiten und sonnabends Wandern und Turnen. Über Politik wurde nur bei den Jungen geredet. Aber wir fanden die Politik des „Führers" großartig: Es gab keine Arbeitslosen mehr, und alle Leute hatten satt zu essen.

Wer tüchtig war, wurde befördert

Wenn andere von der Pimpfenzeit schwärmen (als sei das Ganze nur ein Pfadfinderklub mit anderen Vorzeichen gewesen), so kann ich diese Begeisterung nicht teilen. Ich habe beklemmende Erinnerungen. In unserem Fähnlein bestanden die Jungvolk-Stunden fast nur aus „Ordnungsdienst": endloses Exerzieren mit „Stillgestanden", „Rührt euch", „Links um", „Rechts um", „Ganze Abteilung — kehrt" — Kommandos, die ich noch heute im Schlaf beherrsche. Zwölfjährige Hordenführer brüllten zehnjährige Pimpfe zusammen und jagten sie kreuz und quer über Schulhöfe, Wiesen und Sturzäcker. Die kleinsten Aufsässigkeiten, die harmlosesten Mängel an der Uniform, die geringste Verspätung wurden sogleich mit Strafexerzieren geahndet — ohnmächtige Unterführer ließen ihre Wut an uns aus.

Aber die Schikane hatte Methode: Uns wurde von Kindesbeinen an Härte und blinder Gehorsam eingedrillt. Auf das Kommando „Hinlegen" hatten wir uns mit bloßen Knien in die Schlacken zu werfen; bei Liegestützen wurde uns die Nase in den Sand gedrückt; wer bei Dauerlauf außer Atem geriet, wurde als „Schlappschwanz" der Lächerlichkeit preisgegeben.

Wie haben wir das nur vier Jahre ertragen? Warum haben wir unsere Tränen verschluckt, unsere Schmerzen verbissen? Warum nie den Eltern und Lehrern geklagt, was uns da Schlimmes widerfuhr? Ich kann es mir nur so erklären: Wir alle waren vom Ehrgeiz gepackt, wollten durch vorbildliche Disziplin, durch Härte im Nehmen, durch zackiges Auftreten den Unterführern imponieren. Denn wer tüchtig war, wurde befördert.[5]

1. Lest den Quellentext über die nationalsozialistische Erziehung. Was ist das Ziel dieser Erziehung?

2. Das Interview von Nina und die Erinnerungen des ehemaligen Pimpfen berichten von unterschiedlichen Erfahrungen. Wodurch unterscheiden sich die beiden Berichte?

3. Erstellt einen Fragebogen, und interviewt eure Großeltern über deren Erlebnisse in der Hitlerjugend und im BDM.

Die Synagogen brennen

Vorurteile gegenüber Juden gab es in Deutschland schon seit Jahrhunderten. Von den Nationalsozialisten wurden die vorhandenen Vorurteile verstärkt. Sie stellten die Juden als reich, raffgierig und brutal dar und behaupteten, die Juden seien schuld an der Wirtschaftskrise und der Arbeitslosigkeit. Auch Kindern und Jugendlichen wurde der Haß auf die Juden eingetrichtert: in Kinderbüchern, in der Hitlerjugend, im BDM und auch in der Schule.

Schon 1933 begannen die Verfolgung und die Verdrängung der Juden aus dem öffentlichen Leben. In jüdischen Geschäften sollte nicht mehr gekauft werden. Juden durften keine Gasthäuser betreten, keine öffentlichen Bäder benutzen und sich nicht auf die Bänke in den Stadtparks setzen. Jüdische Beamte wurden entlassen. Jüdische Kinder durften bald keine deutschen Schulen mehr besuchen. Ab 1935 durften Juden und Nichtjuden nicht mehr heiraten.

Im November 1938, in der sogenannten Reichskristallnacht, überfiel die SA jüdische Einrichtungen. Geschäfte, Wohnungen, Arztpraxen und Synagogen wurden zerstört. Mehr als 20 000 Juden wurden verhaftet und in Konzentrationslager verschleppt. Nur wenige Deutsche halfen den Juden, die meisten verhielten sich so, als sei nichts geschehen.

1942 begann die systematische Verfolgung und Ausrottung der jüdischen Bevölkerung. Aus Deutschland und aus allen besetzten europäischen Ländern wurden die Juden in die Vernichtungslager gebracht, die die Nationalsozialisten in Osteuropa errichtet hatten: nach Auschwitz, Majdanek, Chelmno, Treblinka, Sobibor und Belzec. Dort wurden sie auf grausame Weise ermordet. Insgesamt verloren rund sechs Millionen Juden ihr Leben in der Zeit des Nationalsozialismus.

1. Mit welchen Mitteln wurde versucht, Juden als minderwertige Menschen darzustellen?

2. Versucht, die Orte im Atlas zu finden, in denen die deutschen Vernichtungslager standen. In welchem Staat liegen diese Orte heute?

Aus einem Kinderbuch (1936):

*Der Deutsche ist ein stolzer Mann,
der arbeiten und kämpfen kann.
Weil er so schön ist und voll Mut,
haßt ihn von jeher schon der Jud!*

*Dies ist der Jud, das sieht man gleich,
der größte Schuft im ganzen Reich!
Er meint, daß er der Schönste sei
und ist so häßlich doch dabei!*

Seit 1941 mußten die Juden einen solchen Stern sichtbar an ihrer Kleidung tragen.

Angst und Trauer erfaßte die verzweifelten Frauen. Mama und Großmutter beschlossen, in unser Haus zurückzugehen. Die Synagoge war schwer zerstört, alle Schaufensterscheiben von jüdischen Geschäften waren zerbrochen. Der Sturm war vorbei, doch eine unheimliche Stille lag über allem. Keiner unserer christlichen Bekannten zeigte Mitleid mit unserer schrecklichen Lage.

Wie dankbar waren wir, als Vater und Großvater ein paar Wochen später wieder nach Hause kamen. Sie sprachen nur leise darüber, wie sie dort, an diesem schrecklichen Ort, geschlagen und mißhandelt worden waren. „Das Kind soll solche Sachen nicht hören." Bald danach wurde Papa sein Textilgeschäft weggenommen.[6]

Papa wurde sein Textilgeschäft weggenommen

Ich erinnere mich noch gut an den Novembertag im Jahr 1938, als Papa und Großvater in das Konzentrationslager Dachau geschickt wurden. Es war am Tag nach der sogenannten Kristallnacht. Großmutter und Großvater waren gerade bei uns in Kippenheim zu Besuch und erlebten zusammen mit uns den unvergeßlichen Schrecken.

Es war ein kalter Morgen. Großvater war früh aufgestanden, um am Morgengottesdienst in der Synagoge teilzunehmen. Wir anderen wurden aus unserem friedlichen Schlaf durch ein lautes Klopfen an der Haustür geweckt. Es war die Polizei. Sie brachten eine Vorladung für meinen Vater, er solle sich sofort im Rathaus melden. „Alle jüdischen Männer sind jetzt verhaftet", sagten sie. Großvater war in der Synagoge von seinen Gebeten weggerissen und festgenommen worden, und zusammen mit allen anderen jüdischen Männern aus Kippenheim wurden Papa und Großvater mit dem Zug in das Konzentrationslager Dachau gebracht.

Draußen war überall lautes Getöse. Wir hörten, wie an das große Hoftor gehämmert wurde, und fürchteten, der Mob würde das Tor aufbrechen und uns finden. In der Dunkelheit der Scheune drängten wir uns dicht aneinander. Plötzlich wurde es still. Wir warteten noch einige Stunden in unserem Versteck. Erst als es dunkel war, verließen wir die Scheune und verbrachten die Nacht im Haus jüdischer Nachbarn. Auch dort war alles mit Glasscherben übersät. Ein Mitglied der SA, der Sturmabteilung, klopfte am frühen Morgen an die Tür. „Hier sind die Kragen und Krawatten von euren Männern", sagte er. Mama bekam fürchterliche Angst und fragte: „Leben sie noch?" Der SA-Mann antwortete: „Das weiß doch ich nicht."

Zeittafel zur Verfolgung der Juden

1933	Jüdische Beamte werden aus dem Staatsdienst entlassen; der Zugang zu weiterführenden Schulen und Universitäten wird für Juden eingeschränkt.
1935	Eheschließungen zwischen Nichtjuden und Juden werden verboten.
1938	„Reichskristallnacht": Zerstörung jüdischer Geschäfte und Synagogen; jüdische Schüler dürfen nur noch jüdische Schulen besuchen.
1939	Alle Juden müssen einen zusätzlichen Vornamen führen: Sarah die Frauen, Israel die Männer.
1941	Juden, die älter als sechs Jahre sind, müssen einen „Judenstern" auf ihrer Kleidung tragen.
1942–45	Verschleppung und Ermordung der Juden in Vernichtungslagern

Boykott jüdischer Geschäfte durch die SA am 1. April 1933

Widerstand gegen Hitler

Durch Propaganda, Schulunterricht und insbesondere durch Schulung in der Hitlerjugend waren die meisten Jugendlichen überzeugte Anhänger des Nationalsozialismus. Da sie meist nichts anderes kannten, glaubten sie, was sie in der HJ hörten und lernten. Viele konnten sich kaum vorstellen, daß es auch andere Auffassungen gab.

Weder unter Jugendlichen noch unter Erwachsenen gab es einen großen organisierten Widerstand gegen den Nationalsozialismus. Aber es existierten viele kleine Gruppen, die versuchten, trotz Terror und Unterdrückung die nationalsozialistische Diktatur zu bekämpfen. Sozialdemokraten, Gewerkschafter, Kommunisten, evangelische und katholische Christen und viele andere Gruppen verteilten Flugblätter, klebten Plakate und druckten Zeitungen, um die Menschen in Deutschland zu informieren und zum Kampf gegen die Diktatur aufzurufen. In vielen Fällen waren es nur einzelne Personen, die unter Einsatz ihres Lebens Widerstand leisteten: Sie versteckten Juden oder halfen Verfolgten beim „Untertauchen".

Während des Krieges versuchte eine Gruppe von Offizieren und Politikern, Hitler durch ein Attentat zu töten. Damit wollten sie die Herrschaft der NSDAP beenden. Gleichzeitig sollte das Ausland erfahren, daß nicht alle Deutschen bereit waren, den Verbrechen Hitlers zu folgen. Das Attentat am 20. Juli 1944 schlug jedoch fehl, und die Verschwörer wurden hingerichtet.

Der folgende Quellentext schildert die Auseinandersetzung zwischen Cornelie, die vom Nationalsozialismus überzeugt ist, und Johannes, der den Widerstand gegen Hitler unterstützt.

Was der Führer will, ist falsch!

Dann betrachte ich im Mondschein den Jungen, der da neben mir geht, von der Seite. Er scheint auch in Gedanken versunken zu sein. Sein dunkles Profil ist dem Himmel zugewandt, als suche er da oben etwas. Wie ich ihn so betrachte, finde ich ihn viel netter als bisher. Plötzlich wendet er mir voll sein Gesicht zu. Dann fängt er langsam an zu reden:

„Ich habe gerade über dich nachgedacht, Cornelie."

Er nennt mich immer mit meinem vollen Namen. Das fand ich geschwollen. Jetzt gefällt es mir auf einmal.

„Nicht wahr", fährt er fort, „du setzt deine Kraft und all deinen Idealismus für eine Sache ein, die dir mehr wert ist als alles andere."

„Das muß ich doch tun. Das müssen doch alle tun. Dafür leben wir. Deutschland braucht besonders uns Junge."

Es ist zum ersten Mal, daß ich mit einem Jungen über meine heiligsten Gefühle reden kann. Immer habe ich mir eine solche Freundschaft gewünscht. Ich spüre den Hauch von Glück, der mich anweht. Mein Herz pocht sehr laut. Aber gleich setzt es aus. Ich habe eben etwas aus Johannes' Mund vernommen, das mir die Luft nimmt. Er hat gesagt:

„Kannst du dir vorstellen, Cornelie, daß es Leute gibt, junge Leute, wie dich und mich, die genauso ihre ganze Kraft dafür einsetzen, um gegen den Nationalsozialismus zu arbeiten?"

Hat er das wirklich gesagt? Kann man so etwas Ungeheuerliches überhaupt denken? Hab ich richtig gehört?

Da sagt er es noch einmal, und seine Stimme ist diesmal so beschwörend, daß ich nicht mehr hoffen kann, falsch zu hören.

„Wie meinst du das? So etwas kann es doch einfach nicht geben!"

„Ich weiß, du kannst dir das nicht vorstellen. Aber es gibt solche Leute."

„Es gibt Bequeme und Gleichgültige. Und es gibt auch Oberflächliche, die nicht über den Tag hinausdenken, und Streber, die nur an ihren eigenen Vorteil denken. Leider gibt es viele davon. Wir müssen ohne sie unser großes Ziel erreichen."

„Nein, die meine ich alle nicht", sagt er. „Es gibt noch andere. Junge, ernsthafte, intelligente Menschen, solche wie dich. Aber die kämpfen gegen eure Sache."

Meine Erschütterung ist so groß, daß ich nicht weitergehen kann. Ich habe das Gefühl, als zöge mir jemand den Boden unter den Füßen weg und ich sänke ins Bodenlose. Eine Flugzeugstaffel dröhnt über uns hinweg.

„Das ist – das ist Verrat!" flüstere ich. „Verrat an unsern Soldaten!"

Aber er spricht weiter, leise und eindringlich:

„Hast du dir denn noch nie Gedanken darüber gemacht, daß das, was der Führer will, auch falsch sein könnte?"

Er fragt mich so ernst, daß Angst in mir aufsteigt.

„Nein, das kann ich mir nicht vorstellen!" Meine Stimme ist wieder da. Ich schreie es ihm ins Gesicht.[7]

Die Geschwister Hans und Sophie Scholl mit ihrem Freund Christoph Probst

◄ Roland Freisler, der Präsident des Volksgerichtshofes

---

1. Weshalb konnten sich die meisten Jugendlichen, so wie Cornelie, nicht vorstellen, daß andere Menschen gegen den Nationalsozialismus arbeiteten? Begründet eure Antwort.

Bekannt wurden die Aktionen der Gruppe „Weiße Rose" an der Universität München, in der die einundzwanzigjährige Sophie Scholl und ihr drei Jahre älterer Bruder Hans zusammen mit anderen Widerstand leisteten. Sie verschickten Flugblätter, in denen sie die Deutschen aufriefen, ihre Gleichgültigkeit aufzugeben und gegen den Nationalsozialismus zu kämpfen. Nur etwa ein Jahr lang konnte die Gruppe unbemerkt wirken. Im Februar 1943 wurden Hans und Sophie Scholl verhaftet, nachdem sie öffentlich Flugblätter in der Münchener Universität verteilt hatten. Der Volksgerichtshof unter seinem Präsidenten Roland Freisler verurteilte sie am 22. Februar 1943 zum Tode, sie wurden noch am selben Tag zusammen mit ihrem Freund Christoph Probst hingerichtet. Auch andere Widerstandsgruppen blieben erfolglos. Massive Propaganda, Einschüchterung und Terror der nationalsozialistischen Organisationen sorgten dafür, daß der Widerstand die nationalsozialistische Diktatur nicht beseitigen konnte. Immer wieder gelang es der „Geheimen Staatspolizei", Widerstandsgruppen aufzudecken und ihre Mitglieder zu verhaften.

Leistet Widerstand!

Hitler kann den Krieg nicht gewinnen, nur noch verlängern! Seine und seiner Helfer Schuld hat jedes Maß unendlich überschritten. Die gerechte Strafe rückt näher und näher!

Was aber tut das deutsche Volk? Es sieht nicht und es hört nicht. Blindlings folgt es seinen Verführern ins Verderben. Sieg um jeden Preis! haben sie auf ihre Fahne geschrieben. Ich kämpfe bis zum letzten Mann, sagt Hitler – indes ist der Krieg bereits verloren.

Deutsche! Wollt Ihr und Eure Kinder dasselbe Schicksal erleiden, das den Juden widerfahren ist? Wollt Ihr mit dem gleichen Maße gemessen werden wie Eure Verführer? Sollen wir auf ewig das von aller Welt gehaßte und ausgestoßene Volk sein? Nein! Darum trennt Euch von dem nationalsozialistischen Untermenschentum! Beweist durch die Tat, daß Ihr anders denkt! Ein neuer Befreiungskrieg bricht an. Der bessere Teil des Volkes kämpft auf unserer Seite. Zerreißt den Mantel der Gleichgültigkeit, den Ihr um Euer Herz gelegt! Entscheidet Euch, ehe es zu spät ist.[8]

---

2. Welche Ziele hatte die Widerstandsgruppe „Weiße Rose"?

Der Schrecken des Krieges

Am 1. September 1939 marschierten deutsche Truppen in Polen ein. Damit begann der Zweite Weltkrieg. Es folgten sechs schreckliche Kriegsjahre. Anfangs war die Kriegsbegeisterung in Deutschland nicht sehr groß. Doch nachdem die deutsche Wehrmacht in kurzer Zeit Polen, Dänemark, Norwegen, die Niederlande, Belgien, Luxemburg und große Teile Frankreichs besetzt hatte, brachten die Menschen der Politik Hitlers mehr Vertrauen entgegen.

Im Juni 1941 gab Hitler den Befehl zur Eroberung der Sowjetunion. Den deutschen Soldaten gelang es nicht, die Sowjetunion zu besiegen. 1943 wendete sich das Blatt, und die sowjetische Armee konnte die deutschen Besatzer immer weiter zurückdrängen. Inzwischen waren auch die USA in den Krieg eingetreten. Zusammen mit Großbritannien und Frankreich kämpften sie im Westen gegen die deutsche Armee.

In Deutschland wurde die Lage immer hoffnungsloser. Die Zivilbevölkerung litt unter dem Bombenkrieg. Viele Menschen waren „ausgebombt": Ihre Wohnungen waren zerstört. Nahrung, Brennstoffe und Bekleidung wurden knapp. In den letzten Kriegsmonaten schickten die Nationalsozialisten sogar 16- und 17jährige Jugendliche in den Krieg, um die drohende Niederlage abzuwenden. Am 8. Mai 1945 war der Krieg zu Ende. Er forderte das Leben von 55 Millionen Menschen, Millionen von Menschen wurden aus ihrer Heimat vertrieben, und Hunderttausende von Soldaten gerieten in Gefangenschaft, aus der sie oft erst nach Jahren heimkehrten.

Die Folgen des Krieges sind zum Teil bis heute sichtbar. Es dauerte viele Jahre, bis die Städte wieder aufgebaut waren. Millionen von Heimatvertriebenen aus den deutschen Ostgebieten (Ostpreußen, Pommern, Schlesien) und aus dem Sudetenland mußten sich im Westteil Deutschlands eine neue Zukunft aufbauen.

Gleich nach dem Krieg teilten die Siegermächte (USA, Sowjetunion, Großbritannien und Frankreich) Deutschland in vier Besatzungszonen. Aus der amerikanischen, der britischen und der französischen Zone entstand 1949 die Bundesrepublik Deutschland, in der sowjetischen Besatzungszone wurde 1949 die DDR gegründet. Die Teilung Deutschlands wurde erst 1990 mit dem Beitritt der DDR zur Bundesrepublik Deutschland überwunden.

1. Betrachtet die Karte. In welcher Besatzungszone lag das heutige Gebiet von Niedersachsen? Welche Gebiete gehören heute nicht mehr zur Bundesrepublik Deutschland?

Im Luftschutzkeller

Der Luftschutzwart, den jedes Haus hatte, stand meistens oben an der Haustür und beobachtete den Himmel. So lange er stand, regte sich niemand recht auf unten im Keller, wir unterhielten uns, und es hätte den Gesprächen nach ebensogut ein Club von werdenden Müttern, die Babysachen strickten, sein können wie eine Gruppe von Menschen in einem Luftschutzkeller. Falls er herunterkam, zu ins in den Keller kam – was gegen Kriegsende immer häufiger geschah –, schalteten wir um, die Gespräche tröpfelten dahin, brachen ab. Ob die Wolle, die man in einem obskuren Geschäft in der Altstadt bekam, auch weich blieb, war plötzlich nicht mehr so wichtig. Wenn er die eiserne Tür mit dem mächtigen Umlegeriegel verschloß, verstummten die Gespräche fast völlig.
Ich höre den Sand noch rieseln, wenn die Bomben fielen. Er rieselte ganz langsam, zwischen den unverputzten Backsteinen entlang, fast lautlos, wie Sand einer Eieruhr. Ich höre und spüre auch noch die Mauern beben, wenn die Bomben fielen, das Splittern der Fenster, das Knallen von Glas . . . [9]

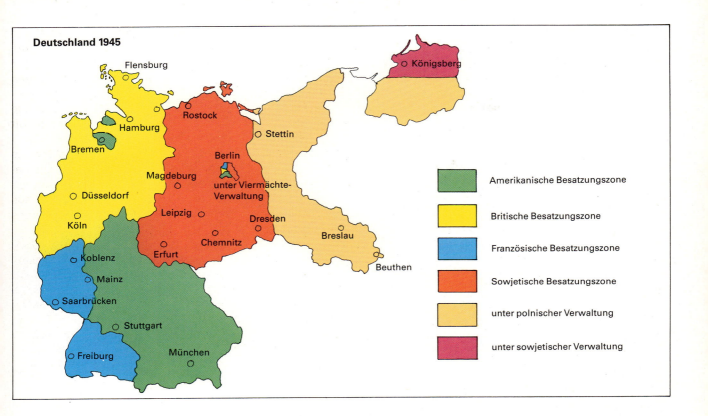

Deutschland 1945

Flensburg · Königsberg · Rostock · Stettin · Hamburg · Berlin · Bremen · unter Viermächte-Verwaltung · Magdeburg · Düsseldorf · Leipzig · Dresden · Köln · Chemnitz · Breslau · Koblenz · Erfurt · Mainz · Beuthen · Saarbrücken · Stuttgart · Freiburg · München

Amerikanische Besatzungszone

Britische Besatzungszone

Französische Besatzungszone

Sowjetische Besatzungszone

unter polnischer Verwaltung

unter sowjetischer Verwaltung

Wir werden Marinehelfer!

Stolp, den 21. Oktober 1943
... heute hat Rex Zillmann uns in der Schule eröffnet, daß die drei obersten Klassen als Marinehelfer in den Einsatz kommen. Und zwar sollen wir zum 1. Januar 1944 eingezogen werden. Uns überraschte das alle nicht so sehr, denn lange wurde schon gemunkelt, daß auch wir, wie die anderen Schulen im Reich, zum Flak-Einsatz kommen. Einerseits freuen wir uns nun, aus der alten Penne wegzukommen und diese heiligen Hallen nie wiederzusehen, aber andererseits haben wir auch Bedenken. Denn wir fragen uns untereinander immer wieder: ‚Was wird dann überhaupt mit dem Schulabschluß‘ und: ‚Bekommen wir das Abitur, wenn wir dort eingezogen werden?‘
Den ganzen Nachmittag haben wir schon diskutiert, aber nun haben wir uns doch mehr dazu entschlossen, uns zu freuen. Pieti Dittberner und Muck von Treuenfeld waren mit dem Rad bei mir, dann sind wir noch zu Gerd in die Ringstraße gefahren, wo Tegge und Steffen waren. So trafen wir uns alle immer wieder und hatten immer das gleiche Thema vor: wir werden Marinehelfer! ...[10]

2. Fragt euren Großvater, ob er als Soldat am Krieg teilgenommen hat. Schreibt auf, was er berichtet.

3. Sammelt Bilder und Artikel aus Zeitschriften, die über aktuelle Kriege berichten. Fertigt eine Collage an: Menschen im Krieg.

4. Lest die beiden Quellentexte. Was könnt ihr und was können die Erwachsenen tun, damit euch solche Erlebnisse erspart bleiben?

Rechtsradikalismus heute

„Damals war es Friedrich" heißt ein Buch von Hans Peter Richter, in dem beschrieben wird, wie ein Junge im Dritten Reich unter der Judenverfolgung leidet, heute können es Assad oder Sergül sein. Damals waren es vor allen Dingen jüdische Kinder, heute können es Kinder aus der Türkei, aus Vietnam, aus Rumänien und aus vielen anderen Ländern sein. Ihre Familien kommen nach Deutschland, weil die wirtschaftliche und politische Situation in ihrem Heimatland oft sehr bedrückend oder gar aussichtslos ist und weil sie sich hier eine bessere Zukunft erhoffen. Nicht bei allen Deutschen sind sie willkommen. Sogenannte Neonazis (Neue Nationalsozialisten oder Rechtsradikale) verbreiten ausländerfeindliche Parolen wie „Ausländer raus" oder „Deutschland den Deutschen". In Gruppen, die ihnen das Gefühl von Stärke und Geborgenheit vermitteln, schlagen sie Ausländer zusammen, zünden Ausländerwohnheime an und bewerfen Polizisten mit Steinen.

Viele von ihnen bestreiten die Verbrechen der Nationalsozialisten, organisieren „Wehrübungen" wie vor 50 Jahren in der Hitlerjugend, verehren Adolf Hitler als großen Führer und verbreiten nationalsozialistische Ideen. Wie die Nazis den Juden die Schuld an Arbeitslosigkeit und Wirtschaftskrise gaben, so vertreten rechtsradikale Jugendliche die Meinung, die Ausländer nähmen den Deutschen die Arbeit weg.

Rechtsradikale Jugendliche

1. *Sammelt Zeitungsartikel, die von rechtsradikalen Jugendgruppen berichten. Wogegen wenden sich diese Jugendlichen? Welche Mittel gebrauchen sie, um ihre Ziele zu erreichen?*

2. *Sucht nach möglichen Antworten: Aus welchen Gründen schließen sich Jugendliche rechtsradikalen Gruppen an?*

Chronik schlimmer Ereignisse

November 1990: Etwa 50 Skinheads greifen mehrere Afrikaner in einer Diskothek in Eberswalde-Finow an. Der Angolaner Amadeu Antonio Kiowa stirbt.

Februar 1991: Jugendliche Randalierer liefern sich in mehreren ostdeutschen Städten blutige Schlägereien.

März 1991: Der Mosambikaner Jorge Gomodai wird in Dresden von Skinheads aus einer fahrenden Straßenbahn geworfen und stirbt.

Mai 1991: Acht Jugendliche überfallen in Zittau ein Ferienheim, in dem strahlengeschädigte Kinder aus Tschernobyl untergebracht sind. Die Jugendlichen werden im November zu mehrmonatigen Haftstrafen verurteilt. Ebenfalls im Mai stürmen 15 Jugendliche im brandenburgischen Wittenberge die Wohnungen von Namibiern; zwei junge Namibier stürzen aus dem vierten Stockwerk vom Balkon.

September 1991: Das Ausländerwohnheim von Hoyerswerda ist tagelang Ziel rechtsradikaler Angriffe. Skinheads und Neonazis liefern sich Straßenschlachten mit der Polizei. Erstmals wird unverhohlene Sympathie der Anwohner für die Randalierer deutlich.

Oktober 1991: Am Jahrestag der Deutschen Einheit schlagen Rechtsradikale in zahlreichen Gemeinden West- und Ostdeutschlands wieder zu. Im niederrheinischen Hünxe werden vier libanesische Flüchtlingskinder bei Brandanschlägen schwer verletzt. Im badischen Brühl greifen Skinheads Nigerianer an und verletzen einen von ihnen schwer.

August 1992: In Brandenburg werden Asylbewerberheime und Zeltplätze der Sinti und Roma überfallen. In Rostock-Lichtenhagen liefern sich Rechtsradikale nächtelang Straßenschlachten mit der Polizei vor der Zentralen Asylbewerberstätte von Mecklenburg-Vorpommern.

November 1992: Bei einem Brandanschlag in Mölln in Schleswig-Holstein sterben eine türkische Frau und zwei türkische Mädchen.

Unser Heimatort zur Zeit des Nationalsozialismus

In diesem Kapitel habt ihr viel über die Zeit zwischen 1933 und 1945 in Deutschland erfahren. Die folgende Projektarbeit soll dazu anregen, einigen Spuren aus dieser Zeit in eurem Heimatort nachzugehen. Mit den Ergebnissen könnt ihr eine Ausstellung in eurer Schule gestalten.

Thema 1: Was erinnert in ... an diese Zeit?
Macht euch mit einem Fotoapparat auf die Suche! Was könnt ihr finden und fotografieren? Zum Beispiel Kriegerdenkmäler, die an die Gefallenen des Weltkrieges erinnern; Grabsteine auf Friedhöfen, die an die Toten aus dieser Zeit erinnern; Namen von Plätzen und Straßen, die die Erinnerung an diese Zeit wachhalten sollen.

Thema 2: Wie sah es zu dieser Zeit in ... aus?
Fragt ältere Menschen, ob sie euch Bilder aus dieser Zeit leihen können. Oft sind darauf Häuser und Straßen abgebildet, die heute ganz anders aussehen. Möglicherweise haben sie auch Ereignisse fotografiert, die in eurem Heimatort stattgefunden haben. Besorgt euch einen alten Stadt- oder Ortsplan: Wie groß war ... damals, hatten die Straßen und Plätze die gleichen Namen wie heute?

Thema 3: Wie wirkte sich der Krieg in ... aus?
Geht mit einem Kassettenrecorder auf Interview-Tour. Fragt Verwandte und Bekannte nach ihren Erlebnissen: Gab es Kriegszerstörungen? Wie war die Versorgung mit Lebensmitteln und anderen wichtigen Dingen? Welche Aufgaben übernahmen die Frauen, als ihre Männer im Krieg waren? Wie erlebten sie das Ende des Krieges? Wie verhielten sich die fremden Soldaten gegenüber der einheimischen Bevölkerung? Kamen Flüchtlinge in euren Heimatort? Wo kamen sie her? Wie verbrachten sie die ersten Jahre nach dem Krieg? Wie haben Kinder den Krieg erlebt?

Thema 4: Gab es besondere Ereignisse in ...?
Sucht in Stadt- und Gemeindearchiven nach Dokumenten aus dieser Zeit. Gibt es noch Listen mit Wahlergebnissen aus der Zeit um 1933? Was geschah am 9. November 1938? Gab es eine jüdische Gemeinde? Was geschah mit ihren Mitgliedern? Wurden Menschen von den Nationalsozialisten verfolgt und verhaftet? Gab es Menschen, die Widerstand leisteten?

Soldatenfriedhof

Flüchtlinge auf dem Weg nach Westen

Eine neuerbaute Siedlung für Flüchtlinge in Göttingen 1964

6 Menschen nutzen ihre Freizeit

217

Freizeitgestaltung und Umwelt

In diesem Buch war schon mehrfach die Rede davon, daß Freizeit ein Merkmal unseres Lebens ist. Kinder in früheren Zeiten und Kinder in den Entwicklungsländern kannten und kennen meist keine Freizeit. Jeder von uns hat andere Vorstellungen davon, wie man die Freizeit nutzt: mit Sport, mit Lesen, mit Basteln, allein oder gemeinsam mit Freunden. Auf den folgenden Seiten erfahrt ihr, wie Kinder und Erwachsene ihre Freizeit verbringen – und welche Probleme damit verbunden sind.

1. *Ihr freut euch sicher alle auf die nächsten Ferien. Endlich mehr Freizeit: Was werdet ihr in den nächsten Ferien damit anfangen?*

2. *Worin unterscheidet sich eure Freizeit von der eurer Eltern?*

3. *Freizeit kostet oft Geld – muß Freizeit unbedingt Geld kosten? Diskutiert über eure Erfahrungen.*

Was Jugendliche in ihrer Freizeit tun...

Sigis Tagesplan ist immer ganz voll. Er hat nämlich neben seinen Pflichten in der Schule auch viele Hobbys. Mittwochs sieht sein Tagesablauf so aus:

6.30 Uhr Wecken, aufstehen, waschen, anziehen
6.45 Uhr Schultasche packen, frühstücken
7.10 Uhr Fahrt zur Schule
8.00 Uhr Unterricht bis 12.30 Uhr
12.45 Uhr Heimfahrt mit dem Bus
13.00 Uhr Mittagessen
13.30 Uhr Hausaufgaben
15.30 Uhr Modellbaukurs im Gemeindehaus
17.00 Uhr Fußballtraining
18.45 Uhr Abendessen, mit Eltern reden
19.20 Uhr Zu Frank und Karl-Heinz zum Plattenhören
20.30 Uhr Fernsehen
21.30 Uhr Waschen, im Bett noch lesen
22.00 Uhr Licht aus, schlafen

Peter staunt. Soviel hat er nicht zu tun:
– „Mensch, Sigi! Wann erholst du dich denn?"
– „Erholen?"
– „Na, einfach so rumhängen."
– „Ist doch langweilig, oder?"

Tätigkeiten	Stunden pro Woche
Schule	...
Hausaufgaben	...
Pflichten im Haushalt	...
Sport	...
Musik hören	...
Andere Hobbys	...
Fernsehen	...
Lesen	...
Zusammensein mit Freunden	...
Gemeinsame Freizeit mit der Familie	...
Einkäufe	...
Ausflüge	...
Basteln	...
Nichtstun	...

1. Welche Freizeitbeschäftigungen, die auf den Fotos abgebildet sind, sind alleine möglich, wann ist man mit anderen zusammen?

2. Sigi und Peter haben unterschiedliche Auffassungen von Freizeit. Vergleicht die Meinungen der beiden.

3. Fertigt eine Tabelle an, wie ihr sie oben seht, und füllt sie aus. Vergleicht eure Ergebnisse mit denen eurer Mitschülerinnen und Mitschüler.

4. Habt ihr auch manchmal Langeweile? Weshalb?

...und die Erwachsenen?

Euer Urgroßvater arbeitete noch doppelt so lange wie euer Vater oder eure Mutter. Ein 14-Stunden-Tag war keine Seltenheit. Der Samstag war Arbeitstag. Urlaub war weitgehend unbekannt. Heute dagegen kämpfen Gewerkschaften für die 35-Stunden-Woche und eine verkürzte Lebensarbeitszeit. Diese Entwicklung ist mit einem eindrucksvollen Gewinn an Freizeit verbunden. Der Begriff *Freizeit* ist noch ziemlich jung. Erst seit der industriellen Revolution arbeiten Menschen außerhalb ihres Zuhauses. Jetzt konnte die Arbeitszeit besser von der freien Zeit getrennt werden.

Unter Freizeit versteht man zunächst einmal „ungebundene Zeit" im Gegensatz zur Arbeit als „gebundene Zeit". Freizeit ist also die Zeit, in der nicht gearbeitet wird. Was ist aber mit der Zeit, die man zum Essen und Schlafen oder für Hausarbeit und den Weg zur Arbeit braucht? Auch die Zeit dafür geht von der verfügbaren Zeit ab. Unsere Freizeit ist also nur die wirklich „freie Zeit", in der wir keine Pflichten haben und tun können, was uns Spaß macht.

Freizeitbeschäftigungen der Erwachsenen

Von 100 Befragten antworteten: (Mehrfachnennungen)

76 Fernsehen	Fernsehen 85
50 Telefonieren	Telefonieren 38
39 Lesen	Heimwerken 26
39 Handarbeiten	Im Freundeskreis handwerken 26
32 Wandern	Wandern 26
28 Einkaufsbummel machen	Lesen 25
27 Sich pflegen	Sport treiben 25
20 Gottesdienst besuchen	In die Kneipe gehen 23
15 Briefe schreiben	Unterhaltungsspiele 20

---

1. Teile deinen Tag auf in „Arbeitszeit" und Freizeit. Was gehört für dich – außer der Schule – noch zur „Arbeit"?

2. Frage Erwachsene, wie viele Stunden Freizeit sie am Tag haben. Wer hat besonders wenig freie Zeit?

3. Die Schaubilder zeigen, warum deine Eltern heute weniger arbeiten müssen als früher. Berichte.

4. Welche Hobbys teilst du mit deinen Eltern? Welche magst du nicht? Warum?

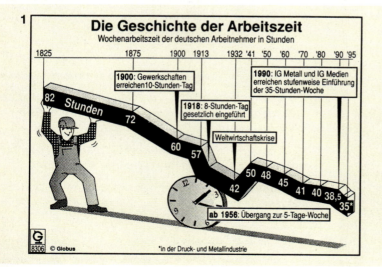

1
Die Geschichte der Arbeitszeit
Wochenarbeitszeit der deutschen Arbeitnehmer in Stunden

1825 ... 1875 ... 1900 ... 1913 ... 1932 '41 '50 '60 '70 '80 '90 '95

82 Stunden · 72 · 60 · 57 · 50 48 · 42 · 45 · 41 40 38,5 · 35*

1900: Gewerkschaften erreichen 10-Stunden-Tag

1918: 8-Stunden-Tag gesetzlich eingeführt

Weltwirtschaftskrise

1990: IG Metall und IG Medien erreichen stufenweise Einführung der 35-Stunden-Woche

ab 1956: Übergang zur 5-Tage-Woche

© Globus 8306

*in der Druck- und Metallindustrie

2
Das Vordringen der Freizeit
Von den Tagen des Jahres waren/werden sein

	Arbeitstage	Freie Tage*
1960	261	105
1985	207	158
2010 (Prognose)	163	202

* Wochenenden, Urlaub, Feiertage u.a.   © Globus 6084

Zeit für die Familie

Radiohören und fernsehen gehören für viele zu den beliebtesten Freizeitbeschäftigungen. Das gilt für Erwachsene und Jugendliche gleichermaßen. Gerade das Fernsehen spielt in den Familien eine große Rolle. Fast in jedem Haushalt gibt es ein Fernsehgerät, oft sogar mehrere. So ist es normal geworden, daß sich die Familien abends vor dem Fernsehschirm treffen. Bereits das Abendessen wird Auge in Auge mit dem Bildschirm eingenommen. Da die Familienmitglieder die meiste Zeit des Tages verschiedenen Beschäftigungen nachgehen, wäre die Zeit des gemeinsamen Abendessens eine gute Gelegenheit für Gespräche. Läßt das Fernsehen noch genügend Zeit dazu? Vielleicht müssen wir uns manchmal daran erinnern, daß am Fernsehapparat ein Knopf ist, auf dem deutlich „AUS" steht.

Durch die Möglichkeit, Sendungen auf Video aufzuzeichnen sowie gekaufte oder geliehene Filme abzuspielen, wird die Bedeutung des Fernsehens für den Freizeitbereich heute sogar noch verstärkt.

Nicole fährt sonntags mit ihren Eltern und ihrem kleinen Bruder mit dem Fahrrad spazieren. Dirk bastelt mit seinem Vater ein Flaschenschiff. Kurt und Peter lernen bei Peters Mutter kochen. Brigitte ist mit ihrer Schwester im Turnverein. Nicht immer sind sich die Familienmitglieder einig, wie und ob sie das Wochenende zusammen verbringen möchten. Vater will spazierengehen, weil er den ganzen Tag im Büro sitzt. Mutter möchte ins Kino, weil sie sonst keine Zeit hat. Kurt will in Ruhe Musik hören. Wenn sie sich nicht auf einen Kompromiß einigen können, müssen sie einen besseren Zeitpunkt abwarten, um gemeinsam die Freizeit zu verbringen. Wichtig ist aber, daß sich die Familie zusammensetzt und überlegt, was man gemeinsam unternehmen möchte. Dann kann sich jeder darauf einstellen, und es gibt keine Schwierigkeiten.

Durchschnittliche Sehdauer pro Tag in Minuten

| | Kinder | | Jugendliche u. |
	3–7 Jahre	8–13 Jahre	Erwachsene
Montag–Freitag	29	69	103
Samstag/Sonntag	96	217	287

1. Was unternimmst du während einer Woche gemeinsam mit deiner Familie? Gibt es manchmal Meinungsverschiedenheiten wegen der Freizeit? Worum geht es?

2. Gibt es bei euch Tage, an denen etwas ganz Bestimmtes unternommen wird (z. B. Sonntagsspaziergang)? Was könnte jeder tun, damit mehr gemeinsame Freizeit möglich wird?

3. Ein Blick ins Fernsehprogramm: Welche Sendungen unterhalten, welche informieren?

4. Macht eine Umfrage in eurer Klasse. Wie lange wird im Durchschnitt täglich ferngesehen? Vergleicht mit der Tabelle oben.

5. Rechnet eure Tagesstunden vor dem Fernseher auf ein Jahr um. Wie viele Stunden, wie viele Tage wären es?

6. In letzter Zeit zeigt das Fernsehen immer mehr Serien. Welche Folgen hat das für die „Fernsehfamilie"?

7. Durch die Verkabelung können die meisten von euch sehr viele Programme sehen. Eure Meinung dazu?

8. Kannst du dir einen fernsehfreien Tag in deiner Familie vorstellen? Begründe.

Freizeit und Erholung in eurer Umgebung

Jochens Vater, Herr S., wohnt in Oldenburg. Häufig sieht sein Tagesablauf so aus: Bereits auf dem Weg zum Arbeitsplatz gerät er mit seinem Auto in einen Verkehrsstau. Motorenlärm und Hupkonzerte begleiten die nervösen Blicke auf Uhr und Ampeln.

Am Arbeitsplatz schrillen die Telefone, rattert der PC-Drucker, warten ungeduldige Kunden. Nach Feierabend und der mühseligen Parkplatzsuche im Geschäftsviertel hetzt er Tüten schleppend zu seinem Auto zurück. Schließlich fährt er seine Einkäufe auf verkehrsreichen Straßen in seine Vorstadtwohnung.

1. *Notiert Gründe für das besondere Erholungsbedürfnis der Bewohner mittlerer und großer Städte.*

2. *Benenne die Naherholungsgebiete um die Stadt Oldenburg. Gib dabei die Himmelsrichtungen an, in denen sie von Oldenburg aus liegen. Bestimme die Straßenverbindungen dorthin und die ungefähren Entfernungen. Versuche aus einer Freizeitkarte oder dem Atlas herauszulesen, welche Erholungsmöglichkeiten geboten werden.*

3. *Zeichne eine Skizze mit den Naherholungsräumen deines Schulortes bzw. der nächstgelegenen großen Stadt. Trage auch die Entfernungen und die Verkehrsverbindungen ein.*

4. *Fordert Prospekte von den Verkehrsvereinen der Erholungsgebiete an, und beschreibt die verschiedenen Erholungsmöglichkeiten.*

Wir machen eine Umfrage zu unserem Freizeitverhalten:

○ Welche Freizeitmöglichkeiten und Naherholungsangebote sind in eurem Wohnort vorhanden? Wie sind Freizeiteinrichtungen für Kinder und Jugendliche räumlich angeordnet? Fotografiert die Angebote, und zeichnet einen Lageplan. Gestaltet eine Wandzeitung!

○ Was machen die ausländischen Schülerinnen und Schüler in ihrer Freizeit?

○ Welche besonderen Wünsche haben Kinder der 5. und 6. Klassen an ihre Freizeitgestaltung? Wie verbringen sie ihre tägliche Freizeit?

○ Welche Freizeiteinrichtungen vermißt ihr in euren Heimatorten?

○ Was unternehmen Kinder und Jugendliche am Wochenende? Berücksichtigt dabei folgende Stichworte: Ziele in Naherholungsräumen eurer Gemeinde – Wochenendverkehr – Belastungen der Umwelt – Einschränkungen durch den Naturschutz.

○ Welche Veränderungen ergeben sich durch den zunehmenden Tourismus in eurer Gemeinde?

○ Lassen sich Fälle für Gefährdung der Natur durch Freizeitspaß und Sport feststellen?

○ Macht Vorschläge zur Verbesserung des Freizeitangebotes in eurem Heimatort/Stadtteil oder eurer Gemeinde! Entwerft einen „Ausbau- oder Freizeitplan"!

○ Informiert an eurer Schule über die Ergebnisse, indem ihr eine Dokumentation zum Thema „Freizeitangebote, -verhalten und -wünsche" vorbereitet: Macht eine Ausstellung mit Fotos, Zeichnungen und Statistiken an Stellwänden.

Wir zeichnen einen Kinderstadtplan:

Informiert euch zunächst, welche Einrichtungen es in eurer Stadt oder Gemeinde gibt: Spielplätze, Büchereien, Schwimmbäder, Sportanlagen, Kinder- und Jugendfreizeithäuser, Museen, Theater, Naherholungszonen, Radwege, eine Volkshochschule, ein Fremdenverkehrsverein ...

Besucht alle diese Einrichtungen, und fotografiert sie. Fragt nach, wann sie geöffnet haben, wie hoch gegebenenfalls die Eintrittspreise sind und ob es spezielle Angebote für Kinder gibt.

Nehmt anschließend einen Stadtplan, und tragt alle Einrichtungen mit farbigen Stiften ein. Aus den Bildern und Informationen über Öffnungszeiten und Eintrittspreise könnt ihr selbst eine kleine Broschüre zusammenstellen, die kopiert und an alle verteilt wird. So seid ihr immer informiert, was in eurer Stadt oder Gemeinde für die Kinder geboten ist.

Wie soll der Spielplatz aussehen?

Der Deutsche Städtetag ist ein Zusammenschluß der Städte in der Bundesrepublik Deutschland, um gemeinsame Probleme beraten und lösen zu können. Schon im Jahr 1956 forderte er, daß in den Städten mehr Spielplätze errichtet werden sollen. Er empfahl, für Kinder im Alter von 7 bis 12 Jahren in einer Entfernung von höchstens 500 Metern von der Wohnung einen Spielplatz einzurichten. Der Spielplatz sollte mindestens 1000 Quadratmeter groß sein (also z. B. 20 m breit und 50 m lang).

Wir untersuchen Spielplätze

○ Stelle fest, wie weit es von deiner Wohnung zum nächsten Spielplatz ist. Miß die Größe dieses Spielplatzes aus. Länge mal Breite ergibt die Quadratmeterzahl.

○ Soll die Gemeinde-/Stadtverwaltung den Spielplatz einrichten? Oder sollten Eltern und Kinder auch gefragt werden? Was spricht für die eine, was spricht für die andere Lösung?

○ Was findest du alles auf deinem Spielplatz? Schreibe auf: Schaukel, Klettergerüst, Rutsche usw.

○ Wurden die Spielplätze richtig angelegt? Überlege anhand der folgenden Stichworte:
  – Licht: sonnige Lage – schattige Lage
  – Wind: windgeschützt – windig
  – Boden: Rasen, Sand um die Spielgeräte – fester Boden, Steinplatten um die Spielgeräte

Abenteuerspielplatz

  – Lage zur Wohnung: in Ruf- und Sichtweite – außer Ruf- und Sichtweite
  – Lage zur Straße: abgeschirmt durch Hecken – direkt neben der Straße, laut, Abgase
  – Auffälligkeiten: Hundekot im Sandkasten, Rutsche mit scharfen Kanten u. a.

Ungepflegter Sandkasten

Spielplatz mit Klettergeräten

223

Urlaub – Freizeit am Stück

Viele Leute freuen sich das ganze Jahr über auf den Urlaub. Er ist für sie die wichtigste Zeit des Jahres. Dann können sie endlich ein paar Wochen lang ausspannen und tun, was ihnen Spaß macht.

Die meisten von euch werden noch mit der Familie in Urlaub fahren oder mit einer Jugendgruppe. Aber in ein paar Jahren werdet ihr alleine oder gemeinsam mit Freunden euren eigenen Urlaub planen. Und Planung ist wichtig! Wenn ihr euch vorher nicht ausreichend über euer Urlaubsziel informiert, könnt ihr womöglich Enttäuschungen erleben.

Was sich die Leute vom Urlaub versprechen

Die Vorstellungen, die die Menschen von ihrem Urlaub haben, sind sehr unterschiedlich. Auf die Frage: „Worauf kommt es Ihnen bei der Urlaubsreise eigentlich an?" antworteten von 100 Befragten:

Abschalten, ausspannen	64
Tapetenwechsel	62
Neue Kraft sammeln	53
Mit netten Leuten zusammensein	53
Frische Luft	49
Füreinander Zeit haben	47
Viel ruhen, nichts tun	44
Etwas anderes kennenlernen	41
Tun, was einem gefällt	39
Viel Spaß und Unterhaltung haben	38
Gut essen	31
Viel erleben, viel Abwechslung haben	30
Sich verwöhnen und pflegen lassen	27

1. Vergleiche die in den Bildern vorgeschlagenen Urlaubsziele miteinander. Wo tun die Reisenden etwas für die Gesundheit? Welche Leute trifft man an den verschiedenen Urlaubsorten?

2. Untersucht Prospekte von Reiseveranstaltern. Bewertet die Angebote nach verschiedenen Gesichtspunkten (Preis, Sportmöglichkeiten, Kultur, Klima).

3. Man kann auch zu Hause Urlaub machen. Stellt ein Programm zusammen.

4. Was ist euch in den Ferien am wichtigsten?

1992 meldeten die deutschen Reisebüros eine Zunahme von Urlaubsbuchungen im Vergleich zum Vorjahr. 1991 unternahmen 41,5 Millionen Bundesbürger über 14 Jahre nach den Erhebungen des Studienkreises für Tourismus wenigstens eine Urlaubsreise von mindestens 5tägiger Dauer. 623 von 1000 Reisen führten dabei ins Ausland. Das beliebteste Verkehrsmittel für die Urlaubsreisen der Deutschen ist nach wie vor der Pkw, gefolgt vom Flugzeug.

5. *Welches Verkehrsmittel spielt eine große, welches nur eine geringe Rolle bei der Fahrt in den Urlaub?*

6. *Nennt Gründe für das ständig wachsende Bedürfnis zu verreisen!*

Gleichzeitig rücken die Schattenseiten der touristischen Entwicklung mehr und mehr ins Bewußtsein. Überfüllte Strände vor gigantischen Bettenburgen, kilometerlange Staus auf den Autobahnen, Abgase, Verspätungen und Wartezeiten im Luftverkehr, Lärm und verdrahtete Berge sind die eine Seite – Verlust an Ursprünglichkeit und Überschaubarkeit der Urlaubsorte, zersiedelte Landschaft, Verschwinden kultureller Eigenarten, zunehmende Anonymität im Urlaub und fehlender Kontakt zu den Gastgebern die andere, die unser Bild von den „schönsten Wochen des Jahres" trüben. Die Gefahren des Tourismus für den Lebensbereich der Einheimischen und für die Umwelt in den Tourismuszentren sind mittlerweile unübersehbar.

Von den Touristen in ihren Urlaubsregionen wahrgenommene Umweltprobleme [1]

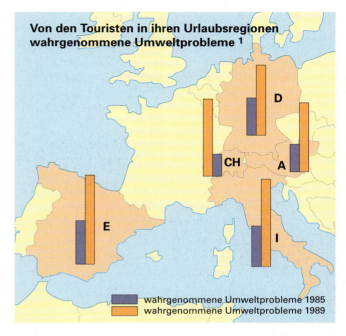

wahrgenommene Umweltprobleme 1985
wahrgenommene Umweltprobleme 1989

7. *Welche Gefahren drohen Einheimischen und der Umwelt?*

8. *Wie hat sich die Einstellung der Touristen zur Umweltsituation in ihrer jeweiligen Urlaubsregion von 1985 bis 1989 verändert (s. Grafik oben)?*

Zunahme der Urlaubsreisen in den alten Bundesländern 1962–1991 [2]

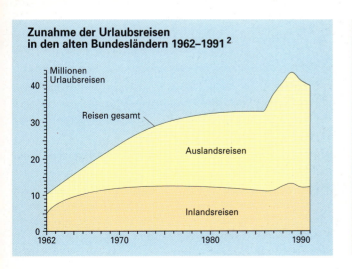

Monatliche Übernachtungen in einigen Fremdenverkehrsgebieten Mitteleuropas [3]

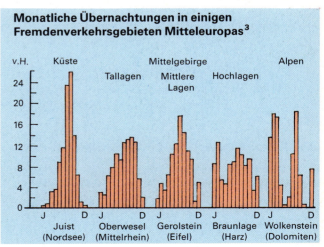

Wir planen einen Winterurlaub

Von den deutschen Feriengebieten sind neben dem Schwarzwald und der Nord- und Ostseeküste vor allem die Alpen sehr beliebt. Während aber die Küstengebiete vornehmlich im Sommer aufgesucht werden, verbringen viele Menschen sowohl im Sommer als auch im Winter ihren Urlaub im Gebirge.

In den Alpen finden die Wintersportfreunde meist gute Schneeverhältnisse vor. Sanft geschwungene, aber auch steile Hänge ermöglichen Abfahrten verschiedener Schwierigkeitsgrade. Skilifte sorgen für einen raschen Aufstieg, und ein Skizirkus – so nennt man die Kombination aller mechanischen Aufstiegshilfen – erleichtert das Wechseln zwischen verschiedenen Skigebieten.

Ein sehr beliebter Wintersportort ist Ischgl in Österreich. Aus einem Reiseprospekt erfahren wir: *„Die große Anhänglichkeit der Gäste wird auf den ersten Blick verständlich: Das Tirolerdorf mit seinen Holzbalkons, Zitherklängen und Speckknödeln gefällt den Gästen. Keine Betonklötze stören die Kulisse des 1000-Seelen-Dorfes, dessen weißbemützte Schindeldächer sich unter dem Kirchturm der barocken St.-Nikolaus-Kirche kauern.*
Die Beschaulichkeit drunten im Tal steht im Gegensatz zu den modernen Pistenanlagen droben auf der Idalpe, wo es Skiabfahrten gibt für alle, ob Anfänger oder Könner. Die Idalpe funktioniert hierbei als perfekter Verteiler: Von hier liftet man hinaus zum Idjoch; dort muß man sich für eine der vier sehr unterschiedlichen Pisten entscheiden. Oder man läßt sich von der Idalpe im Schuß hinübertragen zum Höllental, um von dort den Pauliner Kopf in Angriff zu nehmen, dessen drei Abfahrten (von mittel bis schwer) wohl die schönsten des ganzen Skigebietes sind. Könner halten sich natürlich mit dem Skizirkus der Idalpe gar nicht erst auf, sondern fahren ohne Unterbrechung auf einer der beiden 10 km langen Strecken zu Tal, wo man im allgemeinen, selbst im März noch, erst vor der Haustür abschwingen muß. "

1. Suche im Atlas bekannte Wintersportorte in den deutschen Alpen. Nenne die Regionen, in denen sie liegen.

2. Begründe, warum gerade die Alpen für den Skilauf so hervorragend geeignet sind.

Wintersportort Ischgl (Tirol)

Skizirkus Idalpe

3. Bestimme im Atlas die genaue Lage von Ischgl, und wähle die günstigste Verkehrsverbindung von deinem Wohnort nach Ischgl aus. Wie groß ist die Entfernung? Mit welcher Fahrzeit ist zu rechnen?

4. Nenne Sport- und Erholungsmöglichkeiten, die Ischgl für den Winterurlauber bietet.

5. Ermittle, wie viele Seilbahnen und Skilifte in Ischgl zur Verfügung stehen (Text und die Bildkarte auf der rechten Seite), und stelle eine Tour zusammen, auf der du möglichst viele Abfahrten kennenlernst.

Skigebiet um Ischgl

A Silvretta-Bahn
B Silvretta-Bahn Ost
C Idjochlift
D Velilift
E Übungslift
F Höllbodenlift
G Höllentallift
H Pauliner-Kopf-Lift

— leichte Abfahrt
— mittelschwere Abfahrt

6. Wie stellst du dir den Tagesablauf in einem Wintersportort vor?

7. Im Reisekatalog (rechts) finden sich für Ischgl unterschiedliche Übernachtungspreise: A bis D. Warum sind die Angebote unter A billiger als die unter D?

8. Die vierköpfige Familie Müller will in diesem Jahr drei Wochen gemeinsam in den Winterurlaub fahren:
Herr Müller ist ein sehr guter Skiläufer und möchte diesmal schwierige Abfahrten bewältigen. Seine Frau möchte in diesem Jahr unbedingt Skifahren lernen. Sie will aber auch feststellen, ob sie das Eislaufen noch nicht verlernt hat. Simone (17 Jahre) hofft, an mehreren Abenden in die Diskothek gehen zu dürfen. Ihr Bruder Uwe (12 Jahre) will Skilanglauf betreiben.
Ist Ischgl für Familie Müller als Winterurlaubsort geeignet? Begründe deine Entscheidung. Stelle dazu eine Tabelle auf, und trage für jedes Familienmitglied die zutreffenden Angebote von Ischgl ein.

9. Plant für eure Familie einen Skiurlaub in Ischgl. Was kostet eine Woche Aufenthalt in der Pension Helvetia zur günstigsten Zeit?

Ischgl im Paznauntal/Österreich – 1400 m – 1100 Einwohner

Internationale Skiarena zwischen Schweiz und Österreich

● **Skilauf:** 3 Kabinenbahnen, 2 Sessel- und 22 Schlepplifte erschließen eines der schönsten Skigebiete der Alpen bis in 2884 m Höhe. Ständige Lawinensicherheit! Silvretta-Skipaß für das gesamte Paznauntal; 6 Tage: ca. DM 220. Skischule, Skiverleih. Tiefschneeabfahrten und Hochtouren. 24 Pisten – zusammen 150 km lang.

● **Skilanglauf:** 20 km Langlaufloipen.

● **Sport/Fitness:** Rodelbahn, Mini-Bob-Run, Natureisbahn, Eisstockschießen, Sauna, Solarium, Hallenbäder in mehreren Hotels, Reiten, geräumte Wanderwege.

● **Unterhaltung:** Skisportveranstaltungen, Heimatabende, Tanzlokale, Café, Diskotheken, Pferdeschlittenfahrten.

● **Unterkünfte:** 4500 Gästebetten in Hotels, Pensionen, Privatquartieren und Ferienwohnungen.

Grundpreis je Woche und Person in DM	Verpflegung	Bahn				Auto bzw. Verlängerungswoche Bahn			
		A	B	C	D	A	B	C	D
Ischgl		22.12.–05.01. = D 05.01.–01.02. = A 01.02.–08.02. = B 08.02.–08.03. = C 08.03.–22.03. = B 22.03.–13.04. = C Pension Helvetia geöffnet bis 06.04. Pension Persutt bis 06.04.							
Pension Helvetia	Warmwasser HP	582	747	757	777	307	472	482	502
	Dusche/WC HP	682	842	852	872	407	567	577	597
Pension Persutt	Dusche ÜF	624	709	714	729	349	434	439	454
	Dusche/WC ÜF	684	769	774	789	409	494	499	514
Hotel-P. Angela	Dusche/WC ÜF	645	790	800	820	370	515	525	545

Alpen in Gefahr

Im Winter 1992/1993 haben rund 3,5 Millionen Deutsche Urlaub in den Alpen gemacht. Hinzu kamen noch jene, die nur für einen oder zwei Tage zum Skifahren in die Berge fuhren. Viele haben dabei ein schlechtes Gewissen. Die Straßen sind an den Wochenenden verstopft, und die Ferienorte sind überlaufen. Der Massentourismus ist für die Alpenbewohner zur wichtigsten Einnahmequelle geworden. Er trägt aber auch dazu bei, die Alpen zu zerstören.

1. *Wertet die Zeitungsüberschriften aus: Welche Umweltbelastungen treten in den Alpen auf? Welche sind vom Tourismus verursacht?*

2. *Beschreibe die ökologischen Folgen des Tourismus.*

3. *Welche Auswirkungen haben diese Probleme auf die einheimische Bevölkerung?*

4. *Seht ihr Möglichkeiten, die Probleme zu lösen?*

Forststraßenbau ohne Ende?

Verjüngung des Bergwaldes
Geringe Hoffnung auf Genesung

Massiver Gewässerausbau geplant

Wandern mit der Bahn
Bewußt auf das Auto verzichten

Beschleunigter Hangabtrag durch fehlende Waldflächen

Skipisten zerstören die Berglandschaft

Alpenverein fordert
Kein Heli-Skiing in Österreich

Mit dem Auto auf den Berg

Appartementbau auf bayerischem Berg

Bergwald sanieren – Wild reduzieren

Zum Schutz der Bergwelt
Jugend verzichtet auf Pistenskifahren

Skibetrieb vermindert Wiesenertrag

Ölfaß auf dem Gletscher

Zugspitze wird umgebaut

Weniger umweltschädlicher Wegebau

Müllberge in Österreich

Muß der Wintersport verboten werden?

Gebirgsgewässer bedroht

Es stinkt weiter
Alpentunnel sind kein Allheilmittel

Liftbau ohne Ende

Gletscher nehmen weiter ab

Neues Straßenobjekt im Nationalpark

Bayerns Berge rutschgefährdet

Weiter Wachstum im Alpentourismus

Drohendes Verbot für Gleitschirmflieger

Die Alpen drohen am Verkehr zu ersticken

MOUNTAINBIKERN GEHT ES AN DEN KRAGEN
Wird der Aktionsradius begrenzt?

Skierschließung und kein Ende
Heli-Skiing schädigt Umwelt

Gipfelbesetzung durch Jugendverbände

Wald weicht Golf

Bergwald-Rodung wegen vier Sekunden?

Bergtour auf eine Müllkippe

Rummelplatz am Geigelstein?

Österreich bremst Transit-Raser

Schwerverkehr im Inntal
Alle sechs Sekunden ein Laster

Umweltgefahr durch Mountain bikes?

Umweltbelastung durch steigende Reiselust

Lärm und Gestank sind der Preis für die bequeme Aussicht

„Störungen durch Hunderte von Skiläufern auf großer Fläche machen den Lebensraum für Wildtiere unattraktiv. Abwanderungen sind die Folge"

Greenpeace engagiert sich für den Bergwald

Mit Vollgas durch die Berge

Bergwaldsterben nimmt rasend zu

Alpine Waldschäden am schlimmsten

Stopp für Erschließungen

Von Wanderern aufgeschreckt
Hirschrudel abgestürzt

Appell an Sportkletterer
Mehr Rücksicht auf die Natur

Alpen-Straßenverkehr wächst

Schweizer Alpenlandschaft wird verbaut

Almwege-Erschließung geht weiter

Absturz wegen Höhen-Mülls

Keine Autobergrennen mehr

Kein Dreck beim Trekking

Internationale Alpenschutzkommission fordert:
Kein Schnee aus der Maschine

Der Bahnhof des Wintersportortes Wengen/Schweiz

Vor dem Zweiten Weltkrieg nutzten fast nur Sommertouristen die Alpenregion zur Erholung; die wenigen Winterurlauber hatten Mühe, in die abgelegenen Täler zu gelangen, da Eisenbahnen im Winter nicht fuhren und Quartiere schwer zu finden waren. Ab den fünfziger Jahren brach eine gewaltige Touristenlawine auch in den Wintermonaten über diese Region herein. Große Veränderungen fanden statt:

○ Unterkünfte mußten geschaffen werden. Immer mehr Touristen entdeckten den Erholungswert eines Winterurlaubs. Bauernhöfe wurden ausgebaut, Ferienwohnungen angebaut. Sogenannte „Bettenburgen" entstanden innerhalb und außerhalb der Orte.

○ Ein weitverzweigtes Netz von Schienen und asphaltierten Straßen wurde in den Alpen angelegt.

○ Wiesen und Weiden in der Nähe von Bergbahnen und Liftanlagen wurden autogerecht eingeebnet.

○ Das Sport- und Freizeitangebot mußte erweitert werden, da zwischen den Ferienorten bald der Wettbewerb um die Urlauber einsetzte.

○ Die Alpen wurden verkabelt und verdrahtet. „Aufstiegshilfen" wurden notwendig, um die Touristen in die hochgelegenen – und damit schneesicheren – Skigebiete zu befördern. Dazu schlug man Schneisen in die Wälder, begradigte die Hänge und baute Tausende von Seilbahnen und Schleppliften. Die Ansprüche der Touristen bestimmten den Einschlag in den Bergwald.

○ Die Touristen wollten versorgt werden. So entstanden an den Liftanlagen nicht nur Parkplätze, sondern auch Restaurants und Imbißbuden: *„Einstmals verschlafene Gebirgstäler nehmen teil an städtischen Errungenschaften."*

Ohne den Fremdenverkehr können die Bewohner der Alpen heute nicht mehr leben. Doch nicht nur sie, sondern auch die Feriengäste selbst stehen dem *Massentourismus* in den Alpen mit wachsender Ablehnung gegenüber. Viele Touristen legen zunehmend weniger Wert darauf, ihren Urlaubsort auf gut ausgebauten Straßen schnell zu erreichen, in modernen Großhotels untergebracht zu sein und die Berge ohne Anstrengung mit Seilbahnen oder Liften erklimmen zu können. Sie wollen lieber eine unzerstörte Landschaft genießen und nehmen es gern in Kauf, Reiseziele anzusteuern, die noch kaum erschlossen sind. Der Fremdenverkehr bekommt diese Haltung bereits zu spüren: Die Übernachtungszahlen in übererschlossenen Tourismusgebieten gehen vielfach zurück.

Immer mehr Menschen begreifen, daß rücksichtsloses Verhalten die Alpen auf lange Sicht als landschaftliche Besonderheit und Anziehungspunkt für den Tourismus zerstört. Sie suchen deshalb nach einer Lösung, bei der die Umwelt erhalten bleibt und trotzdem die Bedürfnisse der Touristen wie auch der ansässigen Bevölkerung beachtet werden. Ihr Wunsch ist es, Umweltschutz und Fremdenverkehr miteinander in Einklang zu bringen. Diese Idee bezeichnen sie als *sanften Tourismus.*

Das Programm des „sanften Tourismus" sieht folgende Maßnahmen vor:

○ Die Erschließung soll sich auf einige Schwerpunkte beschränken, um so Boden zu sparen und wertvolle Landschaften zu erhalten.

○ Tourismus soll nur dort zugelassen werden, wo einheimische Bevölkerung ansässig ist.

○ Die ortsansässige Bevölkerung soll an der Planung und Durchführung von Vorhaben der Fremdenverkehrswirtschaft eng beteiligt werden.

○ Neubauten sollen nur in einem genau begrenzten Rahmen zugelassen, örtliche Verkehrswege nicht weiter ausgebaut werden.

○ Tourismusformen, die ohne technische Unterstützung auskommen, sollen gefördert werden.

○ Die vorhandene Landwirtschaft soll erhalten und gezielt in den Tourismusbetrieb einbezogen werden.

○ Die Beschäftigten im Tourismusgewerbe müssen so ausgebildet werden, daß sie Reisende im Sinne des Programms beraten können.

1. Versuche in eigenen Worten wiederzugeben, was man unter „sanftem Tourismus" versteht.

2. Wenn du einen Urlaub im Sinne des „sanften Tourismus" machen wolltest, was würdest du unternehmen, worauf würdest du verzichten?

3. Das Programm des „sanften Tourismus" empfiehlt, die ortsansässige Bevölkerung an der Planung aller Vorhaben teilhaben zu lassen. Versuche, diesen Vorschlag zu begründen.

4. Rechts siehst du eine Anzeige, in der für Ferien im Kleinwalsertal geworben wird. Vergleiche mit der Anzeige auf S. 227. Welches Angebot gefällt dir besser? Wo findet sich ein Hinweis auf „sanften Tourismus"?

5. Die Zugspitze wird auch „alpine Fußgängerzone" genannt. Betrachte das Bild unten und begründe. Welche Einzelheiten erkennst du? Welchen Eindruck macht das Bild auf dich?

Ferien im Kleinwalsertal. Gemütliches altes Holzhaus (1200 m) mit freier Sicht auf die Berge, Selbstversorgerküche, Bibliothek und Klavier, 4 DZ, Preis Erw. DM 22.-- Kinder DM 18.-- pro Nacht (Bahnanreisende 17.--/13.--)

Die Zugspitze, der höchste Berg Deutschlands, ist der Hausberg von Garmisch-Partenkirchen. Das Bild zeigt die Bebauung auf dem Zugspitzgipfel. Die Seilbahnen können stündlich 800 Touristen auf den Gipfel bringen.

Wir planen einen Sommerurlaub

Zwei Familien aus Göttingen möchten einen Urlaub am Meer verbringen. Sie können nur während der Schulferien fahren.

Familie Arndt: Herr Arndt (30), Facharbeiter; Frau Arndt (28), Hausfrau; Tochter Ursula (7), Schülerin; Sohn Klaus (3).
Familie Arndt sucht gefahrlose Bademöglichkeiten für die Kinder und viel Sonnenschein.

Familie Welz: Herr Welz (40), Dipl.-Ing.; Frau Welz (38), Chemikerin; Sohn Georg (16), Schüler; Tochter Inge (14), Schülerin.
Herr und Frau Welz suchen Ruhe, Sohn und Tochter sind begeisterte Surfer. Die Familie bevorzugt eine Gegend, die nicht zu heiß ist.

Beide Familien können zwischen der Nordseeinsel Norderney und Jesolo an der Adria wählen.

Hochsaison am Strand (Lido) von Jesolo

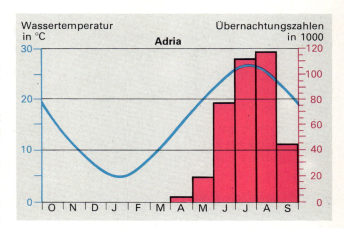

Kennzeichen der Adriaküste: Ruhiges, tiefblaues Meer – oft Windstille – nur manchmal leichte Brise – geringer Unterschied zwischen Hoch- und Niedrigwasser – sanft abfallender Sandstrand – bis weit ins Meer hinaus geringe Wassertiefe – Pinienwälder – Anlagen mit Oleander, Mandelbäumen, Palmenhainen – Sand oft sehr heiß

Aus einem Prospekt über Jesolo: „Bekannter und vielbesuchter Badeort an der nördlichen Adria. Der Lido besteht aus 15 km prächtigen Sandes. Der Strand ist im Mittel 60 bis 80 Meter breit. Mehr als 500 Hotels und Pensionen mit Blick auf das Meer, über 400 Villen und Privatwohnungen jeder beliebigen Kategorie ermöglichen die Unterbringung von Gästen in der Badesaison von Mai bis September. Jedes Hotel und auch die Privatwohnungen verfügen über einen eigenen Strandabschnitt und stellen unentgeltlich Sonnenschirme und Liegestühle zur Verfügung. Jesolo hat mehr als 40 Schwimmbäder, 30 Tennis- und Minigolfplätze, 35 Kinosäle und Tanzlokale, eine Go-Kart-Bahn, 2000 Läden, die zum Teil bis Mitternacht geöffnet haben. Im Wasservergnügungspark ‚Aqualandia' mit Riesenwasserrutschbahnen, Wellenschwimmbecken, Sonnenzonen, Bar, Snackbar u. a. gibt es Badespaß für die ganze Familie."

Klimadaten der Adriaküste

	Temperaturen in °C		Sonnen-	Niederschläge
	Wasser	Luft	stunden	in mm
Juli	22 (17)	25 (17)	328 (206)	67 (84)
August	26 (17)	24,5 (17)	296 (188)	57 (73)

(in Klammern Vergleichswerte für Hannover)

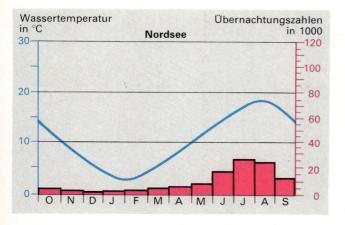

Wassertemperatur in °C — Übernachtungszahlen in 1000

Nordsee

Kennzeichen der Nordseeküste: Luft staubfrei und stark salz-haltig – selten windstill, Wind meist aus SW bis W – Reizklima – graugrünes Wasser, fast immer bewegt – häufig hoher Wellen-gang – gefährliche Gezeitenströmungen – Buhnen – Unter-schiede zwischen Hoch- und Niedrigwasser ca. 2,5 m – alle 12½ Stunden Gezeitenwechsel – bei Flut am Strand große Wassertiefe – Dünen – Strandhafer

Aus einem Prospekt über Norderney: „Täglich Sonne kann niemand garantieren. Aber Norderney hat ein bevorzugtes Klima. Der weite Strand ist ein Fließband sommerlicher Badefreuden, frühlingshafter oder herbstlicher Spazier-gänge, winterlicher Einsamkeit. Es gibt Sinfoniekonzerte, Kammerkonzerte mit bekannten Solisten, Bühnengast-spiele, Tanzturniere, Modenschauen – und schicke Läden. Modern ist das neue Kurzentrum mit Meerwasser zum Trinken, Meeresschlick zum Baden, Wannenabteilungen, Inhalatorien für an Asthma und Heuschnupfen Erkrankte, Massageräumen, Gymnastik. Rundherum die schier end-lose Promenade am Meer, die Einsamkeit der Dünen; Wattlaufen, Segeln, Schwimmen, Reiten, Golf. Und ein Surfrevier der Spitzenklasse, ein großzügiges Radwege-netz und 80 km Wanderwege."

Klimadaten der Nordseeküste

	Temperaturen in °C Wasser	Luft	Sonnen-stunden	Niederschläge in mm
Juli	18 (17)	17 (17)	213 (206)	67 (84)
August	18 (17)	17 (17)	188 (188)	81 (73)

(in Klammern Vergleichswerte für Hannover)

Für die Planung ihres Badeurlaubs müssen beide Familien folgendes berücksichtigen:
Was für Strände erwarten uns? Welches Wetter erwartet uns? Wie wollen wir wohnen? Pension – Hotel – Ferien-wohnung? Wie wollen wir uns verpflegen? Selbstversor-ger – Imbiß – Restaurant? Wie reisen wir an? Haben wir überhaupt Wahlmöglichkeiten? Welche Sport- und Frei-zeitangebote gibt es? Welche sonstigen Unterhaltungs-möglichkeiten sind vorhanden?

1. Vergleiche die Dauer der Fremdenverkehrssaison in beiden Badeorten (Grafiken oben). Wie sieht es in den Monaten Oktober bis April in Jesolo und in Norderney aus? Denke auch an die in den Dienstleistungsberufen Tätigen (z. B. Kellner, Köche, Zimmermädchen . . .).

2. Besorge dir die Preise für eine Woche Halbpension in einem Doppelzimmer im Juli auf Norderney oder in einem anderen Ort an der Nordsee, und vergleiche sie mit denen für Jesolo.

3. Wie werden sich Familie Arndt und Familie Welz ent-scheiden?

Hochsaison am Strand einer ostfriesischen Insel

Nordseeinsel Norderney

Ferien an der Nordsee

Nach langer Diskussion hat sich Familie Welz für einen Sommerurlaub auf Norderney entschieden, obwohl Herr Welz Werbeprospekten nicht so recht traut. Ihm geht es wie vielen Touristen in den letzten Jahren. Immer mehr machen sich Sorgen um die Umwelt (siehe Seite 242/243): *„Kann man in der Nordsee überhaupt noch baden? Man liest so viel über Abwässer, Öl und andere Gewässerverunreinigungen. Andererseits: Wenn Millionen Urlauber dort Jahr für Jahr ihre Ferien verbringen, müssen diese dafür gute Gründe haben!"* Worauf Frau Welz meint: *„Wenn du auf Nummer Sicher gehen willst, mußt du uns Karten für den nächsten Freizeitpark mit Plastikpalmen und desinfiziertem Wasser kaufen!"*
Die Vorfreude aufs Wandern an den endlosen Sandstränden und im Watt und die Hoffnung der Kinder auf ausreichend Wind und hohe Brandung beim Surfen treiben Familie Welz schließlich in Richtung Norden.
Sie reisen mit dem Auto bis Norddeich. Hier lassen sie ihr Auto stehen und fahren mit einem der fast stündlich verkehrenden modernen Fährschiffe nach Norderney. Diese Schiffsroute ist eine der wenigen fast tideunabhängigen Verbindungen zwischen Festland und ostfriesischen Inseln. Vor etwa einer Stunde hat die Ebbe begonnen. Mit dem ablaufenden Wasser geht die Fahrt recht zügig. Schon nach 35 Minuten legt die Fähre im Norderneyer Hafen an.

„Wann ist heute Badezeit?" Das ist auch für Familie Welz eine wichtige Frage. Das Baden an besonders bewachten Strandabschnitten ist nämlich nur zu bestimmten Zeiten, die von der Kurverwaltung bekanntgegeben werden, erlaubt. Außerhalb des bewachten Strandes und bei Ebbe ist das Baden in der Nordsee auch für gute Schwimmer sehr gefährlich. Die Badezeiten richten sich nach den Gezeiten. Man kann übrigens unbedenklich ins Wasser gehen, das Wasser ist „badetauglich".

Wattwanderer

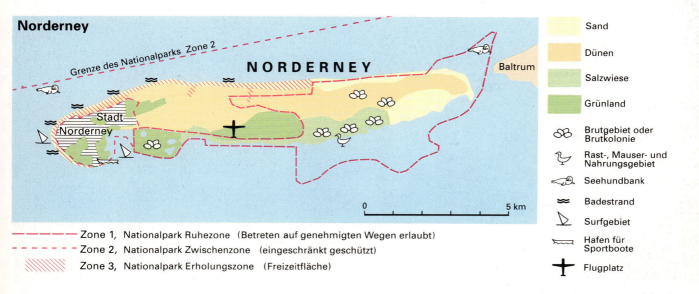

Norderney

NORDERNEY

Baltrum

Stadt
Norderney

Grenze des Nationalparks Zone 2

0   5 km

Sand

Dünen

Salzwiese

Grünland

Brutgebiet oder
Brutkolonie

Rast-, Mauser- und
Nahrungsgebiet

Seehundbank

Badestrand

Surfgebiet

Hafen für
Sportboote

Flugplatz

───── Zone 1, Nationalpark Ruhezone (Betreten auf genehmigten Wegen erlaubt)
- - - - - Zone 2, Nationalpark Zwischenzone (eingeschränkt geschützt)
///////// Zone 3, Nationalpark Erholungszone (Freizeitfläche)

Die Urlaubsinsel Norderney

Das 1797 gegründete niedersächsische Staatsbad Norderney ist Deutschlands ältestes Nordseeheilbad und mit jährlich 2,4 Millionen Übernachtungen auch eines der beliebtesten. Trotz Hochhauskulisse, City-Atmosphäre und jährlich 130000 Urlauberautos kommt auch der Naturfreund auf seine Kosten. Zum Beispiel im Vogelschutzgebiet „Südstrandpolder", das man auf dem Ringdeich betreten darf – empfehlenswert sind die Führungen. Der Polder wächst aber immer mehr zu, die Feuchtflächen schrumpfen. Deshalb haben sich schon 40 Vogelarten aus dem Gebiet zurückgezogen; zudem dürfen Jäger dort auf Reh- und Damwild schießen.

In anderen Regionen ist das Verantwortungsbewußtsein der Touristen gefragt:

Die Salzwiesen im Südosten der Insel sind meist ohne Aufsicht, wer aber auf den angelegten Wegen bleibt und sich ruhig verhält, stört die brütenden Vögel nicht; Wattwander-Gruppen, die vom Festland auf die Insel zulaufen, dürfen nur auf kürzestem Weg die Ruhezone durchqueren; auf die parallel zur Insel verlaufende Route sollten die Wattführer im Interesse der dort in den Salzwiesen rastenden oder brütenden Vogelfauna ganz verzichten; Spaziergänge an der Ostspitze Norderneys mögen nicht allzu weit schweifen, sonst stören sie die in der Nähe brütenden Seeschwalben.[4]

Landschaft auf Norderney

1. *Welche Gebiete sollte man bei einer Strand- oder Wattwanderung meiden?*

2. *Welche Einschränkungen für Touristen gibt es auf Norderney? Nennt Gründe hierfür.*

3. *Wodurch wird die Natur belastet, wodurch geschützt?*

4. *Wie kann Familie Welz dazu beitragen, die Insel zu schützen?*

235

Im Wattenmeer

RUHEZONE
Zum Schutz der Natur:
Betreten nur auf zugelassenen Wegen

Viele Feriengäste wandern bei Ebbe hinaus ins Watt. Sie erfreuen sich an der Landschaft zwischen Land und Meer. Wenn Weg und Zeit richtig gewählt werden, sind Wanderungen durch das Watt ungefährlich. Der Unkundige aber kann leicht in Lebensgefahr geraten. Der von der Küste wegziehende Ebbstrom ist für Badende ebenso gefährlich wie die einsetzende Flut für Wattwanderer.

Das Watt täuscht vor allem durch seine Weite. Alles scheint zum Greifen nah, doch die Entfernungen sind groß. Aber auch durch unerwartet aufkommendes schlechtes Wetter, durch Dunkelheit und Nebel droht Gefahr.

In Hamburg wird für jeden Tag und für alle Orte an der Küste ein Gezeitenkalender (Tidekalender) herausgegeben, von dem die genauen Uhrzeiten für Hoch- und Niedrigwasser abgelesen werden können.

Informationen über das Wattenmeer sind bei folgenden Kontaktstellen und Naturschutzverbänden zu erhalten:

WWF-Wattenmeerbüro
Niedersachsen/Bremen
Ökologiestation Bremen
Am Güthpol 9
28757 Bremen

Schutzgemeinschaft Deutsche
Nordseeküste e. V.
Weserstr. 78
26388 Wilhelmshaven

Verein Jordsand zum Schutze
der Seevögel und der Natur
Haus der Natur Wulfsdorf
22926 Ahrensburg

Der Mellumrat
Würzburger Str. 10
26121 Oldenburg

Bund für Umwelt und
Naturschutz e. V.
In der Raste 2
53227 Bonn

Niedersächsisches Naturparkamt
Virchowstr. 1
26328 Wilhelmshaven

Wattenmeer Info-Zentrum des
BUND und WWF
Strandhalle
27623 Dorum

Nationalparkverwaltung
Niedersächsisches Wattenmeer
Virchowstr. 1
26328 Wilhelmshaven

Nationalparkhäuser
Niedersächsisches Wattenmeer
in Greetsiel, Horumersiel und
Dornumersiel
(Ausstellungen und Exkursionen
für Schulklassen)

Bildungsschiff Niederelbe e. V.
Dankerstr. 24
21684 Stade
(Seminare für Schulklassen)

24 Schulkinder vom Hochwasser eingeschlossen[5]

Das „Abenteuer" aber doch unbeschadet überstanden

Norderney. 24 Schulkinder im Alter zwischen 13 und 14 Jahren sowie zwei Lehrer aus dem Westerwaldkreis wurden am Wochenende bei einer Wanderung zum ostwärtigen Inselgebiet zwischen Postbake und Möwendüne von der höher als sonst auflaufenden Flut überrascht und vom Rückweg abgeschnitten.

Den Eingeschlossenen, deren mißliche Lage andere Spaziergänger bemerkten, wurde dann durch die Norderneyer Polizei, durch das örtliche DRK und das Fuhrunternehmen Onnen Hilfe zuteil. Da mit den Fahrzeugen an die Kinder, die sich vor dem Hochwasser auf eine höher gelegene Düne zurückgezogen hatten, nicht heranzukommen war, wurden sie durch das Wasser auf festeres Land zurückgelotst.

Einige besonders durchnäßte Kinder wurden sofort mit dem Streifenwagen der Polizei zum Schullandheim Westerwald an der Mühle zurückgebracht. Die übrigen fuhren mit einem Omnibus wieder zurück. Alle Kinder überstanden dieses Ausflugserlebnis unbeschadet, wenn man von einem Schnupfen absieht, den sich vielleicht einige dabei zugezogen haben.

1. *Berichte, was du bereits über Ebbe und Flut weißt.*

2. *Notiere, welche Gefahren Ebbe und Flut für Wanderer im Watt bringen können.*

3. *Überlege, für wen der tägliche Tidekalender notwendig ist. Welche Auswirkungen hätte er für dich, wenn du einen Urlaub an der Nordsee verbringen würdest?*

4. *Berichte, wie der Tagesablauf der Fischer und Feriengäste vom Steigen und Fallen des Wassers bestimmt wird.*

5. *Eine Wanderung durchs Watt gehört für die meisten Nordseeurlauber zum Pflichtprogramm. Doch ein Zuviel an Freizeitnutzung schädigt die Natur. Was müssen Wattwanderer beachten, um die Natur nicht zu schädigen?*

6. *Plant eine „Ökologische Klassenfahrt" ins Wattenmeer. Was wollt ihr erkunden? Welche Hilfsmittel braucht ihr?*

Wir erkunden das Wattenmeer

Die folgenden Anregungen helfen euch, einen Ausflug ins Wattenmeer vorzubereiten. Die vorgeschlagenen Untersuchungen sind nur Beispiele dafür, was ihr alles im Wattenmeer erkunden könnt. Sicher fallen euch noch einige mehr ein. Wichtig ist auch, daß ihr für den Ausflug richtig ausgestattet seid. Die Vorschläge für die Ausrüstung geben euch dafür einige Tips.[6]

Ausrüstung

Kleidung: Da es im Watt keinerlei Schutz gibt, ist sowohl bei Regen und Kälte als auch bei warmem, sonnigem Wetter eine gute Ausrüstung wichtig.

- Ein guter Regenschutz („Ostfriesennerze" sind nicht immer wasserdicht, vor allem an den Nähten lassen sie oft Regenwasser durch!);
- die Kombination Regenjacke/Regenhose hat sich ausgezeichnet bewährt;
- dichte Gummistiefel mit ausreichend hoher Schaftlänge (elegante Stiefel sind den Strapazen nicht gewachsen und daher ungeeignet);
- warmes Unterzeug;
- warme Pullover, Wollstrümpfe;
- Kopfbedeckung;
- Wechselmöglichkeit bei Durchnässen;
- für warme Tage ist es empfehlenswert, auf Sonnenbrand und Austrocknung zu achten. Eine leichte Bekleidung mit Naturfaserstoffen ist oft besser als Shorts und/oder Badeanzug;
- Leinen-Turnschuhe, wo barfuß gehen nicht möglich ist.

Ein kleiner Rucksack oder eine Umhängetasche mit folgendem Inhalt:

- Notizbuch (fest) mit Schreibzeug (am besten sind Bleistifte – Filzstifte und Wasser sind Erzfeinde);
- Schnellhefter für Arbeitsbögen;
- Fernglas;
- Schraubdeckelgläser (Marmeladengläser);
- Schnappdeckelgläser;
- 2 verschließbare Plastikbeutel;
- ca. 10 m reißfester Bindfaden und 4 Pflöcke (Zelthäringe) für die Untersuchung von Probeflächen;
- Bestimmungsbücher
- Foto-(Film-)geräte.

Am Aufenthaltsort ist folgende Mindestausrüstung Voraussetzung. Es ist oft beschwerlich, eine Kiste voller Gegenstände und Bücher mitzunehmen, gerade wenn ein Inselaufenthalt gewählt wurde. Deshalb eine Mindestausrüstung:

- Ein Binokular gibt manchmal Entdeckungsmöglichkeiten, die eine einfache Lupe nicht bietet. Das Mikroskop ist nur notwendig, wenn damit z. B. Planktonuntersuchungen durchgeführt werden;
- Aquarien (wenn möglich mit kleiner Luftpumpe, da viele der mitgebrachten Organismen höhere Sauerstoff-Konzentrationen benötigen);
- Gläser (Marmeladen- mit Schraubverschluß, Schnappdeckelgläser);
- Präparier- und Petrischalen, -bestecke;
- Zentimeter-(Band-)maß;
- Kärtchen zum Beschriften und Notieren.

Beobachtungsaufgaben

1. Alpenstrandläufer
   a. Wo halten sich die Vögel bei Hochwasser und Niedrigwasser auf?
   b. Wo suchen die Alpenstrandläufer ihre Nahrung?
   c. Wie groß ist die Flugdistanz dieses Vogels?
   d. Untersuche den Wattboden dort, wo die Alpenstrandläufer auf Nahrungssuche gehen. Welche Tiere kommen dort vor? Wie du den Wattboden untersuchen kannst, steht auf der rechten Seite oben.

2. Austernfischer
   a. Wo halten sich die Vögel bei Hochwasser und bei Niedrigwasser auf?
   b. Versuche zu zählen, wie viele Austernfischer sich bei Hochwasser zusammenfinden.
   c. Untersuche den Wattboden dort, wo dieser Vogel auf Nahrungssuche geht. Welche Tiere kommen dort vor? Wie du den Wattboden untersuchen kannst, steht auf der rechten Seite oben.

Erstellt selbst einen Beobachtungsbogen wie auf der rechten Seite, und füllt ihn auf der Watterkundung aus.

Anleitung zur Untersuchung des Wattbodens[7]

Im Gebiet, wo Austernfischer und Alpenstrandläufer nach Nahrung suchen, wird eine Fläche von 1×1 m ausgesteckt. Zunächst wird untersucht, welche Tierarten (Schnecken, Krebse usw.) oder welche Spuren von Tieren dort zu finden sind (Kothäufchen von Pierwürmern usw.), und in die Liste eingetragen. Ist die Siedlungsdichte sehr hoch, kann eine kleinere Fläche von z. B. 50×50 cm gewählt und die gefundenen Werte auf 1 m² umgerechnet werden.

Dann wird die obere Bodenschicht sorgfältig durchgesiebt, und die Tiere werden bestimmt, gezählt, in die Liste eingetragen und wieder zurückgesetzt.

Bedenke dabei, daß die Alpenstrandläufer viel weniger tief suchen können als die Austernfischer.

Von den untersuchten Probeflächen wird jeweils eine Bodenprobe der Oberfläche genommen, die zu Hause folgendermaßen untersucht wird:

In ein Reagenzglas wird jeweils 1 cm hoch die Bodenprobe gegeben und mit 1 cm Wasser aufgefüllt und 2 Minuten kräftig geschüttelt. Das Reagenzglas abstellen und die Zeit bis zum vollständigen Absetzen der Schwebestoffe bestimmen.

Kurze Zeit = Sandanteil hoch – lange Zeit = Schlickanteil hoch.

Aus der Auswertung der Liste lassen sich Schlüsse ziehen über Anzahl und Vielfalt der Lebewesen, die in den oberen Sand- bzw. Schlickschichten des Wattenmeeres leben.

Beobachtungsbogen	Beobachtungsort, -zeit und -dauer	Anzahl	Verhalten (brütend, ruhend, Nahrungsaufnahme usw.)
Alpenstrandläufer	Ostende von Norderney, Möwendüne, Sandwatt 13. Juni, 14.00 – 15.00 Uhr	ca. 500	Anflug im Schwarm, stochert im Boden auf der Suche nach Nahrung
Austernfischer	Ostende von Norderney, Möwendüne, Sandwatt 13. Juni, 14.00 – 15.00 Uhr	ca. 50	holt mit seinem langen Schnabel tief im Boden lebende Tiere hervor, öffnet Muscheln
Säbelschnäbler	Schlickwatt, östlich des Hafens 14. Juni, 12.00 Uhr	2	erbeutet mit seinem mittellangen Schnabel Tiere dicht unter der Wattoberfläche
Rotschenkel	Salzwiesen in der Ruhezone 15. Juni, 16.00 Uhr	1	steht oft auf einem Bein, säbelartig aufwärtsgebogener Schnabel

Heile Urlaubswelt?

40 Millionen Deutsche machen im Sommer Urlaub. Aber vielen wird die Freude getrübt: endlose Staus, kaputte Landschaft, verschmutztes Wasser. Zerstören die Urlauber selbst, was sie sich wünschen?

„Die Adria stirbt!" Ein ADAC-Mitarbeiter überflog im Juli 1989 verschiedene Küstenabschnitte am Mittelmeer. Sein Urteil: „Ein Anblick wie in einer Kläranlage." Die grünen Algen wälzten sich weiter, hinterließen stinkende Strände, vernichteten die Muschelbänke. Ein siechendes Urlaubsparadies? Aber welcher Strand ist heute noch sauber? Eine Untersuchung der italienischen Liga für Umweltschutz ergab, daß mindestens ein Drittel aller italienischen Strände heute geschlossen werden müßte. Und das gilt in einem vergleichbaren Maß auch für alle anderen Mittelmeerländer.

Erschreckende Meldungen verunsichern Urlauber immer wieder: Algenpest an der Adriaküste; riesige Grünalgenteppiche im Wattenmeer; hohe Waschmittelkonzentration im Küstenwasser des Mittelmeers; Ölpest durch Tankerkatastrophen; Verseuchung von Stränden durch Bakterien; Überlastung und Ausfall von Kläranlagen in Fremdenverkehrsorten an der Küste des Mittelmeers und des Atlantischen Ozeans.

Zubetonierte und mit Bettenburgen verbaute Landschaften sind ein weiteres Übel. Auch Spanien, einst Ferienland Nummer eins der Deutschen, wird heute nicht mehr so gern aufgesucht. Öde liegen die Vergnügungszentren un-

Streß am Flughafen – Luftraum überfüllt

Streß im Stau – die Bergwälder büßen

Flughafen Frankfurt am Main, Ferienzeit: Touristen müssen stundenlange Verzögerungen und Warteschlangen in Kauf nehmen. Nervenaufreibendes Chaos an den Abfertigungsschaltern erwartet die Urlauber auch auf anderen großen Flughäfen. Trotzdem steigt die Zahl der Flugreisen ständig an. Und das, obwohl Naturschützer vor Massentourismus warnen und auf die schädlichen Auswirkungen des Flugverkehrs auf die Umwelt aufmerksam machen.

Urlauberstau auf der Autobahn im Oberallgäu zu Beginn der Ferien. Zwei Drittel aller Deutschen verreisen ein- bis zweimal im Jahr für mindestens fünf Tage. Umweltschützer setzen sich für umweltfreundliches Reisen ein, sie verweisen auf komfortable Züge, verbesserten Transfer zu den Fährschiffen. Sie werben für Urlaub zu Hause. Ferien im eigenen Land sollen wieder soviel zählen wie eine Reise ins Ausland. Dennoch verreisen mehr Urlauber als je zuvor mit dem eigenen Auto.

ter der heißen Sonne. Deutsche Gäste haben keine Lust mehr, zwischen Bauschutt, Mülltüten und Betonburgen als Ölsardinen am Strand, in schmutzigem Wasser Urlaub zu machen.

Der Minister für Touristik in der Türkei ist entschlossen, die Fehler anderer Länder nicht zu wiederholen. Betonsilos soll es in der Türkei nicht geben; an der türkischen Riviera werden nur kleinere Bauprojekte genehmigt. „Wir haben den Auftrag, Umwelt und Natur zu schützen", sagt der Minister.

Immer mehr Umwelt- und Naturschutzgruppen fordern „sanften Urlaub", d. h. auf das Flugzeug verzichten, den Urlaub häufiger in Deutschland oder gar am Wohnort verbringen. Einsicht und guter Wille sind erforderlich, damit unsere Frei-Zeit nicht zur Streß-Zeit wird.

1. Setzt euch mit den Forderungen der Naturschützer auseinander.

2. Stelle deine Wünsche für die nächsten Sommerferien zusammen. Wohin würdest du gern verreisen, wohin auf keinen Fall? Begründe deine Antworten.

Streß am Urlaubsort – Kläranlagen fehlen

Streß im Wasser – gefährdete Adria

Massenziele sind beim Urlauber immer weniger gefragt. Ein Grund hierfür liegt auch darin, daß man beim Bau der „Bettenburgen" die Anlage von ausreichend großen Kläranlagen vergessen hat. Die Abwässer werden daher häufig ungeklärt in Strandnähe ins Meer geleitet – die Touristen reagieren und kommen nicht wieder. Doch auch die neuen Urlaubsziele sind auf den Ansturm nicht vorbereitet – der Streß beginnt von vorn.

Algenpest an der italienischen Adria im Juli 1989: Taucher der Seebehörde kontrollieren und untersuchen die Algen. Wegen des unsauberen Wassers blieben die deutschen Urlauber erstmals seit Jahrzehnten in den einstigen Ferienhochburgen aus. Auch in Jugoslawien wurden sonnenhungrigen Urlaubern die Ferienwochen durch eklige Algenteppiche verdorben. Die griechischen Küsten sind ebenfalls von Abwässern verschmutzt.

Freizeit und Umwelt – einmal anders

Auf dieser Doppelseite seht ihr einige Diagramme zum Thema Freizeit und Umwelt. Sie zeigen die Ergebnisse von Umfragen. Stellt diese Fragen auch in eurer Klasse, und haltet die Ergebnisse in ähnlichen Diagrammen fest, die ihr selbst zeichnet. Diskutiert in der Klasse über die Ergebnisse der Umfragen.

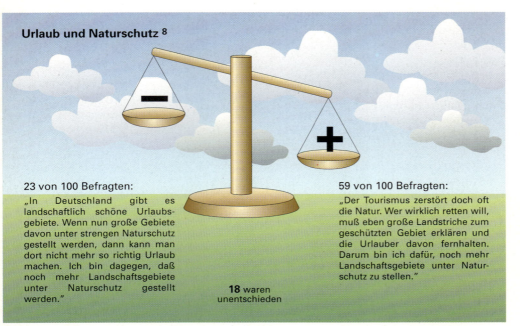

Urlaub und Naturschutz [8]

23 von 100 Befragten:

„In Deutschland gibt es landschaftlich schöne Urlaubs-gebiete. Wenn nun große Gebiete davon unter strengen Naturschutz gestellt werden, dann kann man dort nicht mehr so richtig Urlaub machen. Ich bin dagegen, daß noch mehr Landschaftsgebiete unter Naturschutz gestellt werden."

18 waren unentschieden

59 von 100 Befragten:

„Der Tourismus zerstört doch oft die Natur. Wer wirklich retten will, muß eben große Landstriche zum geschützten Gebiet erklären und die Urlauber davon fernhalten. Darum bin ich dafür, noch mehr Landschaftsgebiete unter Natur-schutz zu stellen."

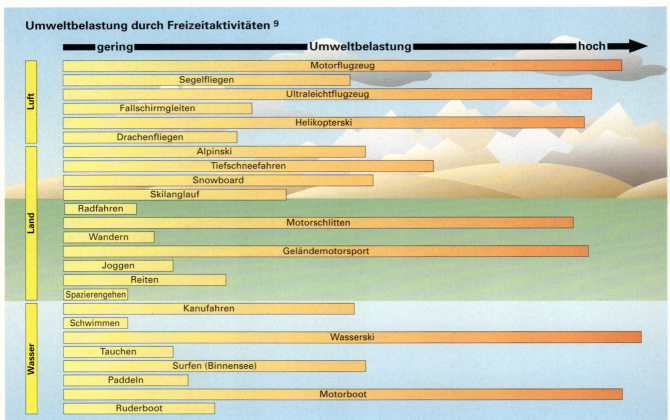

Umweltbelastung durch Freizeitaktivitäten [9]

gering ◄ Umweltbelastung ► hoch

Luft
- Motorflugzeug
- Segelfliegen
- Ultraleichtflugzeug
- Fallschirmgleiten
- Helikopterski
- Drachenfliegen

Land
- Alpinski
- Tiefschneefahren
- Snowboard
- Skilanglauf
- Radfahren
- Motorschlitten
- Wandern
- Geländemotorsport
- Joggen
- Reiten
- Spazierengehen

Wasser
- Kanufahren
- Schwimmen
- Wasserski
- Tauchen
- Surfen (Binnensee)
- Paddeln
- Motorboot
- Ruderboot

Was ist wichtig für den Urlaub?

Von 100 Befragten antworteten:

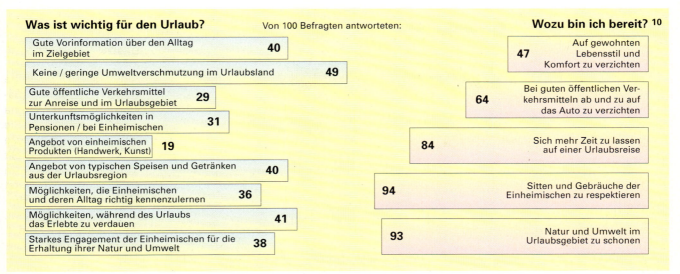

Gute Vorinformation über den Alltag im Zielgebiet	40
Keine / geringe Umweltverschmutzung im Urlaubsland	49
Gute öffentliche Verkehrsmittel zur Anreise und im Urlaubsgebiet	29
Unterkunftsmöglichkeiten in Pensionen / bei Einheimischen	31
Angebot von einheimischen Produkten (Handwerk, Kunst)	19
Angebot von typischen Speisen und Getränken aus der Urlaubsregion	40
Möglichkeiten, die Einheimischen und deren Alltag richtig kennenzulernen	36
Möglichkeiten, während des Urlaubs das Erlebte zu verdauen	41
Starkes Engagement der Einheimischen für die Erhaltung ihrer Natur und Umwelt	38

Wozu bin ich bereit? [10]

47	Auf gewohnten Lebensstil und Komfort zu verzichten
64	Bei guten öffentlichen Verkehrsmitteln ab und zu auf das Auto zu verzichten
84	Sich mehr Zeit zu lassen auf einer Urlaubsreise
94	Sitten und Gebräuche der Einheimischen zu respektieren
93	Natur und Umwelt im Urlaubsgebiet zu schonen

Absperren oder nicht? [11]

Wie weit sollten Naturschutzgebiete für Erholungssuchende zugänglich sein? Von 100 Befragten antworteten:

- Frei zugänglich 11
- Weiß nicht 5
- Ganz absperren 10
- Nur auf gekennzeichneten Wegen 74

Reisehits der Deutschen [12]

Von 100 Befragten gaben an:

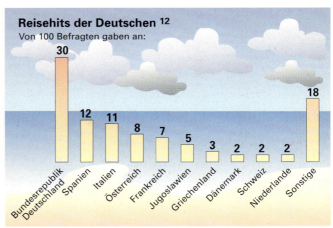

Bundesrepublik Deutschland	30
Spanien	12
Italien	11
Österreich	8
Frankreich	7
Jugoslawien	5
Griechenland	3
Dänemark	2
Schweiz	2
Niederlande	2
Sonstige	18

Nord- und Ostsee hinten [13]

In welchen deutschen Urlaubsgebieten ist die Umwelt noch am ehesten in Ordnung? Von 100 Befragten antworteten:

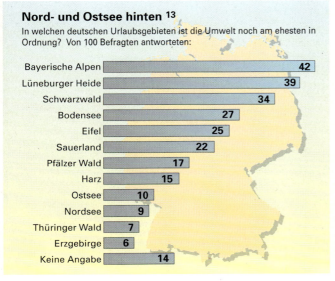

Bayerische Alpen	42
Lüneburger Heide	39
Schwarzwald	34
Bodensee	27
Eifel	25
Sauerland	22
Pfälzer Wald	17
Harz	15
Ostsee	10
Nordsee	9
Thüringer Wald	7
Erzgebirge	6
Keine Angabe	14

Auto und Abfälle vorn [14]

Welche Folgen des Tourismus beeinträchtigen die Umwelt am meisten? Von 100 Befragten antworteten:

Autoverkehr	69
Abfälle	57
Abwässer	49
Hotelbauten	42
Flugzeugverkehr	29
Wintersport	29
Straßenbau	28
Campingplätze	9
Wassersport	9
Sport-/ Freizeitanlagen	5

Begriffslexikon

Äquator: Der Äquator ist der längste Breitenkreis der Erde. Er ist 40076,59 km lang und teilt die Erde in die Nordhalbkugel und die Südhalbkugel.

Antarktis: Die Land- und Meeresgebiete, die um den Südpol liegen, nennt man Antarktis. Die Antarktis ist 13,98 Millionen km² groß, ihre Landmasse ist von einer bis zu 4 km dikken Eisdecke überzogen. Erst vor wenigen Jahrzehnten hat man begonnen, die Antarktis planmäßig zu erforschen und fand bedeutende Rohstoffe wie Erdöl, Kohle und Eisenerz. Die Antarktis ist ein Gebiet, in dem nur wenige Pflanzen wachsen (Moose und Flechten); in den antarktischen Gewässern trifft man hingegen auf eine vielfältige Pflanzen- und Tierwelt: Algen, Tang, Krill, Wale, Robben, Seesterne, Albatrosse und Pinguine.

Arbeiter: Arbeiter sind nicht selbständig arbeitende Berufstätige, die überwiegend körperliche Arbeit leisten. Der Verdienst eines Arbeiters wird Lohn genannt und nach Stunden berechnet. Im 19. Jahrhundert schlossen sich die Arbeiter zu Gewerkschaften zusammen, um ihre Arbeits- und Lebensbedingungen zu verbessern.

Arbeitsteilung: Dieser Begriff bezeichnet die Aufteilung der notwendigen Arbeit auf einzelne Personen oder Personengruppen. Ein Beispiel ist die Aufteilung der Arbeit zwischen Männern und Frauen in der Jungsteinzeit: Die Männer kümmerten sich um die Arbeit auf den Feldern und im Wald, während die Frauen die Kinder versorgten und die Nahrung zubereiteten. Die Arbeitsteilung zwischen verschiedenen Gruppen der Bevölkerung ist v. a. ein Kennzeichen der Hochkulturen. In Ägypten z. B. gab es die Beamten, die Schreiber, die Handwerker und Kaufleute sowie die Bauern und Arbeiter auf dem Land. Jede Gruppe hatte festgelegte Aufgaben zu bewältigen. Im Lauf der Geschichte schritt die Arbeitsteilung voran, und es entstanden die Berufe, wie wir sie heute kennen.

Archäologie: Die Archäologie ist ein Zweig der Geschichtswissenschaft. In Europa beschäftigen sich die Archäologen v. a. mit der Erforschung der griechisch-römischen, der germanischen und der keltischen Kultur. Zu den Hauptaufgaben der Archäologie gehört die Ausgrabung und Wiederherstellung (Restaurierung) kultureller Gegenstände. Hierzu zählen Bauwerke (wie z. B. Wohnhäuser, Paläste, Tempel), Gegenstände des täglichen Gebrauchs (wie z. B. Werkzeuge, Waffen, Geschirr, Münzen) sowie religiöse und künstlerische Gegenstände (wie z. B. Gräber und Schmuck).

Arktis: Die Land- und Meeresgebiete um den Nordpol nennt man Arktis. In ihrem Zentrum liegt das ständig von Eis bedeckte Nordpolarmeer. Zu den Landgebieten der Arktis zählen die nördlich des Polarkreises liegenden Gebiete Alaskas, Kanadas, Grönlands, Skandinaviens und Rußlands. Die Urbevölkerung der Arktis sind die Eskimos (Inuit). In der Arktis leben Eisbären, Polarfüchse, Rentiere, Robben, Wale und zahlreiche Fischarten.

Asylrecht: In der Bundesrepublik Deutschland garantiert Artikel 16 des Grundgesetzes allen politisch Verfolgten das Recht auf Asyl. Durch ein Anerkennungsverfahren wird festgestellt, ob ein Asylbewerber die Voraussetzungen für die Anerkennung als politisch Verfolgter erfüllt. Da die Zahl der Asylsuchenden ständig steigt, gibt es seit dem Ende der 80er Jahre Forderungen, Artikel 16 des Grundgesetzes zu ändern.

Bürgertum: Das Bürgertum entstand im Mittelalter. Es umfaßte die in den Städten wohnenden Handwerker und Kaufleute. Neben dem Adel und der Geistlichkeit war das Bürgertum der dritte Stand. Im 19. Jahrhundert entstand das Besitzbürgertum. Zu ihm gehörten vor allem die Besitzer der Fabriken. Heute spricht man nicht mehr vom Bürgertum, sondern von der Mittelschicht.

Diktatur: Ein Staat wird als Diktatur bezeichnet, wenn dort eine Person, eine kleine Gruppe von Personen oder eine Partei uneingeschränkt herrscht und alle anderen Meinungen gewaltsam unterdrückt. Kennzeichen einer Diktatur ist z. B. die Mißachtung der Menschenrechte.

Entwicklungsländer: Die Entwicklungsländer werden auch als „Dritte Welt" bezeichnet. Merkmale von Entwicklungsländern sind: niedriges Pro-Kopf-Einkommen, hohes Bevölkerungswachstum, hoher Anteil an Analphabeten, oft ungenügende Nahrungsmittelversorgung, hoher Anteil von traditioneller Landwirtschaft, geringer Anteil moderner Industriebetriebe. Bis auf wenige Ausnahmen (z. B. Japan, Republik Südafrika, Rußland) gelten die Länder in Lateinamerika, Afrika und Asien als Entwicklungsländer.

Eskimo: Eskimos (deutsch: „Rohfleischesser") ist die Bezeichnung für ein Polarvolk, das in Alaska, entlang der kanadischen Eismeerküste und in Grönland lebt. Die Eskimos selbst nennen sich Inuit („Menschen"). Sie lebten früher als Nomaden von der Jagd (Rentiere und Robben) und vom Fischfang. Im Winter wohnten sie in Schneehütten (Iglus), im Sommer in Zelten, die aus Leder

gefertigt waren. Als Transportmittel dienten ihnen Hundeschlitten und Kajaks. Seit den 50er Jahren wurden die natürlichen Lebensräume der Inuit durch den Bau von Militärbasen, die Ausbeutung von Rohstoffen, aber auch durch den Tourismus stark eingeschränkt.

Germanen: Germanen ist eine Sammelbezeichnung für eine Gruppe von Stämmen mit einer gemeinsamen Sprache, Religion und Brauchtum. Bekannte Germanenstämme sind die Angeln, die Sachsen, die Friesen, die Teutonen, die Langobarden, die Cherusker, die Kimbern und die Markomannen. Die Germanen lebten im Süden Skandinaviens und im Gebiet zwischen Rhein und Weichsel als Bauern und Handwerker. Von 113 v. Chr. an unterwarfen die Römer die Germanenstämme am Rhein. Im Jahre 9 n. Chr. besiegten die Cherusker die Römer in der Schlacht im Teutoburger Wald. Nur zwischen dem Oberlauf von Rhein und Donau konnten die Römer ein Gebiet halten, das sie durch den Limes befestigten. In der Völkerwanderungszeit (4. und 5. Jahrhundert n. Chr.) brachen die Germanen in das Römische Reich ein und errichteten kurzlebige germanische Reiche in Süd- und Westeuropa und in Britannien. Ende des 5. Jahrhunderts n. Chr. wurde das fränkische Reich gegründet, das fast alle westgermanischen Stämme in sich vereinigte.

Gezeiten: Den regelmäßigen Wechsel zwischen Hoch- und Niedrigwasser des Meeres nennt man Gezeiten oder auch Tide. Dieser Wechsel wird von der Schwer- und Fliehkraft verursacht, die bei der Bewegung des Mondes um die Erde und die Bewegung der Erde um die Sonne entstehen. Eine Tide umfaßt den Zeitraum von 12 Stunden und 25 Minuten; das Ansteigen des Meeresspiegels nennt man Flut, das Absinken des Meeresspiegels nennt man Ebbe. Der Tidenhub ist der Höhenunterschied zwischen Hoch- und Niedrigwasser. Die Gezeiten beeinflussen die Schiffahrt und das Leben der Küstenbewohner.

Gilde: Eine Gilde ist der Zusammenschluß eines Berufsstandes (v. a. von Kaufleuten) im Mittelalter. Der Zweck einer Gilde war die gegenseitige Hilfe (z. B. bei Handelsfahrten) und die Durchsetzung gemeinsamer Interessen.

Indianer: Mit dem Wort Indianer (spanisch: Indio) bezeichnet man die Ureinwohner Nord- und Südamerikas. Dieser Name geht auf einen Irrtum von Kolumbus zurück, der geglaubt hatte, Indien entdeckt zu haben. Die Indianer lassen sich in zahlreiche Stämme und ungefähr 150 verschiedene Sprachgruppen unterteilen. Je nach den natürlichen Gegebenheiten ihres Siedlungsgebiets waren sie Ackerbauern, Jäger oder Sammler. Nach der Besiedlung Nordamerikas durch die Weißen wurden die Indianer ab Mitte des 19. Jahrhunderts in Reservate umgesiedelt. Nach den blutigen Auseinandersetzungen, bei denen rund 400 000 Indianer starben, hatten die Indianer auch große Teile ihrer Kultur und ihrer Traditionen verloren. Heute versuchen die Behörden der USA durch gezielte Förderungsmaßnahmen, die Indianer in die amerikanische Gesellschaft einzugliedern.

Juden: Juden waren ursprünglich die Bewohner des Königreichs Judäa in Palästina. Später wurde diese Bezeichnung ausgedehnt auf alle, die der gemeinsamen Religion angehören, die auf Mose zurückgeht. Die Vorfahren der Juden waren semitische Nomadenstämme, die nach 1250 v. Chr. in Palästina seßhaft wurden. König David vereinte diese Stämme und schuf das Reich Israel mit der Hauptstadt Jerusalem. Nach der Zerstörung des Tempels in Jerusalem durch die Römer (70 n. Chr.) lebten die Juden über die ganze Welt verstreut. Im Lauf der Geschichte wurden die Juden immer wieder unterdrückt und verfolgt. Einen schrecklichen Höhepunkt erreichte die Verfolgung der Juden im Nationalsozialismus. Während dieser Zeit wurden rund 6 Millionen Juden umgebracht. 1948 wurde der Staat Israel gegründet, in den Juden aus aller Welt einwandern können.

Karte: Eine Karte ist ein verkleinertes, vereinfachtes, verebnetes und durch Zeichen erläutertes Abbild der Erdoberfläche oder einzelner Teile von ihr. Eine topographische Karte zeigt Landschaftsformen und Gewässer, oft auch Städte und politische Grenzen. Thematische Karten stellen bestimmte geographische Gegebenheiten (z. B. Bodenschätze, Niederschläge, Bevölkerungsdichte) dar.

Kelten: Die Kelten sind ein Volksstamm, der ursprünglich in einem Gebiet beheimatet war, das von Böhmen bis Nordfrankreich erstreckte. Im 7. Jahrhundert ließen sie sich in Ost- und Südfrankreich nieder, später in Spanien, England und Oberitalien. Im 3. Jahrhundert drangen sie bis nach Griechenland und Kleinasien vor. Die Kelten wurden aus Mitteleuropa von den Germanen und Römern verdrängt. Nur in der Bretagne, in Wales und Irland lebte ihre Kultur weiter. Dort spricht man heute noch Sprachen, die auf das Keltische zurückgehen.

Kinderarbeit: Von Kinderarbeit spricht man, wenn Kinder unter 14 Jahren oder noch schulpflichtige Kinder regelmäßig beschäftigt und für ihre Arbeit bezahlt werden. Seit dem Beginn der Industrialisierung (um 1850 in Deutschland) mußten viele Kinder bis zu 14 Stunden am Tag schwerste körperliche Ar-

beit verrichten (z. B. in Bergwerken und Webereien). Bald gab es jedoch Gesetze, die die Kinder zunehmend schützten. In der Bundesrepublik Deutschland ist Kinderarbeit nach dem Jugendarbeitsschutzgesetz von 1960 verboten. Heute ist Kinderarbeit vor allem in den Entwicklungsländern verbreitet.

Klima: Klima bezeichnet den durchschnittlichen Wetterverlauf während eines längeren Zeitraums in einem bestimmten Gebiet. Das Klima ist durch folgende Erscheinungen gekennzeichnet: Wind, Luftdruck, Temperatur, Niederschlag, Luftfeuchtigkeit, Verdunstung und Bewölkung.

Konflikt: Das Wort kommt aus dem Lateinischen und bedeutet „Zusammenstoß". Es bezeichnet ganz allgemein Streitereien, Auseinandersetzungen oder Kämpfe, die zwischen Staaten, Gruppen oder einzelnen Personen geführt werden. Auch ein einzelner kann sich in einem Konflikt befinden, wenn er nicht weiß, wie er sich in einer bestimmten Situation verhalten soll.

Limes: Der Limes ist ein Grenzwall, der während der römischen Kaiserzeit im 1. bis 3. Jahrhundert n. Chr. errichtet wurde. Er sicherte das Römische Reich gegen Überfälle der Germanen. Der Limes erstreckte sich von Rheinbrohl am Rhein bis nach Eining an der Donau und bestand aus einer Mauer oder einer Holzpalisade. Wachtürme ermöglichten den Römern, das Gebiet vor dem Limes zu kontrollieren. Befestigte Grenzwälle gab es auch in anderen Teilen des Römischen Reiches, der bekannteste ist der Hadrianswall im heutigen Großbritannien.

Mittelalter: Das Mittelalter ist die Epoche zwischen dem Altertum und der Neuzeit. Der Beginn des Mittelalters in Mittel- und Westeuropa wird allgemein um 500 n. Chr. angesetzt, der Zeit nach dem Untergang des Weströmischen Reiches (476 n. Chr.). Ereignisse wie die Erfindung des Buchdrucks (1450), die Entdeckung Amerikas (1492) und der Beginn der Reformation (1517) beendeten das Mittelalter. Es läßt sich in drei Abschnitte unterteilen:

1. das Frühmittelalter (6.–9. Jh.),
2. das Hochmittelalter (10.–13. Jh.),
3. das Spätmittelalter (14.–15. Jh.).

Nationalsozialismus: Als Nationalsozialismus bezeichnet man die politische Bewegung, die nach dem Ersten Weltkrieg unter der Führung Adolf Hitlers entstand. Die Partei der Nationalsozialisten war die NSDAP (Nationalsozialistische Deutsche Arbeiterpartei). Nach 1933 gelang es den Nationalsozialisten in kurzer Zeit, Deutschland in eine Diktatur zu verwandeln. Ihre wichtigsten Ideen waren:
– Die Menschheit besteht aus verschiedenen Rassen von unterschiedlichem „Wert". Die

„Herrenrasse" ist die nordische Rasse, zu der auch die Deutschen gehören.
– Die Juden sind eine „schädliche Rasse"; sie müssen vernichtet werden.
– Das deutsche Volk braucht mehr Lebensraum im Osten Europas; die dort wohnenden Völker müssen unterworfen werden.
Der Nationalsozialismus führte zum Zweiten Weltkrieg (1939–1945), in dem 55 Millionen Menschen starben.

Nomaden: Nomaden sind Viehzüchter ohne festen Wohnsitz, die in den Halbwüsten- und Wüstengebieten der Erde leben. Ihre Wanderungen richten sich nach den jahreszeitlichen Klimaveränderungen. An ergiebigen Weideplätzen stellen sie Zelte auf oder errichten einfache Hütten. Nomaden leben zumeist im Familienverband, die notwendigen pflanzlichen Lebensmittel kaufen sie bei der jeweils ansässigen Bevölkerung.

Oase: Eine Oase ist eine Siedlung in der Wüste oder am Wüstenrand, in der es natürliche Wasservorkommen gibt, die mit Hilfe von Brunnen und Bewässerungsanlagen für die Landwirtschaft genutzt werden. Eine große Oase in der Sahara hat heute mehrere tausend Einwohner und unterhält bis zu 200 000 Dattelpalmen.

Ökologie: Die Ökologie ist ein Teilgebiet der Biologie und untersucht die wechselseitigen Beziehungen zwischen den Lebewesen und ihrer unbelebten und belebten Umwelt. Heute beobachtet die Ökologie vor allem, wie sich die Umwelt (z. B. Klima, Vegetation, Tierwelt) durch den Einfluß des Menschen verändert und welche Folgen diese Veränderungen haben.

Pharao: Pharao ist die Bezeichnung für den König in der ägyptischen Hochkultur. Ein Pharao war nicht nur ein politischer Herrscher, er wurde auch als Gott verehrt. Bekannte Pharaonen waren Königin Hatschepsut, 1490 bis 1468 v. Chr. (erste Frau der Weltgeschichte in einem wichtigen politischen Amt), Echnaton, 1364 bis 1347 v. Chr. (Gemahl der Nofretete), Ramses II., 1290–1224 v. Chr. (ließ großartige Bauten in Luxor und Abu Simbel errichten) und Königin Kleopatra VII., 69–30 v. Chr. (Geliebte des Julius Caesar und Ehefrau des Marcus Antonius).

Polarkreis: Die Polarkreise liegen auf 66,5° nördlicher bzw. südlicher Breite. Sie sind eine Klimagrenze und trennen die Polarzone von der gemäßigten Zone. Nördlich bzw. südlich der Polarkreise gibt es Polartage (die Sonne geht nicht unter) und Polarnächte (die Sonne geht nicht auf).

Pyramide: Pyramiden sind die riesigen Grabdenkmäler der altägyptischen Könige (Pharaonen). Am bekanntesten sind die Pyramiden bei Gise, unweit von Kairo. Pyramiden haben einen quadratischen Grundriß, die Spitze steht senkrecht über dem Mittelpunkt der Grundfläche. Pyramiden gab es auch in anderen Kulturen, z. B. in Mittel- und Südamerika.

Rechtsradikalismus: Der Rechtsradikalismus ist eine politische Bewegung, die eine Diktatur nach dem Muster des Nationalsozialismus errichten will. Um diese Ziele zu erreichen, wenden rechtsradikale Gruppen häufig Gewalt gegen Personen und deren Eigentum an. Anfang der neunziger Jahre verübten rechtsradikale Gruppen zahlreiche Brandanschläge auf Asylbewerberheime und versuchten eine Stimmung herbeizuführen, die sich gegen Ausländer in der Bundesrepublik Deutschland richtet.

Reservat: Ein Reservat ist ein vom Staat zugewiesenes, fest umgrenztes Jagd- und Wohngebiet für Indianer. Seit Mitte des 19. Jahrhunderts wurden die Indianer in Nordamerika in Reservaten zwangsangesiedelt. Die Indianer sollten unter Kontrolle gehalten und Aufstände sollten verhindert werden. Noch heute leben 500000 Indianer in den Reservaten Nordamerikas und Kanadas. Das Land gehört ihnen ebenso wie die Bodenschätze, die dort lagern. Dennoch gibt es viele Probleme: Die ursprüngliche Kultur ist zerstört, und viele sind arbeitslos. Heute darf jeder Indianer sein Reservat verlassen und an einem anderen Ort arbeiten und wohnen.

Römische Geschichte: Man kann die römische Geschichte in drei Abschnitte unterteilen:
1. die Zeit von der Stadtgründung Roms bis zur Vertreibung der etruskischen Stadtkönige, 753–510 v. Chr.;
2. die Zeit der Republik 509–31 v. Chr.; in diesem Zeitraum unterwarfen die Römer die italienische Halbinsel und errichteten ein Weltreich, das nahezu alle Gebiete rund um das Mittelmeer umfaßte;
3. die Kaiserzeit 31 v. Chr.–395 n. Chr. Unter den Kaisern des 1. und 2. Jahrhunderts erlebte das Römische Reich seine glanzvollste Zeit (Kaiser Augustus) und die größte Ausdehnung seiner Geschichte.
Die Machtkämpfe um den Kaiserthron und die germanische Völkerwanderung (ab 375 n. Chr.) führten zum Zerfall des Römischen Reichs. 395 n. Chr. wurde das Römische Reich in ein Ost- und ein Weströmisches Reich geteilt. 476 n. Chr. setzte der Germanenfürst Odoaker den letzten weströmischen Kaiser ab. Das Oströmische Reich nannte sich Byzanz und überdauerte bis zu seiner Eroberung durch die Türken im Jahr 1453.

Ständeordnung: Der Begriff „Stand" bezeichnet eine geschlossene Gruppe innerhalb der mittelalterlichen Gesellschaft. Entscheidend für die Zugehörigkeit zu einem Stand waren Herkunft, Bildung und Beruf. Ein Stand begriff sich selbst als Einheit und hob sich durch eigene Rechte und Pflichten von den anderen Ständen ab. Im Mittelalter gliederte sich die Gesellschaft in drei Stände: Adel, Geistlichkeit und Bauern.

Umweltschutz: Die Umwelt (Luft, Wasser, Boden) ist durch die Lebensgewohnheiten der Menschen und durch die landwirtschaftliche und industrielle Produktion stark belastet und geschädigt. Alle Maßnahmen, die diese schädlichen Einflüsse verhindern und bereits vorhandene Schäden wiedergutmachen, bezeichnet man als Umweltschutz. Hierzu zählen staatliche Gesetze ebenso wie das freiwillige Verhalten der Bürger.

Urlaub: Urlaub ist die bezahlte Freizeit von Arbeitnehmern. In der Bundesrepublik Deutschland ist ein Urlaub von mindestens 18 Werktagen pro Jahr gesetzlich vorgeschrieben.

Vorgeschichte: Als Vorgeschichte bezeichnet man den Zeitraum der Geschichte, aus dem es keine schriftlichen Überlieferungen gibt. Nur archäologische Funde geben Aufschluß über das Leben der Menschen in der Vorgeschichte. Die Vorgeschichte wird in die folgenden Epochen eingeteilt:
1. die Steinzeit, die vor rund 800000 Jahren begann und um 1800 v. Chr. endete. Die Steinzeit wird untergliedert in Altsteinzeit (800000 bis 8000 v. Chr.), Mittelsteinzeit (8000 bis 4500 v. Chr.) und Jungsteinzeit (4500 v. Chr. bis 1800 v. Chr.);
2. die Bronzezeit, die in Mitteleuropa von ca. 1800 v. Chr. bis 700 v. Chr. dauerte. Diese Epoche trägt ihren Namen, weil Waffen, Werkzeuge und Schmuck aus Bronze hergestellt wurden.
3. die Eisenzeit, die etwa um 700 v. Chr. begann. In die Eisenzeit fallen bedeutende geschichtliche Entwicklungen in Mitteleuropa: die Ausbreitung der Kelten und Germanen und ihre Auseinandersetzung mit den Römern.

Vorurteil: Ein Vorurteil ist ein voreiliges, vereinfachendes und oft falsches Urteil über Personen, Gruppen oder Völker. Ein Vorurteil beruht meistens auf Unwissenheit, ungeprüftem Vorwissen oder Unduldsamkeit.

Wattenmeer: Das Wattenmeer ist ein Küstenstreifen an der Nordseeküste, der zweimal täglich bei Flut überspült wird und bei Ebbe trockenfällt. Das Wattenmeer beherbergt viele Tierarten (Vögel, Krebse, Fische, Würmer, Schnecken, Muscheln) und Pflanzen (z. B. Queller).

Wüste: Wüsten entstehen aufgrund extremer Trockenheit oder extremer Kälte. So gibt es in Wüsten keinen oder nur geringen Pflanzenwuchs. Wüsten sind lebensfeindliche Gebiete; Menschen können sich nur in Oasen ansiedeln oder nutzen als Nomaden den geringen Pflanzenwuchs für die Viehzucht. Am Rand der nordpolaren Eiswüsten leben die Eskimos (Inuit).

Zunft: Zünfte entstanden im Mittelalter und waren Vereinigungen selbständiger Handwerker eines Gewerbes. Sie dienten der gegenseitigen Unterstützung der Mitglieder. Strenge Satzungen, die Zunftordnungen, regelten u. a. Preis und Qualität der Waren und die Lehrlingsausbildung. Mit der Industrialisierung zerfielen die Zünfte. Heute nehmen die Handwerkskammern und Innungen ihre Aufgaben wahr.

Register

Quellennachweis

Die neue Schule: *S. 12:* (1) Klaus W. Hoffmann: Wenn der Elefant in die Disco geht. © Ravensburger Buchverlag Otto Maier GmbH, 1983, S. 48. *S. 14:* Nach: Ingrid Ziegler, Karl Stöger, Friedhelm Forbriger, Gerd Treffer: Sozialkunde Hauptschule Niedersachsen. München: Bayerischer Schulbuch-Verlag ²1992, S. 20. *S. 15:* Nach: Sozialkunde Hauptschule Niedersachsen, S. 21. **Erkundung des Nahraums:** *S. 20/21:* Nach: Wolfgang Schmiedecken (Hg.), Helmut Bürvenich, Frank Dieter Goerke, Maria Müller: Geographie 5/6 N. München: Bayerischer Schulbuch-Verlag 1991, S. 46/47. *S. 22/23:* Geographie 5/6 N, S. 60/61. *S. 24/25:* Geographie 5/6 N, S. 62/63. **Orientierung auf der Erde:** *S. 29:* Nach: Wolfgang Schmiedecken (Hg.), Helmut Bürvenich, Frank Dieter Goerke, Markus Helf, Günther Kulla, Gerhard Mayer, Maria Müller, Bernhard Osthues, Karin Westerhold, Matthias Willeke: Erdkunde 5/6 Niedersachsen. München: Bayerischer Schulbuch-Verlag ³1992, S. 5; (1) Homer: Ilias, XIX, 484 ff. Übers. v. Johann Heinrich Voss. Zürich: Diogenes 1980. *S. 30:* Nach: Geographie 5/6 N, S. 6. *S. 31:* Geographie 5/6 N, S. 6; (2) Das große Reader's Digest Buch der Ozeane. Stuttgart/Zürich/Wien: Verlag Das Beste ²1975, S. 221 f. *S. 32:* Erdkunde 5/6, S. 10/11. *S. 33:* Nach: Erdkunde 5/6, S. 6. *S. 34:* Erdkunde 5/6, S. 7. *S. 35:* Erdkunde 5/6, S. 8. *S. 36/37:* Nach: Erdkunde 5/6, S. 12/13. *S. 38:* Erdkunde 5/6, S. 14. *S. 40/41:* Erdkunde 5/6, S. 20/21. *S. 43:* Erdkunde 5/6, S. 23. *S. 44/45:* Erdkunde 5/6, S. 18/19. *S. 46:* Erdkunde 5/6, S. 15. *S. 47:* (3) Kleine Spiele. Zusammengestellt v. Andreas Lindemeier. In: geographie heute, 27/1985, S. 9; (4) Nach: Frohmut Menze: Auf der Flucht. In: geographie heute, 27/1985, S. 13; (5) Kleine Spiele. A. a. O.; (6) Wolf Engelhardt: Himmelsrichtungen würfeln. In: geographie heute, 11/1982, S. 6. **Leben in vorgeschichtlicher Zeit:** *S. 54:* Nach: Joachim Cornelissen, Hans Holzbauer, Karl-Heinz Zuber: Geschichte 6. München: Bayerischer Schulbuch-Verlag 1992, S. 20. *S. 61:* Geschichte 6, S. 28 f. **Leben in extremen klimatischen Regionen:** *S. 72:* Nach: Erkunde 5/6, S. 47 f. *S. 73:* Nach: Erdkunde 5/6, S. 50. *S. 74:* Nach: Erdkunde 5/6, S. 48 f. *S. 75:* Nach: Erdkunde 5/6, S. 52 f. *S. 76/77:* Nach: Wolfgang Schmiedecken (Hg.), Markus Helf, Gerhard Mayer: Geographie 7/8 N. München: Bayerischer Schulbuch-Verlag 1992, S. 87 f. *S. 78/79:* Nach: Geographie 7/8 N, S. 10 f. *S. 82:* Nach: Erdkunde 5/6, S. 42. *S. 83:* Nach: Erdkunde 5/6, S. 60. **Staatenbildung im alten Ägypten:** *S. 87:* Nach: Erdkunde 5/6, S. 55; nach: Geschichte 6, S. 34. *S. 88:* Nach: Geschichte 6, S. 36. *S. 89:* Nach: Geschichte 6, S. 38; (1) Jacquetta Hawkes: Das große Buch der Pharaonen. Übers. v. R. Vocke. Reutlingen: Ensslin & Laiblin 1967, S. 43. *S. 90:* Nach: Geschichte 6, S. 42; (2) Friedrich Wilhelm von Bissing: Altägyptische Lebensweisheit. Zürich: Artemis 1955, S. 57 ff. *S. 91:* (3) C. W. Ceram: Götter, Gräber und Gelehrte. Reinbek: Rowohlt 1967, S. 111. *S. 92:* Nach: Geschichte 6, S. 40. *S. 93:* Nach: Geschichte 6, S. 41. **Stadt und Land im Wandel:** *S. 99:* (1) Zitiert nach: Karl Kroeschell: Deutsche Rechtsgeschichte. Bd. 1: Bis 1250. Reinbek: Rowohlt 1972, S. 161. *S. 102:* (2) Aus: Hans Jürgen Fahrenkamp (Hg.): Wie man eyn teutsches Mannsbild bey kräfften mált. München: Orbis 1989. *S. 103:* (3) Zitiert nach: Mitteilungen des Vereins für Geschichte der Stadt Nürnberg 52, 1963/64, S. 67 f. *S. 107:* (4) Werner der Gartenaere: Meier Helmbrecht, V. 1354–1361. Aus: Deutsche Literaturgeschichte, Band 1, von Ernst und Erika von Borries. © 1991 Deutscher Taschenbuch Verlag, München. **Die Nordseeküste – früher und heute:** *S. 115:* (1) Ostfriesenzeitung v. 19. 2. 1962. *S. 117:* Nach: Erdkunde 5/6, S. 65. *S. 119:* Nach: Erdkunde 5/6, S. 63. *S. 122/123:* Nach: Erdkunde 5/6, S. 70/71. *S. 128:* (2) © GEO-Special „Nordsee", 3/1987, S. 48 f. **Römer und Germanen am Limes:** *S. 137:* (1) Tacitus: Germania. Übers. v. Manfred Fuhrmann. Stuttgart: Reclam 1971. *S. 138:* (1) Palle Lauring: Ein 2000jähriges Antlitz. In: Dänische Rundschau, Heft 4, 1953; zitiert nach: S. Fischer-Fabian: Die ersten Deutschen. München: Deutsche Buchgemeinschaft o. J., S. 152. © Droemer Knaur Verlag Schoeller & Co, Locarno 1975. *S. 139:* (3) Tacitus: Germania. Zitiert nach: Fischer-Fabian, S. 159. *S. 140:* Nach: Geschichte 6, S. 122. **Wir leben mit Menschen aus anderen Ländern zusammen:** *S. 148:* (1) Der Fischer Weltalmanach '93: Tabelle Ausländer in Deutschland. Fischer Taschenbuch Verlag GmbH, Frankfurt/M. 1992. *S. 150/151:* (2) Helmut Gross: Metin verläßt sein Dorf. In: Praxis Geographie, 11/1989, S. 21. *S. 152:* (3) Bundeszentrale für politische Bildung (Hg.): Informationen zur politischen Bildung, Heft 222, Aussiedler, S. 19. *S. 155:* (4) Kindernothilfe e. V., Duisburg. *S. 156:* Nach: Geographie 5/6 N, S. 74.

S. 157: (5) Nach: Ausländische Arbeitnehmer – erwünscht, geduldet, abgeschoben? In: Politik ... betrifft uns, 3/1984, S. 9. **Indianer in Nordamerika:** *S. 161* (1) Dee Brown: Begrabt mein Herz an der Biegung des Flusses. A. d. Amerik. v. Helmut Degner. Hamburg: Hoffmann und Campe Verlag 1979; (2) Indianer: Bertelsmann 1992, S. 62. *S. 164:* (3) Hugh Henry Brackenridge. In: J. Stammel (Hg.): Indianer. Gütersloh: Bertelsmann Lexikon Verlag 1977, S. 74; (4) Nach: Dee Brown. A. a. O. *S. 165:* (5) Dee Brown. A. a. O.; (6) Dee Brown. A. a. O.; (7) Dee Brown. A. a. O. *S. 166:* (8) Dee Brown. A. a. O. *S. 169:* (9) Anié und Michel Politzer: Abenteuer mit den schwarzen Büffel. Übers. v. Tilde Michels. Oldenburg: Stalling 1978. **Kinder in vergangenen Zeiten:** *S. 175:* (1) Max Weber: Die Verhältnisse der Landarbeiter ... Zitiert nach: Ingeborg Weber-Kellermann: Landleben im 19. Jahrhundert. München: C. H. Beck 1987, S. 250 f.; (2) Paul Beck: Der Junggesindemarkt (das Hütekinderwesen) – ein Kulturbild. In: Diözesanarchiv von Schwaben 1905, Nr. 9, zitiert nach: Ingeborg Weber-Kellermann, 1987, S. 257. *S. 176:* (3) Franz Rehbein: Das Leben eines Landarbeiters ... Zitiert nach: Ingeborg Weber-Kellermann, 1987, S. 262; (4) Lily Braun: Die Frauenfrage. Berlin/Bonn: Dietz 1979. Nachdruck von 1901, S. 327. (5) Zitiert nach: Jürgen Kuczynski: Die Geschichte der Lage der Arbeiter unter dem Kapitalismus. Bd. 19. Berlin (Ost): Akademie-Verlag 1968, S. 88; (6) Karl Jantke/Dietrich Hilger (Hg.): Die Eigentumslosen. Freiburg/München: Alber 1965, S. 297 f. *S. 179:* (7) Zitiert nach: Bad Wildunger Beiträge zur Gemeinschaftskunde. Hg. v. J. Mück. Bd. 1: Die Wirtschaftsgesellschaft. Wiesbaden 1969, S. 135 f. *S. 180:* (8) Werner Sombart: Das Proletariat. Frankfurt/M. 1906, S. 23 ff. *S. 181:* (9) Otto von Leixner: Soziale Briefe aus Berlin. Berlin 1891. Zitiert nach: Gerhard A. Ritter/Jürgen Kocka: Deutsche Sozialgeschichte. Bd. 2: 1870–1914. München: C. H. Beck 1974. *S. 182:* (10) Schule im Wandel der Zeit. Katalog zur Ausstellung. Zusammengestellt von Uwe Tappe. Hannover: Selbstverlag 1987, S. 16. **Kinder in Lateinamerika:** *S. 189:* (1) Peter Cronenberg. *S. 190/191:* (2) Nach: UNICEF Deutschland (Hg.): Das karge Leben auf dem Altiplano. Köln: 1976. *S. 192:* (3) Reinhard Jung: Kleine Hände – kleine Fäuste. © Jungbrunnen-Verlag, Wien: 1983. *S. 193:* (4) Gudrun Pausewang: Ich habe Hunger. Ich habe Durst. © Ravensburger Buchverlag Otto Maier GmbH, 1984, S. 121 ff. *S. 198:* (5) Volker Ludwig: Wir sind Kinder einer Erde. Aus dem GRIPS-Theaterstück „Ein Fest bei Papadakis". **Jugend im Nationalsozialismus:** *S. 203:* (1) Zitiert nach: Ingeborg Bayer (Hg.): Ehe alles Legende wird. Baden-Baden: Signal 1979, S. 12. *S. 204:* (2) Erich Dressler. Aus: Louis Hagen: Geschäft ist Geschäft. Vastorf: Merlin 1969. *S. 205:* (3) Bertolt Brecht. Aus: Gesammelte Werke. © Suhrkamp Verlag, Frankfurt/M. 1967. *S. 206:* (4) Zitiert nach: Alfred Gahlmann u. a.: Nationalsozialismus. München: Bayerischer Schulbuch-Verlag 1983, S. 179. *S. 207:* (5) Karl-Heinz Janßen: Eine Welt brach zusammen. In: Glaser/Silenius (Hg.): Jugend im Dritten Reich. Frankfurt/M.: Tribüne-Verlag 1975. Vgl. auch ZS Tribüne. *S. 209:* (6) Inge Auerbacher: Ich bin ein Stern. Übers. v. Mirjam Pressler. Weinheim/Basel: Programm Beltz & Gelberg 1990, S. 20 ff. *S. 210:* (7) Renate Finckh: Mit uns zieht die neue Zeit. Baden-Baden: Signal 1979, S. 85 f. *S. 211:* (8) Inge Scholl: Die weiße Rose. Aus: Flugblätter der Widerstandsbewegung in Deutschland. Aufruf an alle Deutsche! © 1982 S. Fischer Verlag GmbH, Frankfurt/M. *S. 212:* (9) Ingeborg Bayer, 1979, S. 205. *S. 213:* (10) Klaus Granzow: Tagebuch eines Hitlerjungen 1943–45. 1965. **Freizeitgestaltung und Umwelt:** *S. 219:* Nach: Sozialkunde Hauptschule Niedersachsen, S. 31. *S. 220:* Nach: Sozialkunde Hauptschule Niedersachsen, S. 32. *S. 221:* Nach: Sozialkunde Hauptschule Niedersachsen, S. 33. *S. 223:* Nach: Geographie 5/6 N, S. 77. *S. 224:* Nach: Sozialkunde Hauptschule Niedersachsen, S. 36. *S. 225:* (1) Studienkreis für Tourismus e. V., Starnberg; (2) Nach: Josef Härle: Ökologische Durchdringung. In: Praxis Geographie, 7–8/1988, S. 23. Aktualisierung: Studienkreis für Tourismus e. V., Starnberg; (2) Nach: Josef Härle. A. a. O. *S. 226/227:* Nach: Erdkunde 5/6, S. 104/105. *S. 230:* Nach: Geographie 7/8 N, S. 105; (4) © Erdkunde 5/6, S. 86/87. *S. 232/233:* Nach: Erdkunde 5/6, S. 86/87. *S. 235:* (4) © GEOmobil Nr. 1/1987. *S. 237:* (5) Ostfriesenzeitung v. 4. 11. 1981. *S. 238:* (6) Nach: Hans Stuik. In: Pädagogik heute, Mai 1986, S. 33 ff. *S. 239:* (7) Nach: Hans Stuik. A. a. O. *S. 240/241:* Nach: Geographie 5/6 N, S. 96/97. *S. 242:* (8) Nach: Natur, 10/91, S. 11; (9) Nach: Dieter Uthoff: Tourismus und Raum. In: Geographie und Schule, 53/1988, S. 23. *S. 243:* (10) Nach: Natur, 3/90, S. 51; (11) Nach: Natur, 10/91; (12) Nach: Natur, 3/90, (13) Nach: Natur, 5/90; (14) Nach: Natur, 5/90.

Wir messen Temperatur und Niederschlag und stellen sie dar

Die *Temperatur* messen wir mit einem *Thermometer* in Grad Celsius (°C):
– Bringe das Thermometer so an, wie es auf der Zeichnung dargestellt ist.
– Die Temperatur wird immer im Schatten abgelesen.

Das ist eine *Temperaturkurve;* so wird sie gezeichnet:
– Um 7 Uhr, 14 Uhr und 21 Uhr liest du die Temperatur ab.
– Du trägst die drei Werte auf Millimeterpapier ein.
– Du verbindest die Werte durch eine geschwungene Linie und erhältst die nebenstehende Kurve.

Die *mittlere Tagestemperatur* errechnest du so: Du zählst die abgelesenen Temperaturwerte zusammen (Abendtemperatur doppelt, denn nachts wird nicht abgelesen).
Z. B.:   7 Uhr: 18°, 14 Uhr: 28°, 21 Uhr: 23°
Rechnung: 18° + 28° + 23° + 23° = 92°
              92° : 4 = 23°
Das Tagesmittel beträgt 23 °C.

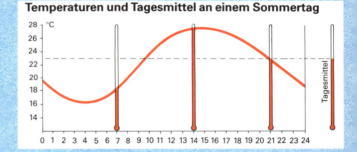

Temperaturen und Tagesmittel an einem Sommertag

Willst du die *mittlere Monatstemperatur* berechnen, mußt du alle Tagesmittel zusammenzählen und das Ergebnis durch die Anzahl der Monatstage teilen.
Die *Niederschlagsmenge* mißt du nur einmal am Tag, aber möglichst immer zur gleichen Zeit. Du notierst dir wieder die Werte und überträgst sie auf Millimeterpapier wie bei der Temperatur. Die *Niederschlagsmenge des Monats* erhältst du dadurch, daß du alle Tageswerte zusammenzählst. Um die *jährliche Niederschlagsmenge* zu ermitteln, addierst du alle Monatswerte.

Vom Tagesmittel zum Monatsmittel